LA
SAGESSE
ANTIQUE

UNICURSAL

Copyright © 2018

Éditions Unicursal Publishers
www.unicursalpub.com

ISBN 978-2-89806-003-8

Première Édition, Mabon 2018

ANNIE BESANT

LA
SAGESSE
ANTIQUE

Classiques Théosophiques

UNICURSAL

ANNIE BESANT

LA
SAGESSE
ANTIQUE

UNIVERSAL

DÉDIÉ

A

H.-P. BLAVATSKY

EN TÉMOIGNAGE
DE RECONNAISSANCE PROFONDE

SOMMAIRE

INTRODUCTION

L'UNITÉ FONDAMENTALE DE TOUTES LES RELIGIONS

Où il est montré que la Théosophie fournit une conception cohérente de l'univers, et qu'elle est l'origine et la base commune de toutes les religions. Toutes les grandes religions ont une base commune d'idées morales et philosophiques. Ce fait universellement admis, comment l'explique-t-on ? Deux explications se présentent : 1° La théorie de « l'homme primitif » par les docteurs de la « mythologie comparée »; 2° existence d'une Confrérie spirituelle de Maîtres, gardiens de l'enseignement originel. La tradition universelle confirme la deuxième théorie. Les grandes vérités spirituelles de la religion. La Chine peuplée par les Touraniens et les Mongols, dont les traditions sont antérieures à la race aryenne. *Le Classique de la Pureté*: son origine probable dans l'empire toltèque d'Atlantide. Le même enseignement sur le Non-Manifesté et le Manifesté se retrouve dans les *Upanishads*. Le Brahmanisme et le

Bouddhisme septentrional s'accordent, mais le Bouddhisme méri-
dional diffère. La doctrine fondamentale de la Réincarnation et du
Karma. Triplicité du Logos suprême dans ces deux religions. Dans
les Écritures hébraïques, la dualité est manifeste. Philon enseigne
la doctrine du Logos. La Cabbale enseigne la pluralité des Dieux.
La Réincarnation dans le *Zohar;* traces de cette croyance dans les
Écritures hébraïques et chrétiennes. L'Égypte a sa Trinité; le *Livre
des Morts.* Le Zoroastrianisme. Le système Orphique. Points de
contact entre les Écoles pythagoricienne, platonicienne et néoplatonicienne, et la pensée indoue et bouddhiste, témoignant d'une
source commune. Le triple Logos apparaît dans la Trinité de la
religion chrétienne. Unité de l'enseignement moral dans toutes les
religions. La hiérarchie des Adeptes, gardiens de l'Initiation. Coup
d'œil à vol d'oiseau sur l'évolution d'un univers.

CHAPITRE I
LE PLAN PHYSIQUE

Le Logos source et fin de l'univers; en se limitant Lui-même,
Il devient le Dieu manifesté. Évolution de l'esprit-matière grâce à
l'énergie du Logos qui anime chaque particule. Les trois grandes
vagues d'évolution. Les sept subdivisions de la matière. Signification
théosophique du mot « plan ». Les deux subdivisions fondamentales du corps physique. L'homme véritable réside en des véhicules
divers. La conscience pendant le sommeil et à la mort.

CHAPITRE II
LE PLAN ASTRAL

L'esprit-matière, sur ce plan, est plus subtil et plus hautement
vitalisé que sur le plan physique. Les sept subdivisions. Les ob-

jets astraux sont formés de matière astrale. Erreurs continuelles du voyant inexpérimenté, dues à la nature de la vision astrale. Les formes astrales se modifient avec une grande rapidité. La pensée façonne l'essence élémentale, et les formes produites varient selon le caractère de la pensée. Lourde responsabilité qui s'attache aux pensées des hommes. Influence exercée par l'atmosphère astrale. Les craintes indéfinissables. Les divers habitants du plan. Visiteurs qu'on y rencontre : Maîtres, Initiés, disciples, psychiques non entraînés. Le disciple qui attend sa réincarnation. Description du corps astral chez trois individus diversement évolués. Ses modifications et son développement à l'état de veille et pendant le sommeil. Le « Quaternaire Inférieur » fonctionnant sur les plans astral et physique.

CHAPITRE III
KÂMALOKA

Kâmaloka désigne l'état purgatoriel des âmes désincarnées. Il comprend une série de « conditions intermédiaires » dans les sept subdivisions du plan astral. Il varie selon l'état mental et moral de l'être. Le moment de la mort ; séparation du corps physique et du double éthérique. Abandon du double éthérique, remaniement du corps astral. Les sept écorces concentriques. Le séjour dans chaque subdivision dépend de la densité de la coque correspondante ; l'état de conscience ou d'inconscience dépend de l'activité déployée dans cet ordre de matière. Inconvénients de la conscience dans les subdivisions inférieures. Danger d'une mort subite. Description des sept régions de Kâmaloka. Utilité réelle des prières pour les morts. Secours qu'on peut leur donner.

CHAPITRE IV
LE PLAN MENTAL

C'est ici que réside le véritable « Individu ». Faible inertie de la matière, accroissement énorme de la force de Vie. Les sept subdivisions réparties en deux groupes : Roûpa et Aroûpa (région « formelle », et région « sans forme »). Cette distinction est due à la différence dans l'action de la pensée sur ces deux régions. Ce plan reflète l'Intelligence Universelle dans la nature. Dans la région supérieure existent les idées archétypes ; dans l'inférieure, elles prennent forme. Les deux régions sont occupées respectivement par le premier et le deuxième règne élémental. Innombrables intelligences vivant sur ce plan ; leur communion est instantanée et complète. Les seules barrières sont les différences d'évolution. L'évolution, c'est la purification des véhicules, et le réveil du Soi. La région la plus haute est le séjour de l'Égo des Maîtres et des Initiés. C'est de là qu'Ils exercent leur influence sur l'humanité. Le « Penseur » et ses différents véhicules. Le corps mental, et les étapes de sa croissance. Étude de trois cas différemment évolués. Le Penseur réside dans la subdivision inférieure de la région « sans forme ». Les rapports entre le mental supérieur et le mental inférieur ; leur action sur le cerveau. Importance de l'entraînement à la pensée abstraite.

CHAPITRE V
LE DÉVAKHAN

Explication du terme : la vie céleste. Cette vie comporte deux phases différentes correspondant aux régions Roûpa et Aroûpa du plan mental. Le temps passé en Dévakhan dépend de la moisson spirituelle récoltée par l'âme. Idées fondamentales concernant la vie céleste. Description des sept zones : les quatre zones du ciel inférieur, et les trois zones du ciel supérieur. État de l'Âme dans chacune de ces régions. Revue sommaire d'un cycle vital entier de l'âme humaine.

CHAPITRE VI
LES PLANS BOUDDHIQUE ET NIRVANIQUE

La racine du Soi. Le Soi est l'Unique, la Monade, manifestant les trois aspects de l'Être Divin. Comment se manifeste « l'aspect béatifique », ou Bouddhi. Sur le plan bouddhique, la dualité subsiste, mais il n'y a plus de séparation. Le plan nirvanique est le séjour des plus hautes Intelligences. La conscience nirvanique est l'antithèse de l'annihilation. La vraie fraternité humaine. Le degré d'évolution d'une âme dépend de son âge. La grande famille. La Monade humaine ; les « principes » et les « véhicules ». L'Aura, ensemble des corps subtils de l'homme.

CHAPITRE VII
LA RÉINCARNATION

La réincarnation n'est pas un principe nouveau introduit dans l'évolution, elle n'est que l'adaptation du principe universel à l'individualisation de la vie évoluante continue. Les pouvoirs divins latents dans la monade sont éveillés à l'activité par les contacts extérieurs. Continuité de la vie et de la forme. Les sept types fondamentaux de la monade. Chaque type va en se subdivisant jusqu'à ce que l'individualité soit atteinte. La descente à travers les trois règnes élémentals. La monade minérale, végétale et animale. La monade humaine. Formation du corps causal embryonnaire : le Manas germinal est fécondé d'en haut. L'humanité se compose d'âmes évoluées à des degrés très divers, d'où l'inégalité mentale et morale. Lenteur des premiers développements. Les facteurs qui entrent en jeu dans la réincarnation. Le corps causal permanent absorbe les germes des facultés et des qualités, qui se retrouvent dans une nouvelle vie sous forme de pouvoirs et de tendances. Les Seigneurs du Karma déterminent la naissance physique. L'enfant.

CHAPITRE VIII
LA RÉINCARNATION (SUITE)

Les étapes successives du développement de la conscience. Sensation, Désir, Volonté. Conflit de la raison et du désir. Le problème : mettre fin au conflit tout en sauvegardant la liberté. Nécessité d'une loi rigide. Formation du discernement. Développement des puissances supérieures de la raison ; la pensée abstraite. Vivification des véhicules. La conscience des corps supérieurs n'est pas toujours transmise au cerveau physique. Conditions nécessaires à la continuité de l'état conscient.

Justice de la réincarnation. Comment elle rend compte de faits inexplicables autrement. Pourquoi le souvenir des vies passées n'existe pas chez l'homme ordinaire.

CHAPITRE IX
KARMA

Karma, la loi de causalité. Le hasard n'existe pas. Sans la loi, le chaos serait universel. L'homme émet trois classes d'énergies : énergies mentales, astrales et physiques. Pensées, désirs et actions influent sur lui-même et sur tout ce qui l'entoure. Les trois genres de Karma : 1° Karma mûr ; 2° Karma accumulé ; 3° Karma en voie de formation. Karma collectif. C'est le désir qui lie l'homme au Karma. Liquidation des dettes karmiques.

CHAPITRE X
LA LOI DU SACRIFICE

L'Univers fruit du Sacrifice du LOGOS. Le Sacrifice enseignement central de toutes les grandes religions. Le signe de l'esprit : donner. Le signe de la matière : recevoir. Le Sacrifice n'est souffrance que pour la Forme. Il est la loi d'évolution de la Vie dans tous les règnes. Comment l'homme évolue par le sacrifice. Degrés successifs. Le sacrifice transformé en la joie de donner.

CHAPITRE XI
L'ASCENSION HUMAINE

Les dernières étapes de l'évolution humaine. Le Sentier de l'Épreuve : élaboration mentale et morale. Les « Qualifications » à acquérir. Le renoncement au Dévakhan. Le Sentier de l'Initiation proprement dite. Ses quatre degrés. Les « entraves » dont il faut se libérer. Le sentier aboutit au seuil du Nirvana. Le Maître est né : il revient pour servir l'humanité.

CHAPITRE XII
LA CONSTRUCTION D'UN COSMOS

Ce qu'on entend par « un Cosmos » : son caractère septuple. Le LOGOS planétaire et son royaume. La chaîne planétaire, considérée comme une entité, passe par sept phases d'évolution. Rapport entre la lune et la terre. Les Pitris lunaires et solaires, leurs diverses classes. Les « Constructeurs ». L'œuvre des Pitris lunaires. L'arrivée des Pitris solaires. Les Races humaines et l'entrée des Mânasapoutras. L'humanité parfaite de la septième Ronde.

LA SAGESSE ANTIQUE

INTRODUCTION

L'UNITÉ FONDAMENTALE DE TOUTES LES RELIGIONS

La pensée droite est une condition nécessaire de la vie droite. La rectitude du jugement est indispensable à la rectitude de la conduite. Soit qu'on nous la présente sous son ancien nom sanscrit, « Brahma Vidyâ », ou sous son appellation moderne tirée du grec, « Théosophie », la Sagesse Divine nous vient en aide dans la réalisation de ce double objet. Elle se présente au monde à la fois comme philosophie rationnelle entre toutes, et comme religion et morale universelles. Un pieux chrétien disait un jour, en parlant des Saintes Écritures, qu'il y avait en elles des hauts fonds qu'un enfant pourrait franchir à gué, et des abîmes où un géant serait contraint de nager. Nous pouvons en dire autant de la Théosophie, car, parmi ses enseignements, il en est de si simples et de si pratiques, que toute intelligence moyenne peut les comprendre et les appliquer, alors que d'autres sont si élevés, si profonds, que l'esprit le plus habile retombe épuisé lorsqu'il s'efforce d'en saisir toute la portée.

Le présent ouvrage est destiné à mettre sous les yeux du lecteur un exposé simple et clair de la doctrine théosophique, à montrer que ses principes généraux et ses enseignements forment une conception cohérente de l'univers, et à fournir les détails nécessaires pour faire ressortir l'enchaînement de ces principes et de ces enseignements entre eux. Un ouvrage classique élémentaire ne peut avoir la prétention d'exposer toute la science que l'on trouve dans des œuvres plus abstruses ; mais il doit présenter clairement les données fondamentales du sujet en une vue d'ensemble à laquelle on trouvera par la suite beaucoup à ajouter, peu à retrancher. Dans le cadre que forme un tel livre l'étudiant devra pouvoir disposer les détails de ses recherches ultérieures.

**

Un coup d'œil d'ensemble jeté sur les grandes religions du monde montre qu'elles ont en commun bien des idées religieuses, morales et philosophiques. Le fait est universellement admis, mais son explication est très discutée. D'aucuns prétendent que les religions sont nées du sol de l'ignorance humaine, cultivé par l'imagination, et qu'elles ont été élaborées graduellement, à partir des formes grossières de l'animisme et du fétichisme. Leurs analogies sont dues aux phénomènes universels de la nature, imparfaitement observés et expliqués d'une manière fantaisiste. Telle école donne comme clef universelle le culte du soleil et des astres ; pour telle autre, la clef, non moins universelle, est le culte phallique. La peur, le désir, l'ignorance et l'admiration ont amené le sauvage à personnifier les puissances de la nature, puis les prêtres ont exploité ses terreurs et ses espérances, ses imaginations brumeuses et ses questions inquiètes, les mythes se sont transformés en bibles, et les symboles en faits ; et comme la base était partout la même, la similitude des résultats était inévitable. Ainsi parlent les docteurs de la « mythologie comparée », et, sous l'avalanche des preuves, les bonnes gens sont réduits au silence, mais non convaincus. Ils ne peuvent nier les analogies, mais ils se demandent avec une vague inquiétude : « Les plus sublimes conceptions de l'homme et ses plus chères espérances ne sont-elles que le résultat des rêves du sauvage et des tâtonnements de l'ignorance ? Tous les grands chefs de la race, les héros de l'humanité ont-ils vécu, travaillé, souffert, sont-ils morts dans l'illusion, pour la simple personnification de faits astronomiques, ou pour les obscénités dissimulées des barbares ? »

La deuxième explication de la base commune que recouvre la diversité des religions humaines postule l'existence d'un enseignement originel, que garde une confrérie de grands instructeurs spirituels. Ces Maîtres, fruits des cycles passés de l'évolution, eurent pour mission d'instruire et de guider l'humanité naissante sur notre planète. Ils transmirent à ses races et à ses nations, tour à tour, les vérités fondamentales de la religion, sous la forme la mieux adaptée aux besoins spéciaux de ceux qui devaient les recevoir. D'après ce système, les fondateurs des grandes religions sont membres de cette Confrérie Une, et Ils furent aidés dans Leur mission par une pléiade d'autres membres moins élevés qu'eux, initiés et disciples de divers grades, éminents par leur intuition spirituelle, par leur savoir philosophique, ou par la pureté de leur sagesse morale. Ces hommes ont dirigé les nations naissantes, ils les ont civilisées et leur ont donné des lois ; monarques, ils les ont gouvernées ; philosophes, ils les ont instruites ; prêtres, ils les ont guidées. Tous les peuples de l'antiquité se réclament ainsi d'hommes puissants, demi-dieux et héros, et leur littérature, leur architecture et leur législation en ont conservé les traces.

Il paraît difficile de nier l'existence de tels hommes, en présence de la tradition universelle, des documents écrits encore existants et des débris préhistoriques, en ruines pour la plupart — sans mentionner d'autres témoignages que l'ignorant récuserait. Les livres sacrés de l'Orient sont les plus fidèles témoins de la grandeur de ceux qui les ont écrits ; car, en des temps plus rapprochés ou à l'époque moderne, qu'y a-t-il de comparable à la sublime spiritualité de leur pensée religieuse, à la splendeur intellectuelle de leur philosophie, à la largeur et à la pureté de leur morale ? Et lorsque nous trouvons que ces livres renferment sur Dieu, l'homme et l'univers, des enseignements identiques en substance sous une multiple variété d'apparence extérieure, il ne semble pas déraisonnable de les rapporter à un corps de doctrine central et originel. C'est à ce corps de doctrine que nous attribuons le nom de Sagesse Divine, ou, sous la forme grecque, THÉOSOPHIE.

Comme origine et base même de toutes les religions, la Théosophie ne peut être l'opposée d'aucune. Elle les purifie, au contraire, en révélant la haute signification intérieure de mainte doctrine devenue erronée dans sa présentation exotérique pervertie par l'ignorance et la superstition. En chacune de ces formes, la Théosophie se reconnaît et se défend; elle cherche en chacune d'elles a dévoiler sa sagesse cachée. Pour devenir Théosophe, nul besoin de cesser d'être Chrétien, Bouddhiste ou Indou. Il suffit à l'homme de pénétrer plus profondément au cœur de sa propre foi, d'en embrasser les vérités spirituelles avec une fermeté plus grande, et d'en comprendre avec un esprit plus large les enseignements sacrés. Après avoir jadis donné naissance aux religions, la Théosophie vient aujourd'hui les justifier et les défendre. Elle est le roc dans lequel toutes ont été taillées, le creux de la carrière d'où toutes ont été extraites. Devant le tribunal de la critique intellectuelle, elle vient justifier les plus profondes aspirations et les plus nobles émotions du cœur humain. Elle vérifie les espérances que nous formons pour l'homme, et nous rend, ennoblie, notre foi en Dieu.

La vérité de cette assertion devient de plus en plus évidente à mesure que nous étudions les diverses Écritures sacrées du monde. Quelques sélections opérées dans la masse des matériaux disponibles suffiront à établir le fait, et à guider l'étudiant dans sa recherche de preuves nouvelles.

Les vérités spirituelles fondamentales de la religion peuvent se résumer comme suit:

I. Une Existence réelle, éternelle, infinie, inconnaissable;

II. De CELA procède le Dieu manifesté, se développant d'unité en dualité, de dualité en trinité ;

III. De la Trinité manifestée procèdent d'innombrables Intelligences spirituelles, guides de l'activité cosmique ;

IV. L'Homme, reflet du Dieu manifesté, se compose, par suite, d'une trinité fondamentale. Son « Soi » intérieur et réel est éternel, et un avec le « Soi » universel.

V. Il évolue par des incarnations répétées, vers lesquelles il est attiré par le désir, et d'où il est libéré par la connaissance et le sacrifice, devenant divin en réalité, comme il l'a toujours été en potentialité.

⁎⁎

La Chine, dont la civilisation est maintenant réduite à l'état fossile, fut peuplée jadis par les Touraniens, quatrième subdivision de la quatrième Race-Mère, de cette race qui habita le continent perdu d'Atlantide, et couvrit de ses ramifications la surface du globe. Les Mongols, septième et dernière subdivision de la même race, vinrent plus tard renforcer la population de cette contrée, de sorte qu'en Chine nous trouvons des traditions d'une haute antiquité, antérieures à l'établissement, dans l'Inde, de la cinquième race, la race aryenne.

Dans le *Ching Chang Ching* ou *Classique de la Pureté*, nous trouvons un fragment d'Écriture ancienne d'une singulière beauté, où l'on sent cet esprit de calme et de paix si caractéristique de « l'enseignement originel », Dans la préface de sa traduction[1], M. Legge dit que ce traité

est attribué à Ko Yüan (ou Hsüan), un Taoïste de la dynastie de Wû (222-227 ap. Jésus-Christ). On raconte que ce sage atteignit

---

1   *The Sacred Books of the East*, vol. XL.

la condition d'Immortel et on lui donne généralement ce titre. On le représente comme accomplissant des miracles, comme adonné à l'intempérance et très excentrique dans sa manière de vivre.

Ayant un jour fait naufrage, il s'éleva du fond des eaux sans que ses vêtements fussent mouillés, et marcha librement à la surface des flots. Finalement, il monta au ciel en plein jour. Tous ces récits peuvent être attribués aux inventions fantaisistes d'une époque ultérieure.

De telles actions sont fréquemment attribuées aux Initiés de différents degrés, et ne sont pas nécessairement des inventions fantaisistes. Mais ce que Ko Yüan lui-même dit au sujet de son livre nous intéressera sans doute davantage :

> Lorsque j'obtins le véritable Tao, j'avais récité ce Ching (livre) dix mille fois. Il est ce que pratiquent les esprits célestes, et jamais il n'avait été communiqué aux savants de ce monde inférieur. Il me fut donné par le Chef Divin du Hwa Oriental ; lui-même l'avait reçu du Chef Divin de la Porte d'Or ; ce dernier l'avait reçu de la Mère-Royale d'Occident.

Or le titre de « Chef Divin de la Porte d'Or » était celui de l'Initié qui gouvernait l'empire toltèque dans l'Atlantide, et son emploi semble indiquer que le *Classique de la Pureté* fut apporté d'Atlantide en Chine lorsque les Touraniens se séparèrent des Toltèques. Cette idée est corroborée par le contenu de ce court traité, qui a pour sujet le Tao, — littéralement « la Voie », — nom qui désigne la Réalité Une dans l'ancienne religion touranienne et mongole. Ainsi nous lisons :

> Le Grand Tao n'a point de forme corporelle, mais c'est Lui qui a engendré et qui nourrit le Ciel et la Terre. Le Grand Tao

n'a point de passions, mais c'est Lui la cause des révolutions du soleil et de la lune. Le Grand Tao n'a point de nom, mais c'est Lui qui assure la croissance et la conservation de toutes choses (I, I).

Tel est le Dieu manifesté comme unité. La dualité intervient ensuite :

> Or le Tao, le Pur et le Trouble et il possède Mouvement et Repos. Le ciel est pur et la terre est trouble, le ciel se meut et la terre est en repos. Le masculin est pur et le féminin est trouble, le masculin se meut et le féminin est en repos. Le radical descendit, et le produit se répandit en tous sens, et ainsi toutes choses furent engendrées (I, 2).

Ce passage est particulièrement intéressant, car il met en évidence les deux aspects actif et réceptif de la nature, établissant ainsi la distinction entre l'Esprit générateur et la Matière nourricière, distinction devenue si familière dans les écrits postérieurs.

Dans le *Tao Teh Ching*, l'enseignement traditionnel au sujet du Non-Manifesté et du Manifesté ressort clairement :

> Le Tao qui peut être suivi n'est pas le Tao éternel et immuable. Le nom qui peut être nommé n'est pas le nom éternel et immuable. Lorsqu'il n'a point de nom, il est Celui qui a engendré le Ciel et la Terre ; lorsqu'il possède un nom, il est la Mère de toutes choses... Sous ces deux aspects, il est identique en réalité, mais à mesure que le développement se produit, il reçoit les différents noms. Ensemble, nous les appelons le Mystère (I, I, 2, 4).

Ceux qui étudient la Cabbale penseront à l'un des Noms Divins, « Le Mystère Caché ». Plus loin, nous lisons :

Il y eut quelque chose d'indéfini et de complet, venant à l'existence avant le ciel et la terre. Combien Cela était tranquille et sans forme, isolé et sans changement, s'étendant en tous lieux, et sans risque ! Cela peut être considéré comme la Mère de toutes choses. De Cela j'ignore le nom, et je le désigne par le terme Tao. Faisant un effort pour lui donner un nom, je l'appelle le Grand. Grand, Cela passe. Passant, Cela s'éloigne. S'étant éloigné, Cela revient (XXV, 1-3).

Il est extrêmement intéressant de trouver ici cette notion de l'effusion et de la réabsorption de la Vie Une, notion qui nous est si familière dans la littérature indoue. Le verset suivant nous semble aussi familier :

Toutes choses sous le ciel sont issues de Cela considéré comme existant. Cette existence elle-même est issue de Cela considéré comme non existant (XL, 2).

Afin qu'un Univers puisse devenir, le Non-Manifesté doit engendrer l'Unique, d'où procèdent la Dualité et la Trinité :

Le Tao produisit Un : Un produisit Deux ; Deux produisit Trois ; Trois produisit toutes choses. Toutes choses laissent derrière elles l'Obscurité et s'avancent pour embrasser la Lumière, tandis qu'elles sont harmonisées par le Souffle du Vide (XLII, 1).

« Le Souffle de l'Espace » serait une meilleure traduction. Tout étant issu de Cela, Cela existe en tout :

Le Grand Tao pénètre toutes choses. On Le trouve à gauche et à droite... Il enveloppe toutes choses comme d'un vêtement, et n'a point la prétention de les dominer. Il peut être nommé dans les plus petites choses. Toutes choses retournent, sans savoir que c'est Lui qui préside à leur retour. Il peut être nommé dans les plus grandes choses (XXXIV, 1, 2).

Chwang-ze (quatrième siècle av. Jésus-Christ), dans son exposé des enseignements antiques, fait allusion aux Intelligences spirituelles procédant du Tao :

> Il a eu Lui-même sa racine et sa raison d'être. Avant qu'il y eût ciel et terre, au temps ancien. Il existait en toute sécurité. De Lui provient la mystérieuse existence des Esprits, de Lui la mystérieuse existence de Dieu (Livre VI, 1ère partie, Sect. VI, 7).

Suit une liste de noms de ces Intelligences. Mais le rôle prépondérant que jouent de tels êtres dans la religion chinoise est tellement connu, qu'il est inutile de multiplier les citations à leur sujet.

L'homme est considéré comme une trinité, le Taoïsme, d'après M. Legge, reconnaissant en lui l'esprit, l'intelligence et le corps. Cette division apparaît clairement dans le *Classique de la Pureté*, lorsqu'il est dit que l'homme doit s'affranchir du désir pour atteindre l'union avec l'Unique :

> Or, l'esprit de l'homme aime la pureté, mais sa pensée vient le troubler. La pensée de l'homme aime la tranquillité, mais ses désirs l'entraînent. S'il pouvait toujours congédier ses désirs, sa pensée d'elle-même deviendrait tranquille. Que sa pensée soit rendue nette, et son esprit de lui-même devient pur... La raison pour laquelle les hommes sont incapables d'atteindre cet état, c'est que leur pensée n'a pas été nettoyée, et que leurs désirs n'ont pas été congédiés. Si l'homme parvient à congédier ses désirs, lorsqu'il regarde intérieurement sa pensée, elle n'est plus à lui; lorsqu'il considère extérieurement son corps, il n'est plus

à lui ; et lorsqu'il tourne ses regards plus loin, vers les choses du dehors, il n'y a plus rien de commun entre elles et lui (I, 3, 4).

Puis, après l'énumération des étapes du chemin qui conduit intérieurement vers « l'état de tranquillité parfaite », il est demandé :

Dans cet état de repos indépendamment du lieu occupé, comment peut-il s'élever aucun désir ? Et lorsque aucun désir ne s'élève plus, alors naissent le calme réel et le repos véritable. Ce réel devient qualité constante et répond aux choses extérieures. En vérité, cette qualité réelle et constante tient en sa possession la nature. Dans cette réponse constante et cette constante tranquillité se trouvent la pureté et le repos véritables. Quiconque possède cette absolue pureté entre graduellement dans véritable Tao (I, 5).

Les mots « inspiration du », ajoutés par le traducteur, tendent plutôt à voiler le sens qu'à l'éclaircir. Car entrer dans le Tao est entièrement d'accord, et avec l'idée exprimée, et avec les autres Écritures sacrées.

Le Taoïsme insiste beaucoup sur l'abdication du désir. Un commentateur du *Classique de la Pureté* remarque que la compréhension du Tao dépend de l'absolue pureté, et que

l'acquisition de cette pureté absolue dépend entièrement de l'abdication du désir, urgente leçon pratique qui ressort de ce traité.

Le *Tao Teh Ching* dit :

Nous devons être trouvés toujours sans désir,
Si nous voulons en sonder le mystère profond.
Mais si le désir est toujours en nous,
Nous n'en verrons que la frange extérieure (I, 3).

La réincarnation ne parait pas être enseignée aussi nettement qu'on eût pu s'y attendre, bien que l'on trouve des passages impliquant une admission tacite de l'idée fondamentale, l'être étant considéré comme passant à travers des naissances aussi bien animales qu'humaines. Ainsi Chwang-ze nous conte l'histoire originale et instructive d'un mourant, auquel son ami dit :

> « En vérité le Créateur est grand! Que te fera-t-il devenir maintenant? Où l'emportera t-il? Fera-t-il de toi le foie d'un rat ou la patte d'un insecte? » Szelaï répondit : « Où que ce soit qu'un père dise son fils d'aller, à l'est, à l'ouest, au sud ou au nord, le fils obéit simplement... Voici donc un grand fondeur occupé à fondre son métal. Si le métal se dressait soudain et disait : « Je veux être façonné en un Moijsh », le grand fondeur trouverait assurément la chose étrange. De même, lorsqu'une forme est en train d'être façonnée dans le moule de la matrice, si elle s'écriait : « Je veux être un homme, je veux être un homme », le Créateur trouverait assurément la chose étrange. Lorsqu'une fois nous avons compris que le ciel et la terre ne sont qu'un vaste creuset, et, le Créateur un grand fondeur, en quel lieu pouvons-nous être obligés d'aller, qui ne nous convienne? Nous naissons comme d'un sommeil paisible et nous mourons pour un calme réveil. » (Liv. VI, 1ère part., sect. VI.)

Si nous passons à la cinquième race, la race aryenne, nous trouvons les mêmes enseignements incorporés dans la plus ancienne et la plus grande des religions aryennes — la religion brahmanique. L'Éternelle Existence est proclamée dans le *Chhândogyopanishad* comme étant « exclusivement une, sans seconde », et il est écrit :

> Cela voulut : Je multiplierai pour le bien de l'univers (VI, II, 1, 3).

Le suprême Logos, Brahman, est triple : être, conscience et béatitude, et il est dit :

> De Ceci procèdent la vie, l'intelligence et tous les sens, l'éther, l'air, le feu, la terre qui supporte tout (*Mundakopanishad*, II, 3).

Nulle part on ne peut trouver de plus grandioses descriptions de l'Être Divin que dans les Écritures indoues. Mais elles deviennent si familières qu'il suffira de quelques brèves citations. Voici quelques échantillons des joyaux précieux qu'on y trouve à profusion :

> Manifesté, proche, se mouvant dans le lieu secret, demeure immense où repose tout ce qui se meut, tout ce qui respire et ferme les yeux. Sache qu'il faut adorer Cela, à la fois être et non-être, le meilleur, au delà de la connaissance de toutes les créatures. Lumineux, plus subtil que le subtil, en Lui sont sertis les mondes avec leurs habitants. Cela, cet impérissable Brahman ; Cela aussi, Vie, et Voix, et Pensée... Dans la gaine d'or la plus élevée, est l'immaculé, l'indivisible Brahman ; Cela, c'est la pure Lumière des lumières, connue de ceux qui connaissent le Soi... Cet impérissable Brahman est devant, Brahman est derrière aussi Brahman à droite et à gauche, dessus, dessous et pénétrant toutes choses ; Brahman est en vérité le Tout. Cela est le meilleur (*Mundakopanishad*, II, II, 1, 2, 9, 11).
>
> Au-delà de l'univers, Brahman, le Suprême, le Grand, caché en tous les êtres selon leurs corps respectifs, Souffle unique de l'univers entier, le Seigneur ; Le connaissant, deviennent immortels. Je connais cet Esprit puissant, Soleil qui brille au delà des ténèbres... Je Le connais l'Indestructible, l'Ancien, l'Âme de tous les êtres, omniprésent par Sa nature, Lui qui est appelé Sans Naissance par ceux qui connaissent Brahman, Lui qu'ils nomment l'Éternel (*Shvetâshvataropanishad*, III, 7,8,21).

Lorsqu'il n'y a point de ténèbres, ni jour ni nuit, ni être ni non-être, Shiva seul encore. Cela, l'indestructible. Cela doit être adoré par Savitri; de Cela est issue l'Antique Sagesse. Ni au-dessus, ni au-dessous, ni en son milieu Il ne peut être compris. Il n'existe rien de comparable à Lui dont le nom est Gloire infinie. Le regard ne peut déterminer sa forme, nul ne peut avec son œil Le contempler. Ceux qui Le connaissent par le cœur et par l'intelligence, demeurant dans le cœur, deviennent immortels (*Ibid.*, IV, 18-20).

L'idée que l'homme, dans son Soi intérieur, est identique au Soi de l'univers — « Je suis Cela » — cette idée imprègne si profondément toute la pensée indoue, que l'homme est souvent désigné comme étant la « cité divine de Brahman »[2], « la cité aux neuf portes »[3], et il est dit que Dieu réside en la cavité de son cœur[4].

Il n'y a qu'une seule manière de voir qui ne peut être démontré, qui est éternel, immaculé, plus élevé que l'Éther, sans naissance, la grande Âme éternelle... Cette grande Âme sans naissance est la même qui réside comme intelligente dans toutes les créatures vivantes, la même qui réside comme éther dans le cœur[5]; en lui Elle dort! Elle Se soumet toutes choses, et les gouverne; Elle est le Souverain Seigneur de toutes choses; Elle n'est point accrue par les bonnes œuvres ni amoindrie par les mauvaises. Elle est Ce qui gouverne tout, le Souverain Seigneur de tous les êtres, le Conservateur de tous les êtres, le Pont, le Soutien des mondes, afin qu'ils ne tombent pas en ruines (*Brihadâranyakopanishad*, IV, IV, 20, 22, trad. du docteur E. Roer).

---

2   *Mundakopanishad*, II, II, 7.

3   *Shvetâshvataropanishad*, III, 14.

4   *Ibid.*, II.

5   « L'éther dans le cœur » est une formule mystique employée pour désigner l'Unique, qui est dit résider dans le cœur.

Lorsque Dieu est considéré comme Celui qui développe l'univers, son triple caractère apparaît très nettement en Shiva, Vishnou, et Brahmâ, ou encore en Vishnou dormant sous les eaux, le Lotus s'élevant de Son sein, et, dans le Lotus, Brahma. L'homme est semblablement triple, et dans le *Mândûkyopanishad* le Soi est décrit comme conditionné par le corps physique, le corps subtil et le corps mental, puis s'élevant, hors de tous ces milieux, dans l'Unique « sans dualité ». De la Trimoûrti (Trinité) procèdent des Dieux nombreux, chargés d'administrer l'univers, et dont il est dit dans le *Brihadâranyakopanishad :*

> Adorez-Le, ô Dieux, Celui à l'image duquel l'année accomplit le cycle de ses jours. Adorez cette Lumière des lumières comme l'éternelle Vie (VI, IV, 16).

Il est presque superflu de dire que le Brahmanisme enseigne la doctrine de la réincarnation, puisque toute sa philosophie de l'existence repose sur ce long pèlerinage de l'Âme à travers des naissances et des morts successives. On ne trouverait pas un seul livre où cette vérité ne soit considérée comme admise. L'homme est lié par ses désirs à cette roue du changement; c'est pourquoi il doit se libérer par la connaissance, la dévotion et la destruction des désirs. Lorsque l'âme connaît Dieu, elle est affranchie [6]. L'intellect purifié par la connaissance Le contemple [7]. La connaissance jointe à la dévotion trouve la demeure de Brahman [8]. Quiconque connaît Brahman devient Brahman [9]. Lorsque cessent les désirs, le mortel devient immortel et obtient Brahman [10].

---

6   *Shvetash.*, I, 8.
7   *Mund.*, III, I, 8.
8   *Ibid.*, III, II, 4.
9   *Ibid.*, III, II, 9.
10   *Kathop.* VI, 14.

Le Bouddhisme, tel qu'il existe dans sa forme septentrionale, est tout à fait d'accord avec les religions plus anciennes, mais dans sa forme méridionale il parait avoir laissé échapper l'idée de la Trinité logique, comme de l'Existence Une d'où cette Trinité procède. Le Logos, dans Sa triple manifestation, est désigné comme suit : Amitâbba, le Premier Logos, la Lumière sans bornes ; Avalokiteshvara ou Padmapâni (Chenresi), le Deuxième ; Mandjousri, le Troisième — « représentant la Sagesse créatrice, et correspondant à Brahma[11] ». Le Bouddhisme chinois ne parait pas renfermer l'idée d'une Existence primordiale, au-delà du Logos ; mais le Bouddhisme du Népal postule Âdi-Bouddha de qui Amitâbba procède. Eitel considère Padmapâni comme représentant la Providence compatissante, et comme correspondant en partie à Shiva. Mais comme il est l'aspect de la Trinité bouddhiste qui produit les incarnations, il semble plutôt représenter la même idée que Vishnou, auquel il est étroitement uni par le Lotus qu'il tient à la main (le Lotus, feu et eau, ou esprit et matière comme éléments primordiaux de l'univers).

Quant à la réincarnation et au karma, ce sont là, dans le Bouddhisme, des doctrines tellement fondamentales, qu'il est presque inutile d'y insister, si ce n'est pour signaler la voie de la libération, et pour observer que le Seigneur Bouddha, Indou s'adressant aux Indous, considère à tout moment dans Ses enseignements les doctrines brahmaniques comme connues et admises par Ses auditeurs. Il fut un purificateur et un réformateur, non un iconoclaste ; et Il s'attaqua aux erreurs introduites par l'ignorance, et non aux vérités fondamentales appartenant à la Sagesse Antique.

Les êtres qui suivent le sentier de la Loi, qui a été bien enseignée, atteignent l'autre rive de la grande mer des naissances et des morts, si difficile à franchir (*Udânavarga*, XXIX, 37).

---

11   Eitel, *Dictionnaire Sanscrit-Chinois, sub voce.*

C'est le désir qui lie l'homme, et il doit s'en débarrasser :

> Pour celui qui est tenu par les chaînes du désir, il est dur de
> s'en délivrer, dit le Bienheureux. Les hommes constants, qui ne
> se préoccupent pas du bonheur donné par les désirs, rejettent
> leurs liens et s'en vont bientôt ... L'humanité n'a point de désirs
> durables : les désirs sont transitoires en ceux qui les éprouvent.
> Délivrez-vous donc de ce qui ne peut durer, et ne vous attardez
> point dans le séjour de la mort (*Ibid.*, II, 6, 8).

> Celui qui a détruit le désir des biens, l'état de péché, les liens
> de l'œil et de la chair, qui a arraché le désir par sa racine même,
> celui-là, je le déclare, est un Brahmane (*Ibid.*, XXXIII, 68).

Et le « Brahmane » est l'homme « ayant son dernier corps[12] ».
Il est défini comme étant celui

> ...qui connaissant ses demeures (existences) antérieures, perçoit
> le ciel et l'enfer ; le Mouni, celui qui a trouvé le moyen de mettre
> fin à la naissance (*Ibid.*, XXXIII, 55).

Dans les Livres saints hébraïques exotériques, l'idée de la
Trinité ne ressort pas nettement, bien que la Dualité soit appa-
rente, et le Dieu dont il est ici question est évidemment le Logos,
et non l'Unique Non-Manifesté :

> Je suis le Seigneur, et il n'y en a point d'autre ; Je forme la
> lumière et je crée l'obscurité ; Je fais la paix et je crée le mal ; c'est
> Moi le Seigneur qui accomplis toutes ces choses (*Is.*, XLVII, 7).

Philon, cependant, donne très clairement la doctrine du Logos ;
on la trouve aussi dans le quatrième Évangile :

---

12   *Udônavarga*, XXXIII, 41.

Dans le principe était le Verbe (Logos), et le Verbe était avec Dieu, et le Verbe était Dieu... Toutes choses ont été faites par Lui, et rien de ce qui a été fait n'a été fait sans Lui. (*St Jean*, I, I, 3.)

Dans la Cabbale, la doctrine de l'Un, des Trois, des Sept et des innombrables vies qui en procèdent, se trouve nettement enseignée :

L'Ancien des Anciens, l'Inconnu des Inconnus a une forme et en même temps n'a point de forme. Il a une forme sur laquelle l'univers est maintenu. En même temps Il n'a point de forme, puisqu'il ne peut être compris. Lorsqu'il revêtit à l'origine cette forme, Il laissa procéder hors de Lui-même neuf Lumières brillantes ... Il est l'Ancien des Anciens, le Mystère des Mystères, l'Inconnu des Inconnus. Il a une forme qui Lui appartient en propre, puisqu'Il Se manifeste à nous comme l'Homme Ancien au-dessus de tout, comme l'Ancien des Anciens, et comme ce qui est le Suprême Inconnu parmi tous les Inconnus. Mais sous cette forme par laquelle Il se fait connaître, il reste cependant encore l'inconnu (*Zohar*. — « *The Qabbalah* », par Isaac Myer, p. 274-275).

Myer indique que la « forme » n'est pas l'Ancien de tous les Anciens », qui est l'Ain Soph.
Plus loin :

Il y a dans le Saint d'En-haut trois Lumières qui s'unissent en Une ; et elles sont la base de la Torah, et celle-ci ouvre la porte à tous... Venez et voyez ! le mystère de la parole. Ce sont là trois degrés, et chacun existe par lui-même, et cependant tous sont Un et sont noués en Un, et ils ne sont point séparés entre eux... Trois procèdent d'Un, Un existe en Trois, il est la force entre

Deux, Deux nourrissent Un, Un nourrit tous côtés, ainsi Tout est Un (*Ibid.*, 373, 375, 376).

Inutile de dire que les Hébreux enseignaient la doctrine de la pluralité des Dieux : « Qui est semblable à Toi, ô Seigneur, parmi les Dieux[13] » ? Ils considéraient aussi une multitude d'êtres servants, subordonnés, les « Fils de Dieu », les « Anges du Seigneur », les « Dix Cohortes Angéliques ».

Sur le commencement de l'univers, le *Zohar* enseigne :

> Dans le commencement était la Volonté du Roi, antérieure à toute existence manifestée par émanation hors de cette Volonté. Elle dessina et grava dans la Lumière suprême et éblouissante du Quadrant les formes de toutes les choses qui, de cachées, devaient devenir apparentes et manifestées (Myer, *The Qabbalah*, p. 194, 195).

Rien ne peut exister où la Divinité ne soit immanente. En ce qui concerne la réincarnation, il est enseigné que l'âme est présente dans l'idéation divine avant de venir sur terre. Si l'âme restait tout à fait pure durant son épreuve, elle échappait à la renaissance, mais ceci parait n'avoir été qu'une possibilité théorique, car il est dit :

> Toutes les âmes sont soumises à la révolution (métempsycose, a'lîn b'gilgoulah), mais les hommes ne connaissent point les voies de l'Être Saint ; qu'Il soit béni ! Ils ignorent la manière dont ils ont été jugés de tout temps, et avant d'être venus en ce monde, et après l'avoir quitté (*Ibid.* p. 198).

Des traces de cette doctrine se rencontrent dans les Écritures exotériques, aussi bien hébraïques que chrétiennes, comme par

---

13   *Exode*, XV, II

exemple dans la croyance au retour d'Élie et, plus tard, à sa réapparition dans la personne de Jean-Baptiste.

Si nous tournons nos regards vers l'Égypte, nous y trouvons, dès l'antiquité la plus reculée, la Trinité bien connue : Ra, le Père ; puis la Dualité, Osiris-Isis, comme Deuxième Logos ; enfin Horus. On se rappelle l'hymne grandiose à Amen-Ra :

> Les Dieux s'inclinent devant Ta Majesté en exaltant les Âmes de Ce qui les engendre... et ils Te disent : Paix à toutes les émanations du Père inconscient des Pères conscients des Dieux... ô Toi, Producteur des êtres, nous adorons les Âmes qui émanent de Toi. Tu nous engendres, ô Inconnu, et nous Te saluons en adorant chaque Âme-Dieu qui descend de Toi et vit en nous (cité dans *Secret Doctrine*, III, p. 486).

Les « Pères conscients des Dieux », ce sont les Trois Logos ; le « Père inconscient » est l'Existence Une, appelée inconsciente parce qu'elle est infiniment plus, et non pas moins que la limitation à laquelle nous attribuons le nom de conscience.

Dans les fragments du *Livre des Morts*, nous pouvons étudier les conceptions de la réincarnation de l'âme humaine, de son pèlerinage vers le Logos et de son union fidèle avec Lui. Le fameux papyrus du « scribe Ani, triomphant dans la paix », est rempli de traits qui rappellent au lecteur les Écritures des autres croyances. Tels, son voyage à travers le monde inférieur, son attente de la réintégration dans son corps (forme prise par la réincarnation chez les Égyptiens), enfin son unification avec le Logos :

> Osiris Ani dit : Je suis le Grand Un, fils du Grand Un. Je suis le Feu, fils du Feu... J'ai noué mes os ensemble, je me suis fait entier et sain, je suis devenu jeune une fois de plus. Je suis Osiris, le Seigneur de l'éternité (XLIII, I, 1).

Dans la révision du *Livre des Morts* par Pierret, nous trouvons
ce passage frappant :

> Je suis l'être aux noms mystérieux, qui se prépare à lui-même
> des demeures pour des millions d'années (p.22). Cœur, qui me
> viens de ma mère, mon cœur, nécessaire à mon existence sur
> terre... Cœur, qui me viens de ma mère, cœur qui m'est néces-
> saire pour ma transformation (p. 113,114).

Dans la religion de Zoroastre, nous trouvons la conception de
l'Existence Une, figurée par l'Espace illimité d'où surgit le Logos,
Aûharmazd le créateur :

> Suprême en omniscience et en bonté, sans rival dans Sa
> splendeur, la région de la Lumière est le séjour d'Aûharmazd
> (*The Bundahis, Sacred Books of the East*, V, 3, 4 ; V, 2).

C'est à Lui qu'il est rendu hommage en premier lieu dans le
Yasna, le principal ouvrage liturgique des Zoroastriens :

> Je proclame et j'accomplirai envers Ahura Mazda, le
> Créateur, le rayonnant et le glorieux, le plus grand et le meilleur,
> le plus admirable, le plus ferme, le plus sage, et celui d'entre tous
> les êtres dont le corps est le plus parfait, qui accomplit ses fins
> le plus infailliblement à cause de l'ordre équitable qu'il établit ;
> envers Lui qui dispose nos Âmes dans la droiture, et qui rayonne
> au loin sa grâce créatrice de joie, qui nous a faits et façonnés, et
> qui nous a nourris et protégés, l'Esprit bienfaisant entre tous...
> (*Sacred Books of the East*, XXXI, p. 195,196).

Le fidèle rend ensuite hommage aux Ahmeshaspends et aux
autres Dieux, mais le Dieu suprême manifesté, le Logos, n'est pas
représenté ici comme Tri-Unité. Comme chez les Hébreux, il y eut

dans le culte exotérique une tendance à perdre de vue cette vérité fondamentale. Heureusement, il nous est possible de retrouver la trace de l'enseignement originel, bien qu'il ait plus tard disparu des croyances populaires. Le docteur Haug, — dans ses *Essais sur les Parsis* (trad. en anglais par le docteur West, et formant le vol. V des *Trübner's Orientales Series*) — dit que Ahuramazda (Aûharmazd ou Hôrmazd) est l'Être Suprême, et que de Lui furent engendrées

> deux causes primordiales, qui, bien que différentes, étaient unies, et produisirent le monde des choses matérielles, aussi bien que le monde de l'esprit (p. 303).

Ces deux principes furent appelés jumeaux, et ils sont présents en toutes choses, dans Ahuramazda aussi bien que dans l'homme. L'un engendre le Réel, l'autre le Non-Réel ; et ce sont ces aspects qui, dans le Zoroastrianisme postérieur, devinrent les deux Génies antagonistes du Bien et du Mal. Mais dans l'enseignement primitif, ils formaient évidemment le Deuxième Logos dont le signe caractéristique est la dualité.

Le « Bon » et le « Mauvais » sont simplement la Lumière et les Ténèbres, l'Esprit et la Matière, les « jumeaux » essentiels de l'univers, les Deux procédant de l'Un.

Critiquant l'idée postérieure (des deux Génies), le docteur Haug dit :

> Telle est la notion zoroastrienne originelle des Esprits créateurs, qui forment simplement deux parties de l'Être Divin. Mais ultérieurement, par suite d'erreurs et de fausses interprétations, cette doctrine du grand fondateur fut modifiée et corrompue. Spentômainyush (« l'Esprit bon ») fut considéré comme un des noms d'Ahuramazda Lui-même, puis, comme de raison, Angrômainyush (« l'Esprit mauvais »), se trouvant entièrement

séparé d'Ahuramazda, fut regardé comme son perpétuel adversaire. Ainsi naquit le dualisme de Dieu et du Diable (p. 205).

L'opinion du docteur Haug semble corroborée par le *Gâtha Ahounavaïti*, donné à Zoroastre ou Zarathustra par « les Archanges » en même temps que les autres Gâthas :

> Dans le principe était une paire de jumeaux, deux Esprits, chacun d'une activité particulière, à savoir, le bon et le mauvais... Et ces deux Esprits unis créèrent la chose première ; l'un la réalité, l'autre la non-réalité... Et pour secourir cette vie Armaïti vint avec ses richesses, l'Intelligence bonne et vraie. Elle, l'éternelle, créa le monde matériel... Toutes choses parfaites, connues comme étant les meilleurs des êtres, sont recueillies dans la demeure splendide de la Bonne Intelligence, la Sage et la Juste (*Yasna*, XXX, 3, 4, 7, 10 : trad. du docteur Haug, p. 149-151).

Ici on trouve les trois LOGOS ! Ahuramazda, le Premier (le principe), la Vie Suprême ; en Lui et par Lui, les « jumeaux », le Deuxième LOGOS ; puis Armaïti, l'Intelligence, le Créateur de l'univers, le Troisième LOGOS [14]. Plus tard Mithra apparaît, et vient obscurcir jusqu'à un certain point, dans la religion exotérique, la vérité primitive. C'est de lui qu'il est dit :

> Ahura Mazda l'a établi pour conserver et surveiller tout cet univers mouvant. Ne dormant jamais, toujours vigilant, il garde la création de Mazda (*Mihir Yast.*, XXVI, 103 ; *Sacred Books of the East*, XVIII).

---

14   Armaïti était primitivement la Sagesse, et la Déesse de la Sagesse. Plus tard, comme Créateur, Elle fut identifiée avec la Terre, et adorée comme Déesse de la Terre.

Mithra était un Dieu subordonné, la Lumière du Ciel, comme Varouna était le Ciel lui-même, une des grandes Intelligences directrices. Les plus élevées parmi ces Intelligences étaient les six Ahmeshaspends, ayant à leur tête Vohoûman, la Bonne Pensée d'Ahuramazda. Ce sont elles

> qui administrent toute la création matérielle (*Sacred Books of the East*, V. p. 10, note).

La réincarnation ne parait pas être enseignée dans les ouvrages qu'on a traduits jusqu'à présent, et cette croyance ne se rencontre guère chez les Parsis modernes. Mais nous trouvons chez eux cette idée que l'Esprit, dans l'homme, est une étincelle dont la destinée est de devenir un jour flamme et d'être réunie au Feu Suprême. Et ceci doit impliquer un développement pour lequel la renaissance est indispensable. Le Zoroastrianisme restera d'ailleurs incompris tant que l'on n'aura pas retrouvé les *Oracles Chaldéens* et les écrits qui s'y rattachent, car c'est réellement de lu qu'il tire son origine.

En nous dirigeant à l'Occident, vers la Grèce, nous trouvons le système Orphique, dont Mr G.-R.-S. Mead nous parle dans son ouvrage intitulé *Orpheus*. L'Ineffable Obscurité Trois fois Inconnue, tel était le nom donné à l'Existence Une.

> Selon la théologie d'Orphée, toutes choses tirent leur origine d'un principe immense, auquel la pauvre et débile conception humaine nous oblige à donner un nom bien qu'il soit parfaitement ineffable. Ce principe est, selon le langage révérenciel des Égyptiens, une *obscurité trois fois inconnue*, dans la contemplation de laquelle toute science est rendue à l'ignorance (Thomas Taylor, cité dans *Orpheus*, p.94).

De Cela procède la « Triade Primordiale » : le Bien Universel, l'Âme Universelle, l'Intelligence Universelle. Voici donc de nouveau la Trinité Logique. M. Mead en parle dans les termes suivants :

> La première Triade qui puisse se manifester à intellect n'est qu'une réflexion ou une représentation de Ce qui ne peut être manifesté. Ses hypostases sont : *(a)* le Bien, qui est supra-essentiel, *(b)* l'Âme (l'Âme du Monde), essence soi-déterminante ; *(c)* l'Intellect (ou l'Intelligence), qui est une essence indivisible, immuable (*Ibid.*, p. 94).

Puis vient une série de Triades toujours descendantes, reproduisant avec une splendeur décroissante les caractéristiques de la première, jusqu'à l'homme, qui

> contient en lui-même potentiellement la somme et la substance de l'univers... « La race des hommes et des Dieux est une » (Pindare, qui était un Pythagoricien, cité par Saint-Clément, *Strom.*, V, 709) ... C'est pourquoi l'homme a été appelé le microcosme ou petit monde, pour le distinguer de l'univers ou grand monde (*Ibid.*, p. 271).

Il possède le *νοῦς* (nous) ou intelligence réelle, le *λόγος* (logos) ou partie rationnelle, l'*ἀλόγος* (alogos) ou partie irrationnelle, les deux dernières formant chacune une Triade nouvelle, et présentant ainsi la division septénaire, plus élaborée. L'homme était aussi considéré comme ayant trois Véhicules, le corps physique, le corps subtil, et le corps « luciforme » ou *αὐγοειδής* (augoeïdès), qui

> est le « corps causal » ou vêtement karmique de l'âme, où s'accumulent sa destinée, ou plutôt tous les germes de causalité passée. C'est ici « l'âme-fil », comme on l'appelle parfois, le « corps » qui passe d'incarnation en incarnation (*Ibid.*, p. 284).

Quant à la réincarnation :

> D'accord avec tous les adhérents des Mystères en tous pays,
> les Orphiques croyaient à la réincarnation (*Ibid.*, p. 292).

M. Mead cite à l'appui de son assertion des témoignages nombreux, et montre que cette doctrine fut enseignée par Platon, Empédocle, Pythagore et d'autres. Par la vertu seule, les hommes pouvaient se délier de la « Roue des Vies ».

Taylor, dans les notes de ses *Select Works of Plotinus* (*Œuvres choisies de Plotin*), cite un passage de Damascius au sujet des enseignements de Platon sur Ce qui est au delà de l'Un, l'Existence Non-Manifestée :

> Peut-être en vérité, Platon nous conduit-il ineffablement à travers l'*Un* comme intermédiaire jusqu'à l'Ineffable au delà de l'*Un*, qui fait maintenant l'objet de notre discussion. Il y parvient par une oblation de l'*Un*, comme il conduit à l'*Un* par une oblation des autres choses... Ce qui est au delà de l'*Un* doit être honoré dans le plus parfait silence... L'*Un*, en vérité, veut exister par Lui-même sans nul autre. Mais l'Inconnu au-delà de l'*Un* est parfaitement ineffable, et nous confessons que nous ne pouvons ni le connaître, ni en être ignorants, mais qu'il est recouvert pour nous d'un voile de *super-ignorance*. Par suite, étant à proximité de Cela, l'*Un* en est lui-même obscurci : car, étant proche du principe immense, s'il m'est permis de m'exprimer ainsi, il demeure en quelque sorte dans le sanctuaire de ce silence vraiment mystique... Le principe est au-dessus de l'*Un et de toutes choses*, car il est plus simple que chacun d'eux (p. 341-343).

Les écoles pythagoricienne, platonicienne et néoplatonicienne ont tant de points de contact avec la pensée indoue et bouddhiste, que leur dérivation d'une source unique parait évidente. R. Garbe, dans son ouvrage : *Die Sâmkhya Philosophie* (III, p. 85-105), fait ressortir nombre de ces points, et son opinion, peut être résumée comme suit :

Ce qu'il y a de plus frappant, c'est la ressemblance — ou pour mieux dire, l'identité — de la doctrine de l'Un ou de l'Unique dans les Upanishads et dans l'école d'Élée. L'enseignement de Xénophane sur l'unité de Dieu et du Cosmos, et sur l'immutabilité de l'Unique, et plus encore celui de Parménide qui considérait la réalité comme ne pouvant être attribuée qu'à l'Unique incréé, indestructible et omniprésent, tandis que tout ce qui est multiple et sujet au changement n'est qu'apparence, et qui enseignaît en outre qu'être et penser ne font qu'un — ces doctrines sont complètement identiques à l'enseignement essentiel des Upanishads, et à la philosophie « Vedânta » qui en dérive. Mais à une époque encore plus reculée l'opinion de Thalès, que tout ce qui existe est issu de l'Eau, ressemble étrangement à la doctrine védique, selon laquelle l'univers s'éleva du sein des eaux. Plus tard, Anaximandre adopta comme base ($ἀρχή$) de toutes choses une Substance éternelle, infinie et indéfinie, d'où procèdent toutes substances définies, et où elles retournent — hypothèse identique à celle qui se trouve à la racine de la philosophie sânkhya, à savoir, la Prakriti hors de laquelle s'est développé tout l'aspect matériel de l'univers. Et la parole célèbre « $πάντα\ ῥεΐ$ » exprime cette opinion caractéristique de la Sânkhya, que toutes choses se modifient continuellement sous l'incessante activité des trois « gounas ». Empédocle à son tour enseigna un système de transmigration et d'évolution identique somme toute à celui des Sânkhyas, tandis que sa théorie, que rien ne peut venir à l'existence qui n'existe déjà par avance, présente une identité plus étroite encore avec une des doctrines caractéristiques de la philosophie sânkhya.

Les doctrines d'Anaxagore et de Démocrite sont, en plusieurs points, étroitement conformes aux doctrines indoues, — spécialement les idées de Démocrite sur la nature et le rôle des Dieux.

On peut dire la même chose d'Épicure, notamment pour quelques curieux points de détail. Mais c'est surtout dans les doctrines de Pythagore que nous trouvons la plus étroite et la plus fréquente identité d'enseignement et d'argumentation, et la tradition explique ces analogies en disant que Pythagore lui-même visita l'Inde et y apprit sa philosophie.

Dans des siècles plus récents, nous voyons certaines idées véritablement sânkhyennes et bouddhistes jouer un rôle prépondérant dans la pensée gnostique. L'extrait suivant de Lassen, cité par Garbe (p. 97), nous en montre clairement un exemple :

> Le Bouddhisme en général établit une distinction très nette entre l'Esprit et la Lumière, et ne considère point cette dernière comme immatérielle. Cependant on trouve aussi dans cette religion un enseignement qui se rapproche fort de la doctrine gnostique. D'après cet enseignement, la Lumière est la manifestation de l'Esprit dans la Matière ; l'Intelligence ainsi revêtue de Lumière entre en relations avec la Matière, en laquelle la Lumière peut être amoindrie, et enfin totalement obscurcie.
>
> Dans ce dernier cas, l'Intelligence finit par tomber dans l'inconscience complète. De la Suprême Intelligence il est dit qu'Elle n'est ni Lumière ni Non-Lumière, ni Obscurité ni Non-Obscurité, puisque toutes ces expressions indiquent des relations entre l'intelligence et la Lumière, relations qui n'existaient pas à l'origine. C'est seulement plus tard que la Lumière vient envelopper l'Intelligence et lui servir d'intermédiaire dans ses rapports avec la Matière. Il suit de là que la théorie bouddhiste attribue à la Suprême Intelligence le pouvoir d'engendrer la Lumière hors d'Elle-même, et qu'en cela aussi il y a accord entre le Bouddhisme et le Gnosticisme.

Garbe fait observer ici que, sur les points dont il vient d'être question, l'accord du Gnosticisme avec la philosophie sânkhya est plus complet encore qu'avec le Bouddhisme. Car, tandis que cette manière d'envisager les rapports entre la Lumière et l'Esprit appartient à une phase plus récente du Bouddhisme et n'en forme pas du tout un caractère essentiel, la philosophie sânkhya, au contraire, enseigne avec clarté et précision que l'Esprit *est* Lumière. Plus récemment encore, l'influence de la pensée sânkhya se retrouve nettement marquée chez les néoplatoniciens, tandis que la doctrine du LOGOS, ou du Verbe, bien que n'étant pas d'origine sânkhyenne, montre, même par ses détails, qu'elle a été dérivée de l'Inde, ou la conception de Vâch, le Verbe Divin, joue un rôle si prépondérant dans le système brahmanique.

Passant à la religion chrétienne, contemporaine des systèmes gnostiques et néoplatonicien, nous pourrons sans nulle peine y retrouver la plupart des enseignements fondamentaux qui nous sont désormais familiers.

Le triple LOGOS apparaît dans la Trinité. Le Premier LOGOS, source de toute vie, est le Père ; le Deuxième LOGOS, dualistique, est le Fils, le Dieu-Homme ; le troisième, l'Intelligence créatrice, est le Saint-Esprit, qui en se mouvant sur les eaux du chaos, a amené les mondes à l'existence. Puis viennent « les sept Esprits de Dieu[15] » et les cohortes des Archanges et des Anges.

Il est peu question de l'Existence Une d'où tout procède et où tout retourne, de la Nature que nulle recherche ne peut découvrir. Mais les grands docteurs de l'Église catholique postulent toujours l'insondable Divinité, incompréhensible, infinie, et par suite nécessairement Une et indivisible. L'homme est fait « à l'image de Dieu[16] ». Il est donc triple en sa nature : esprit, âme et corps[17]. Il est la demeure de Dieu[18], le temple de Dieu[19], le temple du

---

15   *Apocalypse*, IV, 5.
16   *Genèse*, I, 26, 27.
17   I, *Thess.*, V, 23.
18   *Éphés*, II, 22.
19   I. *Cor.*, III, 16.

Saint-Esprit[20], — phrases qui sont l'écho fidèle de l'enseignement indou. Dans le Nouveau Testament la doctrine de la réincarnation est plutôt tacitement admise que nettement enseignée. Ainsi Jésus, parlant de saint Jean-Baptiste, déclare qu'il est Élie « qui devait venir[21] », faisant allusion aux paroles de Malachie ; « Je vous enverrai Élie le prophète[22] ». Et plus loin, à une question sur la venue d'Élie devant précéder celle du Messie, Il répond : « Élie est déjà venu, et ils ne l'ont point connu[23] ». Nous voyons les disciples sous-entendre une fois de plus la réincarnation lorsqu'ils demandent si c'est en punition de ses péchés qu'un homme est né aveugle. Jésus, dans sa réponse, ne rejette pas la possibilité même du péché anténatal ; Il se contente de l'écarter comme n'étant pas la cause de la cécité dans le cas particulier considéré[24]. La phrase si remarquable de l'Apocalypse (III, 12) : « Celui qui sera vainqueur, j'en ferai une colonne dans le temple de mon Dieu, d'où il ne sortira plus », a été considérée comme signifiant la libération de la réincarnation. Les écrits de quelques Pères de l'Église témoignent assez clairement en faveur d'une croyance courante à la réincarnation. D'aucuns prétendent qu'ils enseignent uniquement la préexistence de l'âme ; mais cette opinion ne me parait pas corroborée par les textes.

L'unité d'enseignement moral n'est pas moins frappante que l'identité des conceptions de l'univers et des témoignages de tous ceux qui, hors de leur prison de chair, parvinrent à la liberté des sphères supérieures. Il est clair que ce corps d'enseignement primordial était confié aux mains de gardiens attitrés, qui enseignaient dans les écoles et formaient des disciples. L'identité de ces écoles et de leur discipline nous apparaît évidente lorsque nous étudions

---

20   I. *Cor.*, VI, 19

21   *Math.*, XI, 14

22   *Malach.*, IV, 5.

23   *Math.*, XVII, 12

24   *Jean*, IX, 1-3.

leur enseignement moral, les conditions imposées à leurs disciples, et les états mentaux et moraux auxquels on les faisait parvenir.

Dans le *Tao Teh Ching* nous trouvons une distinction satirique entre les diverses catégories d'étudiants :

> Les étudiants de la plus haute classe, lorsqu'ils entendent parler du Tao, le mettent sincèrement en pratique. Les étudiants de la classe moyenne, lorsqu'ils en ont entendu parler, semblent tantôt le suivre, tantôt l'abandonner. Les étudiants de la classe inférieure, lorsqu'ils en ont entendu parler, en rient beaucoup. (*Sacred Books of the East*, XXXIX, op. cit., XLI, 1)

Dans le même livre nous lisons :

> Le sage met sa propre personne la dernière, néanmoins elle est trouvée à la toute première place. Il traite sa personne comme si elle lui était étrangère, néanmoins cette personne est préservée. N'est-ce point parce qu'il n'a Aucun but personnel et privé que de telles fins se trouvent réalisées ? (VII, 2.) Il est dépourvu de vanité, c'est pourquoi il brille. Il est sans prétention, c'est pourquoi on le distingue. Il ne se vante pas, c'est pourquoi son mérite est reconnu. Il ne montre point de suffisance, c'est pourquoi il acquiert la supériorité. Parce qu'il est ainsi libre de toute lutte, nul au monde ne peut lutter contre lui (XXII, 2). Point de crime plus grand que de nourrir l'ambition. Point de calamité plus grande que d'être mécontent de son sort. Point de faute plus grande que le désir d'obtenir (XLVI, 2). Pour ceux qui sont bons [envers moi] je suis bon, et pour ceux qui ne sont pas bons [envers moi] je suis également bon ; [ainsi tous] finissent par être bons. Pour ceux qui sont sincères [envers moi] je suis sincère, et pour ceux qui ne sont pas sincères [envers moi], je suis également sincère ; ainsi [tous] finissent par être sincères (XLIX, 1). Celui qui possède abondamment en lui-même les

attributs [du Tao], celui-là est semblable à un petit enfant. Les insectes venimeux ne le mordront point, les bêtes féroces ne le saisiront point, les oiseaux de proie ne le frapperont point (LV, 1). Je possède trois choses précieuses que j'estime et que je garde avec un soin jaloux. La première est la douceur ; le seconde, l'économie ; la troisième, de ne pas vouloir prendre le pas sur autrui... La douceur est certaine de vaincre, même dans la bataille, et de tenir tête avec fermeté. Le ciel sauvera celui qui la possède, par sa douceur le protégeant (LXVII, 2, 4).

Chez les Indous, il y avait des disciples choisis, considérés comme dignes d'une instruction spéciale, et auxquels le « Gourou » transmettait l'enseignement secret, tandis que les règles générales de la vie morale peuvent être recueillies dans les *Ordonnances* de Manou, les *Upanishads*, le *Mahâbhârata* et maint autre traité :

> Qu'il dise ce qui est vrai, qu'il dise ce qui est plaisant, qu'il ne profère ni vérité déplaisante, ni fausseté agréable : telle est la loi éternelle (*Manou*, IV, 438). Ne faisant pas de mal à aucune créature, qu'il accumule peu à peu les mérites spirituels (IV, 238). Pour cet homme deux fois né, qui n'occasionne pas même le moindre danger aux êtres créés, il n'y aura nul danger d'aucun [côté] au jour où il sera libéré de son corps (VI, 40). Qu'il supporte patiemment les paroles dures, qu'il n'insulte personne, et qu'il n'aille pas à cause de ce corps [périssable] devenir l'ennemi de qui que ce soit. Qu'il ne réponde point par la colère à la colère d'un autre, qu'il bénisse lorsqu'il est maudit (VI, 47, 48). Affranchis de la passion, de la crainte et de la colère, leur pensée fixée sur Moi, cherchant en Moi leur refuge, purifiés par le feu de la sagesse, plusieurs sont entrés dans mon Être (*Bhagavad Gîtâ*, IV, 10). La suprême joie est pour ce Yogi, de qui le manas (l'intelligence) est calme, de qui la nature passionnelle est apaisée, qui est sans péché et de la nature de Brahman (VI, 27).

L'homme qui n'a de ressentiment envers aucun être, l'homme amical et compatissant, sans attachement ni égoïsme, équilibré dans le plaisir et la douleur, aimant à pardonner, toujours content, harmonieux, maître de soi, résolu. M'ayant consacré sa pensée (manas) et son cœur (bouddhi), celui-là, Mon fidèle, M'est cher en vérité (XII, 13, 14).

Passons à Bouddha. Nous Le trouvons entouré de Ses Arhats, auxquels il transmet Ses enseignements secrets. D'autre part, Sa doctrine publique nous apprend que :

Le sage, par la sincérité, la vertu et la parole, se transforme en une île qu'aucun déluge ne peut submerger (*Udânavarga*, IV, 5). Le sage, en ce monde, conserve précieusement la foi et la sagesse, ce sont là les plus grands trésors ; il rejette toute autre richesse (X, 9). Quiconque nourrit la rancune envers ceux qui font preuve de mauvais vouloir, ne peut jamais devenir pur. Mais celui qui n'éprouve point de rancune pacifie ceux qui haïssent. Comme la haine est une source de misère pour l'humanité, le sage ne connaît point la haine (XIII, 12). Triomphez de la colère en ne vous irritant point ; triomphez du mal par le bien ; triomphez de l'avarice par la libéralité ; triomphez du mensonge par la vérité (XX, 18).

Le Zoroastrien apprend à louer Ahuramazda ; puis :

Qu'y a-t-il de plus beau au monde, qu'y a-t-il de pur, qu'y a-t-il d'immortel, qu'y a-t-il de brillant ? Tout ce qui est bien. Nous honorons le bon esprit, nous honorons le bon royaume et la bonne loi et la bonne sagesse (*Yasna*, XXXVII). Que le contentement et la bénédiction et l'innocence et la sagesse des purs descendent sur cette demeure (*Yasna*, LIX). La pureté est le meilleur bien. Heureux, heureux est-il, à savoir, le plus pur en pureté (*Ashem-Vohu*). Toutes les bonnes pensées, les bonnes paroles,

les bonnes actions sont accomplies avec connaissance. Toutes les mauvaises pensées, les mauvaises paroles, les mauvaises actions ne sont point accomplies avec connaissance (*Mispa Kumata*). (Extraits de l'*Avesta* dans *Ancient Iranianand Zoroastrian Morals*, par Dhunjibboy Jamsetji Medhora).

Les Hébreux avaient leurs « écoles de Prophètes » et leur Cabbale, et dans les ouvrages exotériques, nous trouvons les enseignements moraux acceptés :

Qui donc gravira la montagne du Seigneur et se tiendra en Son saint lieu ? Celui qui a les mains propres et le cœur pur, dont l'âme n'est point enflée par la vanité, et qui ne profère point (de faux serments.). (*Ps.* XXIV, 3, 4.) Qu'exige-t-il de toi, le Seigneur, sinon d'agir justement, et d'aimer la miséricorde, et de marcher humblement avec ton Dieu ? (*Michée*, VI, 8.) Les lèvres de vérité seront affermies à tout jamais ; mais une langue menteuse ne dure qu'un instant (*Prov.*, XII, 19). N'est-ce pas ici le jeûne que j'ai choisi ? que tu délies les liens de la perversité, que tu délies les liens du joug, que tu laisses aller libres ceux qui sont opprimés, et que vous brisiez toute servitude ? N'est-ce pas que tu partages ton pain avec celui qui a faim, et que tu fasses venir dans ta maison les affligés qui vont errant ; qu'en voyant celui qui est nu, tu le couvres, et que tu ne te caches point de ta propre chair ? (*Isaïe*, LVIII, 6, 7.)

Le Maître chrétien avait, Lui aussi, Son enseignement secret pour ses disciples[25], et Il leur faisait cette recommandation :

Ne donnez pas aux chiens ce qui est sacré, et ne jetez pas vos perles aux pourceaux (*Math.*, VII, 6).

---

25   *Math.*, XIII, 10-17.

Pour l'enseignement public, nous pouvons nous adresser aux « *béatitudes* » du Sermon sur la Montagne ainsi qu'aux préceptes suivants :

> Pour moi je vous dis : « Aimez vos ennemis, faites du bien à ceux qui vous haïssent, priez pour ceux qui vous persécutent et vous calomnient... Soyez donc parfaits comme votre Père céleste est parfait Lui-même (*Math.*, 44, 48). Celui qui sauve sa vie la perdra, et celui qui la perd pour moi la sauvera (X, 39). Quiconque se fera petit comme cet enfant, celui-là sera le plus grand dans le royaume des cieux (XVIII, 4). Le fruit de l'Esprit c'est la charité, la joie, la paix, la patience, la douceur, la bonté, la longanimité, la mansuétude, la foi, la modération, la chasteté. À l'égard de ces qualités-là, il n'y a point de loi (*Galates*, V, 22, 23). Aimons-nous les uns les autres, parce que l'amour vient de Dieu, et quiconque aime est né de Dieu et connaît Dieu (*Jean*, VI, 7).

L'école de Pythagore et celles de Platon et des Néoplatoniciens perpétuèrent la tradition en Grèce, et nous savons que Pythagore acquit une partie de son savoir dans l'Inde, tandis que Platon étudia et fut initié dans les écoles d'Égypte. Sur les écoles grecques, nous possédons des informations plus précises que sur les autres écoles de l'antiquité. Celle de Pythagore avait des disciples assermentés d'une part, et de l'autre une discipline extérieure. Le cercle intérieur passait par trois degrés en cinq années d'épreuve (pour les détails, voir *Orpheus*, par G.-R.-S. Mead, p. 263 et suiv.). La discipline extérieure est décrite comme suit :

> Il faut d'abord nous abandonner entièrement à Dieu. Lorsqu'un homme prie, il ne doit jamais demander aucun bienfait particulier, pleinement convaincu qu'il recevra ce qui est juste et convenable, selon la sagesse divine, et non pas selon l'objet de ses désirs égoïstes (*Diod. Sic.*, IX, 41). C'est par la seule vertu que

l'homme parvient à la béatitude, et c'est là le privilège exclusif d'un être rationnel (Hippodamus, *De Felicitate*, II ; Orelli, *Opusc. Graæcor. Sent. et Moral.*, II, 284). En lui-même, de par sa propre nature, l'homme n'est ni bon ni heureux, mais il peut le devenir par l'enseignement de la doctrine véritable (*μαθήσιος χαί προχολας ποτιδέεται*) (Hippo., *Ibid.*). Le devoir le plus sacré est la piété filiale. « Dieu fait pleuvoir ses bénédictions sur celui qui honore et révère l'auteur de ses jours, » dit Pampelus (*De Parentibus*, Orelli, op. cit., II, p. 345). L'ingratitude envers les parents est le plus noir de tous les crimes, écrit Périctione (*ibid.* p. 350), qu'on croît être la mère de Platon. La pureté et la délicatesse de toutes les œuvres pythagoriciennes étaient remarquables (OElien, *Hist. Var.*, XIV, 19). En tout ce qui concerne la chasteté et le mariage, leurs principes sont de la plus parfaite pureté. Partout le grand maître recommande la chasteté et la tempérance. Mais en même temps, il demande que les gens mariés donnent naissance à des enfants avant de mener une vie de célibat absolu, et cela afin que les enfants puissent être procréés sous des conditions favorables pour perpétuer la vie sainte et la transmission de la science sacrée (Jamblique, *Vit. Pythag.*, et Hiéroclès ap. Stob., *Serm.* XLV, 14). Ceci est extrêmement intéressant, car nous trouvons la même recommandation dans le *Mànava Dharma Shastra* (*Lois de Manou*), le fameux code indou... L'adultère était condamné avec la plus grande sévérité (Jamb., *Ibid.*). De plus, il était prescrit au mari de traiter sa femme avec une extrême douceur, car ne l'avait-il pas prise pour sa compagne « devant les Dieux » ? (Voir. Lascaulx, *Zur Geschichte der Ehe beï den Griechen*, dans les *Mém. de l'Acad. de Bavière*, VII, 107 et suiv.)

Le mariage n'était pas une union animale, mais un lien spirituel. C'est pourquoi, à son tour, la femme devait aimer son époux plus qu'elle-même, et être dévouée et obéissante en toutes choses. De plus, il est intéressant d'observer que les plus beaux caractères de femmes que nous présente la Grèce antique furent formés dans l'école de Pythagore. Il en est de même pour les hommes. Les auteurs de l'antiquité s'accordent pour dire que cette discipline avait réussi à produire non seulement les plus beaux exemples de chasteté et du plus pur sentiment, mais aussi une simplicité de manières, une délicatesse parfaite, et un goût sans précédent pour les occupations sérieuses. Ceci est admis même par les auteurs chrétiens (Voir Justin, XX, 4)... Chez les membres de l'école, l'idée de justice présidait à chaque action, et ils observaient la plus stricte tolérance et la plus parfaite compassion dans leurs rapports mutuels. Car la justice est le principe de toute vertu, comme nous l'enseigne Polus (Ap. Stob., *Serm.* VIII, éd. Schow, p. 233). C'est la justice qui maintient dans l'âme la paix et l'équilibre. Elle est la mère de l'ordre harmonieux dans toutes les communautés. C'est elle qui engendre la concorde entre l'époux et l'épouse, l'amour entre le maître et le serviteur.

Tout Pythagoricien était lié par sa parole. Enfin, l'homme doit vivre de manière à être toujours prêt à mourir (Hippolyte, *Philos.*, VI). (*Ibid.*, p. 263-267.)

La manière dont les vertus sont traitées dans les écoles néoplatoniciennes est intéressante. Une distinction fort nette y est établie entre la simple moralité et le développement spirituel. En d'autres termes, comme le dit Plotin, « le but n'est pas d'être sans péché, mais de devenir un Dieu[26] ». Le premier degré consistait à devenir sans péché en acquérant les « vertus politiques », qui rendaient l'homme parfait dans sa conduite (les vertus physiques et éthiques formaient des degrés encore inférieurs) ; la raison dirigeait et embellissait alors la nature irrationnelle. Ensuite venaient les « vertus cathartiques », appartenant à la raison pure, et délivrant l'âme des

---

26   *Select works of Plotinus*, trad. par Thomas Taylor, éd. 1805, p. 11.

liens de la génération ; puis les « vertus théoriques », élevant l'âme au contact des natures supérieures à la sienne ; enfin les « vertus paradigmatiques », qui lui donnaient la connaissance de l'être réel.

> Il suit de là que celui qui agit selon les vertus pratiques est *un homme juste*, mais celui qui agit selon les vertus cathartiques est un homme démoniaque, ou encore un bon démon[27]. Celui qui agit selon les vertus dites théoriques, celui-là est un Dieu. Mais celui qui agit selon les vertus paradigmatiques, celui-là est le Père des Dieux. (Note sur la Prudence Intellectuelle, p. 325-232.)

Grâce à des pratiques diverses, les disciples apprenaient à abandonner leur corps pour s'élever en des régions supérieures. Comme une herbe est tirée de sa gaine, l'homme intérieur devait se glisser hors de son enveloppe corporelle[28]. Le « corps de lumière » ou « corps rayonnant » des Indous est le « corps luciforme » des Néoplatoniciens, et c'est en lui que l'homme s'élève pour trouver le Soi,

> qui ne peut être saisi ni par l'œil, ni par la parole, ni par les autres sens (*litt.*, Dieux), ni par l'austérité, ni par les rites religieux. C'est par la sagesse sereine, par la pure essence seule qu'on peut voir, dans la méditation, l'Unique Indivisible. Ce Soi subtil sera connu de l'intelligence en qui le quintuple vie est endormie. L'intelligence de toute créature est envahie par ces vies : mais dès qu'elle est purifiée, le Soi se manifeste en elle (*Mundakopanishad*, III, II, 8, 9).

---

27 Une bonne Intelligence spirituelle, comme le « démon » de Socrate.
28 *Kathopantshad*, IV, 17.

Alors seulement l'homme peut entrer dans la région où la séparation n'est pas, ou « les sphères ont cessé ». G.-R.-S. Mead, dans son introduction au *Plotinus* de Taylor [29], cite un passage de Plotin décrivant une région qui n'est évidemment autre que le Turiya des Indous.

Ils voient de même toutes choses, non pas celles soumises à la génération, mais celles en qui l'essence réside. Et ils se perçoivent eux-mêmes en autrui. Car toute chose en ce lieu est diaphane ; rien n'est obscur et résistant, mais tout est vu par chacun intérieurement et de part en part. Car la lumière rencontre partout la lumière, puisque chaque chose contient en elle-même toutes choses, et qu'elle voit également tout en chaque autre chose. En sorte que toutes choses sont partout, et que tout est tout. De même chaque chose est toute chose. Et la splendeur en ce lieu est infinie. Car tout y est grand, puisque même ce qui est petit est grand. Le soleil, en ce lieu, est en même temps toutes les étoiles ; et de plus, chaque étoile est en même temps le soleil et toutes les étoiles. En chacune, néanmoins, une qualité différente prédomine, mais en même temps toutes choses sont visibles en chacune. De même, en ce lieu, le mouvement est pur, car le mouvement n'est pas troublé par un moteur qui diffère de lui-même (p. LXXIII).

Description totalement insuffisante, parce que c'est là une région que nul langage mortel ne peut décrire. Seul, néanmoins, un de ceux dont les yeux ont été ouverts a pu nous laisser ces lignes.

Les concordances qui existent entre les religions du monde rempliraient aisément un volume entier. Mais l'esquisse bien imparfaite qui précède devra suffire comme préface à l'étude de la Théosophie, comme introduction à cet exposé nouveau et plus

---

29   Ouvrage cité un peu plus haut.

complet des vérités antiques dont le monde a toujours été nourri. Toutes ces similitudes impliquent une source unique, et cette source, c'est la Confrérie de la Loge Blanche, la Hiérarchie des Adeptes qui veillent sur l'humanité et guident son évolution. Ils ont toujours conservé ces vérités intactes, et de temps à autre, selon les besoins de l'époque, Ils les ont proclamées aux oreilles des hommes. Fruits de mondes plus mûrs, d'humanités antérieures, produits par une évolution analogue à la nôtre, — évolution qui nous semblera plus intelligible lorsque nous aurons complété notre étude actuelle, — Ils sont venus secourir notre globe, et depuis les premiers temps jusqu'à ce jour, assistés de la fleur de notre propre humanité. Ils nous ont prodigué leurs soins. De nos jours encore, ils instruisent d'ardents disciples, dont ils guident les pas sur le Sentier étroit. De nos jours encore, Ils peuvent être trouvés par quiconque les cherche en portant à la main, comme offrande initiale, la charité, le dévouement, le désir désintéressé de savoir afin de servir. De nos jours encore, Ils prescrivent l'antique discipline et dévoilent les anciens Mystères. Les deux colonnes de Leur Loge sont l'Amour et la Sagesse, et à travers sa porte étroite ceux-là seuls peuvent passer qui ont laissé tomber de leurs épaules le fardeau du désir et de l'égoïsme.

Une lourde tâche nous attend. Commençant sur le plan physique, nous gravirons lentement l'échelle du monde. Mais, avant d'entrer dans cette étude détaillée, un coup d'œil à vol d'oiseau, jeté sur la vague d'évolution et sur son but, pourra nous être utile.

Avant que notre système ait commencé d'être, un Logos a conçu le tout en Son intelligence. Toutes les forces, toutes les formes, toutes les choses qui, chacune à son heure, émergeront dans la région de la vie objective, — tout cela existe tout d'abord dans la divine pensée, sous forme d'idée.

Le Logos circonscrit alors la sphère de manifestation à l'intérieur de laquelle Il veut déployer Son énergie ; Il Se limite Lui-même afin d'être la vie de Son univers.

À mesure que nous observons, nous voyons se dessiner graduellement sept zones successives, de densités différentes. Sept vastes régions sont dès lors apparentes, en chacune desquelles naissent des centres d'énergie, tourbillons de substance cosmique qui se séparent entre eux. Enfin, la séparation et la condensation achevées, — du moins en ce qui nous concerne actuellement, — nous avons sous les yeux un soleil central, symbole physique du Logos, et sept grandes chaînes planétaires[30], composées chacune de sept globes. Si nous limitons maintenant notre champ d'observation à la chaîne dont notre globe fait partie, nous la voyons parcourue par des vagues de vie successives, formant les règnes de la nature : les trois règnes élémentals d'abord, puis les règnes minéral, végétal, animal, humain.

Bornant ensuite notre vue au seul globe terrestre et aux régions qui l'entourent, nous observons l'évolution humaine, et nous voyons l'homme développer en lui-même la soi-conscience par une longue série de cycles vitaux successifs.

Concentrant enfin notre regard sur un seul individu, nous pouvons suivre sa croissance. Nous voyons que chaque cycle de vie comporte une triple division, et qu'il est lié à tous les cycles passés dont il moissonne les résultats, et à tous les cycles futurs dont il sème les germes, et cela de par une loi inéluctable. En sorte, que l'homme peut gravir la longue côte, chaque cycle vital contribuant à l'élever plus haut en pureté, en dévotion, en intelligence, en pouvoir de rendre service, jusqu'à ce qu'il soit, enfin parvenu là où se tiennent Ceux que nous appelons les Maîtres, prêt à acquitter envers ses frères plus jeunes la dette contractée envers ses Aînés.

---

30   Voy chap. XII.

CHAPITRE PREMIER

LE PLAN PHYSIQUE

Nous venons de voir que la Source hors de laquelle tout univers procède est un Être Divin manifesté, auquel la Sagesse Antique, sous sa forme moderne, attribue le nom de Logos, ou Verbe. Ce nom est emprunté à la philosophie grecque, mais il exprime parfaitement l'idée antique, la Parole issue du Silence, la Voix, le Son par qui les mondes viennent à l'existence.

Nous jetterons d'abord un coup d'œil d'ensemble sur l'évolution de « l'esprit-matière »[31], afin de mieux comprendre la nature des matériaux que nous présente le plan, ou monde, physique. Car la possibilité même de l'évolution gît dans les potentialités enveloppées, immergées dans l'esprit-matière de ce monde physique. Le processus d'évolution tout entier est un développement graduel, mu par une spontanéité intérieure et sollicité extérieurement par des êtres intelligents qui peuvent retarder ou accélérer l'évolution sans jamais outrepasser la norme des capacités inhérentes aux matériaux. Il est donc nécessaire de nous faire quelque idée de ces étapes primordiales de l'universel « devenir ». Mais comme une tentative d'élucidation détaillée nous entraînerait bien au delà des bornes que nous impose ce traité élémentaire, nous devrons nous contenter d'un bref aperçu.

---

31   Voir, quelques pages plus loin, l'explication de ce terme.

Sortant des profondeurs de l'Existence Une, de l'Un inconcevable et ineffable, un Logos, en S'imposant à Lui-même une limite, en circonscrivant volontairement l'étendue de Son propre être, devient le Dieu manifesté. En traçant la sphère limite de son activité, il délimite en même temps l'aire de Son univers. C'est dans cette sphère que l'univers naît, évolue et meurt. C'est en Lui qu'il vit, qu'il se meut, et qu'il trouve son être. La matière de l'univers est l'émanation du Logos, les forces et les énergies de l'univers sont les courants de Sa vie. Il est immanent dans chaque atome, pénétrant, supportant, développant toutes choses. Il est la source et le but, la cause et l'objet, le centre et la circonférence. Il est le fondement inébranlable sur lequel tout est bâti, il est l'espace ambiant dans lequel tout respire. Il est en toute chose, et toute chose est en Lui. Voilà ce que les gardiens de la Sagesse Antique nous ont enseigné sur l'origine des mondes manifestés.

A la même source, nous apprenons que le Logos Se développe de Lui-même en une triple forme :

Le Premier Logos, source de l'être.

De Lui procède le Deuxième Logos, manifestant un double aspect, vie et forme, principe de la dualité. Ce sont les deux pôles de la nature, entre lesquels sera tissée la trame de l'univers : vie-forme, esprit-matière, positif-négatif, actif-réceptif, père-mère des mondes.

Enfin le Troisième Logos, intelligence universelle, en qui existe l'archétype de toute chose, source des êtres, fontaine des énergies formatrices, trésor où sont entassées toutes les formes idéales qui vont être manifestées et élaborées dans la matière des plans inférieurs pendant l'évolution de l'univers. Ces archétypes sont le fruit des univers passés, transmis pour servir de germe à l'univers présent.

L'esprit et la matière, manifestation phénoménique d'un univers quelconque, sont finis comme étendue et transitoires comme durée. Mais les racines de l'esprit et de la matière sont éternelles.

Un écrivain profond a dit que la *racine de la matière*[32] est perçue par le LOGOS comme un voile couvrant l'Existence Une, le Suprême Brahman[33], selon son appellation antique.

Le LOGOS revêt ce « voile » pour produire la manifestation. Il s'en sert comme d'une limite volontairement imposée et rendant seule possible Son activité. C'est là qu'il puise la matière de Son univers afin de l'élaborer, Lui-même étant la vie animatrice, qui guide et régit toute forme[34].

De ce qui se passe sur les deux plans les plus élevés de l'univers, le septième et le sixième, nous ne pouvons nous faire qu'une bien vague idée. L'énergie du LOGOS, mouvement tourbillonnaire d'une inconcevable rapidité, « perce des trous dans l'espace », dans cette racine de la matière dont il vient d'être question ; et ce tourbillon de vie, limité par une surface-enveloppe appartenant à Moûlaprakriti, forme l'atome primordial. Les atomes primordiaux et leurs groupements divers, répandus à travers l'univers entier, forment toutes les subdivisions de « l'esprit-matière » du septième plan, qui est le plus élevé. Pour former le sixième plan, une partie de ces innombrables atomes primordiaux déterminent des tourbillons au sein des agrégats les plus denses de leur propre plan. L'atome primordial ainsi revêtu d'une gaine de spires constituée par les combinaisons les plus denses du septième plan, devient l'ultime élément d'esprit-matière, c'est-à-dire l'atome, du sixième plan. Les atomes du sixième plan, avec l'infinie variété des combinaisons qu'ils forment entre eux, constituent les diverses subdivisions de l'esprit-matière du sixième plan cosmique. L'atome du sixième plan, à son

---

32   Moûlaprakriti.

33   Parabrahman.

34   C'est pourquoi certains livres sacrés de l'Orient L'appellent « Le Seigneur de Mâyâ », Mâyâ, ou l'illusion, étant le principe de la Forme. La forme est regardée comme illusoire à cause de sa nature transitoire et de ses transformations perpétuelles. La vie qui s'exprime sous le voile de la forme est, au contraire, la réalité.

tour, détermine un tourbillon au sein des agrégats les plus denses de son propre plan et, avec ces agrégats les plus denses comme surface-enveloppe, il devient l'élément le plus subtil d'esprit-matière, c'est-à-dire l'atome, du cinquième plan. Les atomes du cinquième plan et leurs combinaisons forment les subdivisions de l'esprit-matière du cinquième plan. Le même processus se répète ensuite pour former successivement l'esprit-matière des quatrième, troisième, deuxième et premier plans. Telles sont les sept grandes régions de l'univers, du moins en ce qui concerne leur constitution matérielle. Nous pourrons nous en faire une idée plus nette, par analogie, lorsque nous aurons bien compris les modifications de l'esprit-matière de notre propre monde physique[35].

Le terme « esprit-matière » est employé à dessein. Il implique qu'il n'existe pas de matière « morte ». Toute matière est vivante, les particules les plus menues sont des vies. La science dit vrai lorsqu'elle affirme : « Point de force sans matière, point de matière sans force. » Force et matière sont unies par une indissoluble union à travers tous les âges de la vie d'un univers, et nul ne peut les séparer. La matière, c'est la forme, et il n'y a point de forme qui n'exprime une vie ; l'esprit, c'est la vie, et il n'y a point de vie qui ne soit limitée par une forme. Même le LOGOS, le Seigneur Suprême, a l'univers pour Sa forme, tant que dure la manifestation, et il en est de même pour toute vie, jusqu'à l'atome.

Cette involution de la vie du LOGOS comme force animatrice de chaque particule, et son enveloppement successif dans l'esprit-

35   L'étudiant pourra trouver cette conception plus claire, s'il envisage les atomes du cinquième plan comme Atmâ, ceux du quatrième plan comme Atmâ enveloppé de la substance de Bouddhi, ceux du troisième plan comme Atmâ enveloppé de la substance de Bouddhi et Manas, ceux du deuxième plan comme Atmâ enveloppé de la substance de Bouddhi, Manas et Kama, ceux du plan le plus inférieur comme Atmâ enveloppé de la substance de Bouddhi, Manas, Kama et Sthoûla. Seule l'enveloppe extérieure est active dans chaque cas, mais les principes intérieurs, quoique latents, n'en sont pas moins présents, prêts à s'éveiller à la vie active sur l'arc ascendant du cycle d'évolution.

matière des différents plans — en sorte que les matériaux de chaque plan, outre les énergies qui leur sont propres, renferment à l'étal
latent, ou caché, toutes les possibilités de forme et de force appartenant aux plans supérieurs, — ces deux faits rendent l'évolution
certaine et donnent à la plus infime particule les potentialités qui,
graduellement transformées en pouvoirs actifs, la rendront apte à
entrer dans les formes des êtres les plus élevés. En fait, l'évolution
peut se résumer en une seule phrase : Elle n'est qu'un passage de
potentialités latentes à l'état de pouvoirs actifs.

La deuxième grande vague d'évolution, l'évolution de la forme,
et la troisième, l'évolution de la soi-conscience, seront considérées
plus tard. Ces trois courants d'évolution peuvent être observés sur
terre par rapport à l'humanité : fabrication des matériaux, construction de la maison, développement de l'être qui y réside ; ou mieux,
selon les termes employés plus haut : évolution de l'esprit-matière,
évolution de la forme, évolution de la soi-conscience. Si le lecteur
peut s'emparer de cette idée et la retenir, elle sera pour lui une
indication précieuse destinée à le guider à travers le labyrinthe des
faits.

Nous pouvons passer maintenant à l'examen détaillé du plan
physique, sur lequel notre monde existe et auquel nos corps appartiennent.

Ce qui nous frappe tout d'abord, lorsque nous examinons les
matériaux de ce plan, c'est leur immense diversité. Les objets qui
nous entourent sont d'une infinie variété : minéraux, végétaux, animaux, tous diffèrent en constitution. En outre, la matière est dure
ou molle, transparente ou opaque, cassante ; ou malléable, douce
ou amère, agréable au goût ou nauséabonde, colorée ou incolore.
De cette confusion surgissent, comme classification fondamentale,
les trois états de la matière, les solides, les liquides et les gaz. Un
examen plus approfondi nous montre que ces solides, ces liquides
et ces gaz sont constitués par des combinaisons de corps beaucoup
plus simples, nommés par les chimistes « éléments », et que ces élé-

ments eux-mêmes peuvent exister à l'état solide, liquide et gazeux sans changer de nature. Ainsi l'élément chimique oxygène entre dans la composition du bois, formant avec certains autres éléments les fibres ligneuses solides ; il existe également dans la sève, formant avec un autre élément une combinaison liquide, l'eau ; enfin il subsiste pur lui-même comme gaz. Sous ces trois conditions il reste toujours oxygène. Bien plus, l'oxygène pur peut être réduit de l'état gazeux à l'état liquide et de l'état liquide à l'état solide, sans cesser d'être de l'oxygène pur. De même pour les autres éléments. Nous obtenons ainsi trois subdivisions, ou états, de la matière sur le plan physique : les solides, les liquides, les gaz. Poussant plus loin nos recherches, nous trouvons un quatrième état, l'éther ; et des investigations plus minutieuses encore nous apprennent que cet éther existe lui-même sous quatre états aussi nettement définis que les trois états solide, liquide et gazeux. Reprenons l'oxygène comme exemple. De même qu'il peut être réduit de l'état gazeux à l'état liquide et de l'état liquide à l'état solide, il peut aussi être élevé, à partir de l'état gazeux, à travers quatre états éthériques, dont le dernier est constitué par l'ultime atome physique. Lorsque cet atome physique est décomposé, la matière sort complètement du plan physique et passe au plan immédiatement supérieur. La planche ci-jointe [36] nous représente trois corps à l'état gazeux et dans les quatre états éthériques. On remarquera que la structure de l'ultime atome physique est la même pour tous, et que la diversité des « éléments » chimiques est due à la diversité des combinaisons que forment entre eux ces ultimes atomes physiques. Ainsi la septième subdivision de l'esprit-matière physique est formée d'atomes homogènes. La sixième est formée de combinaisons hétérogènes assez simples de ces atomes, chaque combinaison se comportait comme unité nouvelle. La cinquième et la quatrième sont formées

---

36   Voir, pour plus de développement, l'appendice à la fin du volume. (Note du Comité.)

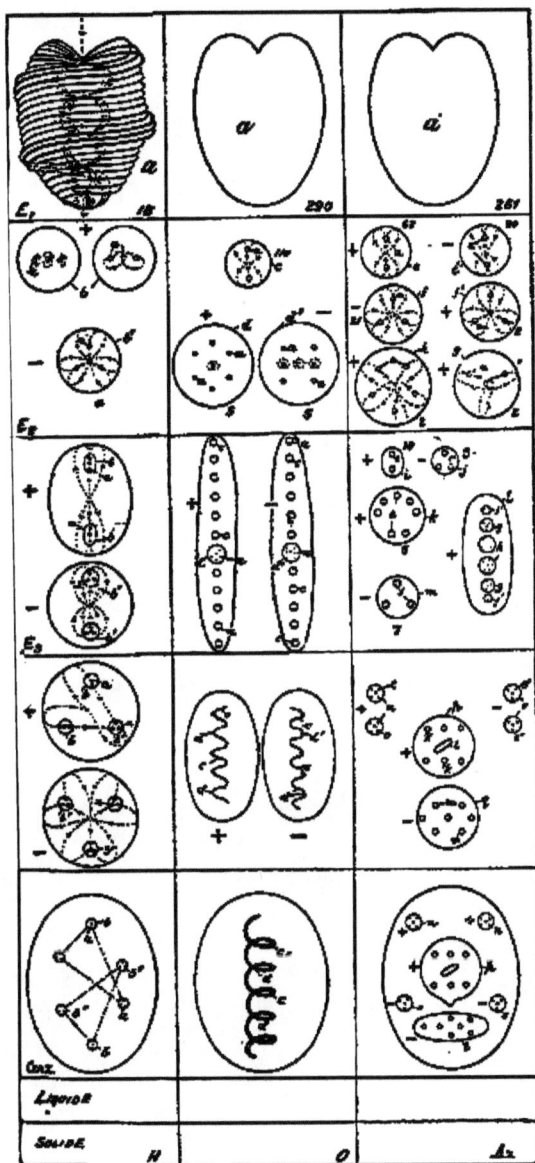

Planche figurant la décomposition des éléments chimiques Hydrogène, Oxygène et Azote, leur passage à travers les trois états éthériques intermédiaires, et leur réduction à l'état atomique. Pour les détails, consulter la Revue anglaise LUCIFER, vol. XVII, p. 216.

Il s'agit d'un article d'Annie Besant intitulé *La Chimie occulte*, auquel cette planche est empruntée. Nous avons cru rendre service au lecteur en publiant *in-extenso* la traduction de cet article, sous forme d'Appendice, à la fin du volume. (NDT)

de combinaisons d'une complexité croissante, chaque combinaison se comportant toujours comme unité. La troisième enfin se compose d'organisations encore plus compliquées, considérées par les chimistes comme les atomes gazeux des éléments. Dans cette subdivision, un grand nombre des combinaisons considérées ont reçu des noms spéciaux : oxygène, hydrogène, azote, chlore, etc., et chaque combinaison nouvellement découverte reçoit également un nom. La deuxième subdivision se compose de combinaisons à l'état liquide : les unes considérées comme des éléments, tel le brome ; d'autres comme des composés, l'eau par exemple. Enfin, la première subdivision renferme les solides, qu'on les considère comme éléments (iode, or, plomb, etc.) ou comme composés (bois, pierre, craie, etc.).

Le plan physique peut servir de modèle à l'étudiant. D'après ce type général, il pourra par analogie se faire une idée des subdivisions de l'esprit-matière des autres plans. Lorsqu'un Théosophe parle d'un plan, il entend par là une région entièrement composée d'esprit-matière dont toutes les combinaisons sont dérivées d'un type spécial d'atome. Ces atomes fondamentaux sont à leur tour des unités complexes, organisées d'une manière analogue. Leur vie n'est autre que la vie du Logos, voilée sous un plus ou moins grand nombre d'enveloppes selon le plan considéré. Leur forme se compose de la matière la plus grossière, ou matière « solide » du plan immédiatement supérieur. Un plan n'est donc pas seulement une idée métaphysique, c'est encore une subdivision de la nature.

Jusqu'à présent nous avons étudié les résultats de l'évolution de l'esprit-matière dans notre propre monde physique, subdivision la plus inférieure du système auquel nous appartenons. Pendant des âges sans nombre, le courant d'évolution de l'esprit-matière a façonné la substance cosmique, et nous voyons dans les matériaux de notre globe le résultat actuel de ce travail d'élaboration. Mais lorsque nous en venons à l'étude des êtres qui habitent ce monde physique, nous avons affaire à l'évolution de la *forme*, qui construit des organismes à l'aide des matériaux déjà préparés par l'évolution, de l'esprit-matière.

Lorsque l'évolution des matériaux fut parvenue à un degré suffisant, la deuxième grande vague de *vie* issue du LOGOS donna donc l'impulsion à l'évolution de la *forme*, et Il devint la force organisatrice[37] de Son univers, aidé dans la construction des formes au moyen des combinaisons d'esprit-matière, par d'innombrables cohortes d'êtres appelés « *constructeurs* »[38]. La *vie* du LOGOS, qui réside au cœur de chaque forme, en est l'énergie centrale, animatrice et rectrice.

Il nous est impossible d'étudier ici en détail cette édification des formes sur les plans supérieurs. Qu'il nous suffise de dire que toutes les formes existent comme *idées* dans l'intelligence du LOGOS, et que, par cette deuxième vague de vie, elles sont manifestées pour servir de modèles aux constructeurs. Sur les troisième et deuxième plans, les premières combinaisons d'esprit-matière sont organisées de manière à pouvoir être facilement groupées en formes jouant momentanément le rôle d'unités indépendantes, et destinées à donner peu à peu l'habitude de la stabilité à l'esprit-matière quand il est sous forme d'organisme. Ce processus détermine sur les troisième et deuxième plans l'existence des trois règnes dits « *élémentals* », et les combinaisons de substance qui y sont formées portent généralement le nom d'« *essence élémentale* ». Cette essence est moulée, par agrégation, en formes qui subsistent un certain temps pour se disperser ensuite. La vie déversée du LOGOS, ou Monade, évolue en descendant à travers ces trois règnes[39] et atteint finalement le plan

---

37   En tant que Atmâ-Bouddhi, indivisible en action, et par conséquent dénommé « la Monade ». Toutes les formes ont Atmâ-Bouddhi comme vie animatrice.

38   Quelques-uns, parmi, ces Constructeurs, sont des intelligences spirituelles d'ordre très élevé; mais le nom s'applique même aux simples élémentals constructeurs de la nature. Cette question sera traitée au chap. XII.

39   Voir chap. VIII : La Réincarnation.

physique, où elle commence à grouper autour d'elle les particules d'éther qu'elle maintient en formes diaphanes traversées par des courants de vie. Dans ces formes sont rassemblés les matériaux plus denses constituant les premiers minéraux. Ceux-ci mettent admirablement en évidence (comme on peut s'en rendre compte en consultant n'importe quel ouvrage de cristallographie) les données numériques et géométriques servant à la construction des formes. Ils nous permettent également de nous assurer, par maint témoignage, que la vie est à l'œuvre dans tous les corps minéraux, bien qu'elle s'y trouve vraiment emprisonnée, limitée et entravée au plus haut point. Le phénomène de la « fatigue des métaux » montre qu'eux aussi sont des choses vivantes — mais qu'il nous suffise de dire ici que la doctrine occulte les considère comme tels, puisqu'elle sait, d'après ce que nous venons de voir, comment la vie s'y est trouvée involuée.

Une grande stabilité de forme ayant été acquise dans la plupart des minéraux, la Monade évoluante élabora une plasticité plus grande dans le règne végétal, combinant cette plasticité avec une stabilité suffisante d'organisation. Ces caractères (stabilité et plasticité combinées) trouvèrent une expression encore mieux équilibrée dans le règne animal et atteignirent enfin leur summum d'équilibre dans l'homme, dont le corps physique est formé de composés très instables, permettant une grande adaptabilité, et maintenus néanmoins ensemble par une force centrale de combinaison qui résiste à la désagrégation générale même sous les conditions les plus diverses.

Le corps physique de l'homme comporte deux divisions essentielles : le *corps grossier*, dont les éléments sont empruntés aux trois subdivisions inférieures du plan physique, solide, liquide et gaz ; et le *double éthérique*, d'un gris violet ou bleuâtre [40], pénétrant le corps grossier, et composé de matériaux empruntés aux quatre subdivisions supérieures du même plan.

40　　Pour la vision clairvoyante.

La fonction générale du corps physique consiste à recevoir les contacts du monde extérieur et à transmettre à l'intérieur les effets de ces contacts comme matériaux à élaborer, afin d'en extraire de la connaissance, par l'être conscient qui réside dans le corps. Le double éthérique remplit en outre le rôle spécial d'intermédiaire, d'agent transformateur grâce auquel l'énergie vitale rayonnée par le soleil peut être adaptée à l'usage des particules plus grossières. Le soleil est pour notre système le grand réservoir des forces électriques, magnétiques et vitales, et il les déverse abondamment. Ces courants vivificateurs sont assimilés par le double éthérique des minéraux, des végétaux et des hommes, et transmués en les diverses énergies vitales nécessaires à chaque être [41]. Le double éthérique les absorbe, les spécialistes les distribue au corps grossier. Il a été observé que, dans l'état de santé robuste, le double éthérique transmue ainsi une quantité d'énergie vitale bien plus grande que celle exigée par le corps physique pour son entretien. L'excédent rayonne alentour et peut être utilisé par des organismes plus faibles. On attribue le nom technique d'aura de santé (health aura) à la portion du double éthérique qui déborde sur le corps physique et le dépasse de quelques centimètres en tous sens. On peut y observer, sur toute la surface du corps, des lignes rayonnantes semblables aux rayons d'une sphère. Ces lignes s'inclinent vers le sol lorsque la vitalité est diminuée et la santé affaiblie. Mais lorsque les forces reviennent, elles rayonnent de nouveau perpendiculairement à la surface du corps. C'est cette énergie vitale, spécialisée par le double éthérique, que le magnétiseur dépense pour ramener les forces ou guérir la maladie (il y mélange souvent aussi d'autres courants d'un genre plus subtil). Telle est la cause de la dépression d'énergie

---

41   La vie solaire ainsi appropriée porte le nom de Prâna; et elle devient le souffle de vie de chaque créature. Prâna n'est qu'un nom servant à désigner la vie universelle lorsqu'elle est assimilée par une entité dont elle entretient la vie séparée.

vitale dont témoigne l'épuisement du magnétiseur lorsqu'il a prolongé son travail à l'excès.

Le corps humain est subtil ou grossier dans sa texture, selon les matériaux empruntés au plan physique pour sa composition. Chaque subdivision de la matière fournit des substances plus fines ou plus épaisses. Comparez le corps d'un boucher au corps délicat d'un savant : tous deux contiennent des solides, mais combien leur qualité diffère ! De plus, nous savons qu'un corps grossier peut être affiné, et qu'un corps délicat peut être rendu grossier. Le corps change sans cesse. Chaque particule est une vie, et les vies viennent et s'en vont. Elles sont attirées par un corps vibrant au même diapason qu'elles, et repoussées par un corps de nature opposée. Toutes choses vivent en vibrations rythmiques, toutes sont attirées par l'harmonie et repoussées par la dissonance. Un corps pur repousse les particules impures parce qu'elles ont un mode de vibration incompatible avec le sien. Un corps grossier, au contraire, les attire par la concordance de ses vibrations. Il suit de là que, si le corps change son mode de vibration, il chasse graduellement hors de son enceinte les éléments constituants qui ne peuvent pas vibrer à l'unisson, et qu'il les remplace en empruntant à la nature extérieure de nouveaux éléments en harmonie avec lui-même. La nature fournit des matériaux vibrant selon tous les modes possibles, et chaque corps exerce sa propre action sélective.

Dans la construction primitive des corps humains, cette action sélective était due à la Monade de la Forme. Mais l'homme est maintenant un être soi-conscient, et il préside lui-même à sa propre construction. C'est par sa pensée qu'il fait résonner la tonique de son harmonie individuelle et qu'il détermine les rythmes qui sont les facteurs les plus puissants dans les modifications continuelles subies par son corps physique et par ses autres corps. À mesure que sa connaissance s'accroît, il apprend à édifier son corps physique à l'aide d'une nourriture pure, et il en facilite ainsi la mise au diapason. Il apprend à vivre selon l'axiome de la purification :

« Nourriture pure, pensée pure, et un continuel souvenir de Dieu. »
Créature la plus élevée vivant sur le plan physique, il est sur ce plan
le vice-roi du Logos, responsable, selon l'étendue de ses pouvoirs,
de l'ordre, de la paix et de la bonne harmonie qui doivent y régner.
Et c'est là un devoir dont il ne peut s'acquitter s'il ne remplit pas la
triple condition que nous venons d'énoncer.

Le corps physique, empruntant ses éléments à toutes les subdivisions du plan physique, est apte à en recevoir des impressions
de toute sorte et à répondre à ces impressions. Les contacts les plus
simples et les plus grossiers l'affectent d'abord. La vibration émise
par la vie intérieure en réponse à l'excitation du dehors suscite,
parmi les molécules du corps, des mouvements correspondants.
Peu à peu le sens du toucher se développe sur toute la surface de
l'organisme, permettant de reconnaître, par le contact, la présence
des objets. À mesure que des organes spécialisés se forment, destinés à recevoir des vibrations d'un genre déterminé, la valeur du
corps augmente ; il devient plus apte à être un jour, sur le plan physique, le véhicule d'une entité soi-consciente. Plus il peut recevoir
d'impressions diverses, plus est grande son utilité, car les impressions auxquelles il peut répondre atteindront seules la conscience
de l'être incarné. Aujourd'hui même il y a autour de nous, dans la
nature physique, une infinité de vibrations qui nous échappent totalement, parce que notre corps physique est incapable de les recevoir, c'est-à-dire de vibrer avec elles à l'unisson. Des beautés inima-
ginables, des sons exquis, des subtilités délicates, viennent heurter
les murs de notre prison et passent inaperçues. Point encore n'est
développé le corps parfait qui vibrera en réponse à tous les frissons
de la nature comme une harpe éolienne au souffle de la brise.

Quant aux vibrations que le corps peut recevoir, il les transmet
aux centres physiques appartenant à son système nerveux hautement complexe. De même, les vibrations éthériques, qui accompagnent toutes les vibrations des matériaux plus denses, sont reçues
par le double éthérique et transmises aux centres correspondants.

La plupart des vibrations de la matière dense sont transformées en énergie chimique, en chaleur ou en d'autres formes de l'énergie physique. Les vibrations éthériques donnent lieu à des actions magnétiques et électriques, et se transmettent en outre au corps astral d'où elles atteignent l'intelligence, comme nous le verrons plus tard. C'est ainsi que des informations concernant le monde extérieur parviennent à l'être conscient qui habite le corps ou au « seigneur du corps », comme on l'appelle parfois. À mesure que les voies d'information se perfectionnent par l'exercice, l'être conscient se développe grâce aux matériaux qu'elles fournissent à sa pensée. Mais l'homme, à notre époque, est encore si peu évolué, que son double éthérique n'est pas suffisamment harmonisé pour lui transmettre régulièrement les impressions reçues indépendamment du corps grossier, ou pour en donner l'empreinte au cerveau. Parfois, cependant, la transmission a lieu, et nous avons alors la clairvoyance sous sa forme la plus inférieure, vision du double éthérique des objets physiques, et vision des objets dont l'enveloppe la plus matérielle est un corps éthérique.

Comme nous le verrons, l'homme anime une série de véhicules, physique, astral et mental, et il est important de savoir et de nous rappeler que dans notre évolution ascendante le véhicule inférieur, le corps physique grossier, est le premier à être régi et rationalisé par la conscience. Le cerveau physique est l'instrument de la conscience à l'état de veille sur le plan physique, et chez l'homme peu évolué la conscience y fonctionne d'une manière plus effective que dans tout autre véhicule. Ses potentialités sont inférieures à celles des véhicules plus subtils, mais ses réalisations sont plus grandes, et l'homme se connaît comme « je » dans le corps physique avant de se découvrir ailleurs. Même s'il est plus évolué que la moyenne de sa race, il ne se révèlera ici-bas que dans les limites permises par son organisme physique, car la conscience peut seulement manifester sur le plan physique ce que le véhicule physique est capable de recevoir.

En général, le corps grossier et le corps éthérique ne se séparent jamais pendant la vie terrestre. Ils fonctionnent ensemble, à l'état normal, comme les cordes basses et hautes d'un même instrument lorsqu'on frappe un accord ; mais ils exercent en outre des fonctions distinctes, quoique coordonnées. Dans des conditions de santé faible ou de surexcitation nerveuse, le double éthérique peut être anormalement projeté, en grande partie, hors du corps grossier. Ce dernier est alors très vaguement conscient, ou même en état de transe, selon la plus ou moins grande proportion de substance éthérique extériorisée. Les anesthésiques refoulent hors du corps la majeure partie du double éthérique, en sorte que la conscience ne peut ni affecter son véhicule grossier ni être affectée par lui, le lien de communication étant rompu. Chez les personnes à organisation anormale nommées médiums, la séparation du corps éthérique et du corps grossier se produit facilement, et le double éthérique extériorisé fournit dans une large mesure la base physique nécessaire aux « matérialisations ».

Pendant le sommeil, lorsque la conscience abandonne le véhicule physique qu'elle utilisait à l'état de veille, le corps grossier et le double éthérique demeurent ensemble. Mais dans la vie du rêve physique, ils fonctionnent indépendamment l'un de l'autre jusqu'à un certain point. Des impressions reçues à l'état de veille sont reproduites par l'action automatique du corps, et le cerveau grossier et le cerveau éthérique sont remplis tous deux d'images fragmentaires et incohérentes où les vibrations, pour ainsi parler, se bousculent entre elles, produisant les combinaisons les plus grotesques. Des vibrations extérieures viennent également affecter ces deux véhicules, et les combinaisons (associations) fréquemment répétées à l'état de veille sont facilement rappelées à l'activité par des courants astraux de nature analogue. Les images produites dans nos rêves, qu'elles soient engendrées spontanément ou suscitées par une force extérieure, seront déterminées en grande partie par la pureté ou l'impureté de nos pensées à l'état de veille.

Quand survient le phénomène qu'on nomme la mort, la conscience, en s'échappant, extrait le corps éthérique de sa doublure grossière. Elle brise ainsi le lien magnétique qui reliait ces deux parties du corps physique pendant la vie terrestre, et l'être conscient demeure enveloppé, l'espace de quelques heures, dans son vêtement éthérique. Parfois, en cet état, il se manifeste aux personnes qui lui tiennent de près, sous une forme nuageuse, vaguement consciente, et muette, le « fantôme ». Le double peut également être vu, après que l'être conscient s'en est échappé, flottant au-dessus de la tombe où le cadavre grossier est enseveli, et se désagrégeant lentement avec le temps.

Lorsque le moment de renaître est venu, le corps grossier, dans son développement prénatal, suit pas à pas le double éthérique qui est construit graduellement à l'avance. On peut dire que ces deux corps déterminent les limitations entre lesquelles l'être conscient sera contraint de vivre et de travailler pendant sa vie terrestre. Mais cette question sera plus complètement élucidée au chapitre IX, ayant pour sujet le « Karma ».

CHAPITRE II

LE PLAN ASTRAL

Le Plan Astral est la région de l'Univers voisine du plan physique, s'il m'est toutefois permis d'employer en ce sens le terme « voisin ». Sur ce plan la vie est plus active et la forme plus plastique, que sur le plan physique. L'esprit-matière s'y trouve, par suite, plus hautement vitalisé et plus subtil qu'à tous les degrés du monde physique. En effet, d'après ce que nous avons vu, l'ultime atome physique, constituant l'éther le plus subtil, a comme surface-enveloppe d'innombrables agrégats de la matière astrale la plus grossière. Je dis que le terme « voisin » est assez impropre, car il suggère l'idée que les plans de l'univers sont disposés en zones concentriques [42], la limite d'une zone marquant l'origine de la zone suivante. Or, ce sont plutôt des sphères concentriques interpénétrantes, séparées entre elles, non pas en position, mais par la différence de leur constitution. De même que l'air pénètre l'eau, de même que l'éther pénètre le solide le plus dense, de même la matière astrale pénètre toute substance physique. Le monde astral est au-dessus de nous, au-dessous de nous, tout alentour de nous, à travers nous. Nous vivons et nous nous mouvons en lui, mais il est intangible, invisible, inaudible, imperceptible, parce que nous en sommes sé-

---

42   Pour bien comprendre ce passage, le lecteur fera bien de penser aux sphères concentriques, physiques, astrales et mentales, qui constituent chacun des globes de notre système solaire, y compris notre planète la Terre. (NDT)

parés par la prison du corps physique, les particules physiques étant trop grossières pour vibrer sous l'action de la matière astrale.

Dans ce chapitre, nous allons étudier l'aspect général du plan astral, et nous laisserons de côté, pour les considérer séparément, les conditions spéciales que présente la vie de ce plan par rapport aux êtres humains qui le traversent en allant de la terre au ciel[43]. L'esprit-matière du plan astral comporte sept subdivisions, analogues à celles du plan physique que nous venons d'étudier. Nous trouvons ici, comme dans le monde physique, d'innombrables combinaisons formant les solides, les liquides, les gaz et les éthers astraux. Mais, sur ce plan, la plupart des formes matérielles ont, lorsqu'on les compare aux formes d'ici-bas, un éclat, une translucidité, qui leur ont valu l'épithète d'astrales, ou étoilées, épithète impropre en somme, mais si bien établie par l'usage que nous ne la changerons pas. Comme il n'y a point de noms spécifiques pour les subdivisions de l'esprit-matière astral, nous pouvons employer les désignations terrestres. L'idée essentielle à saisir, c'est que les objets astraux sont des combinaisons de matière astrale, comme les objets physiques sont des combinaisons de matière physique, et que la mise en scène du monde astral ressemble en grande partie à celle de la terre, étant constituée dans une large mesure par les doubles astraux des objets physiques. Une particularité, cependant, arrête et déconcerte l'observateur peu entraîné. Partie à cause de la translucidité des objets astraux, partie aussi à cause de la nature même de la vision astrale (la conscience étant moins entravée dans la matière astrale subtile que dans sa prison terrestre), toute chose est transparente, l'envers et l'endroit, le dedans et le dehors sont en même temps visibles. Il faut une certaine dose d'expérience pour voir correctement les objets, et celui qui a développé la vision astrale sans être encore bien au courant de son emploi est apte à

---

43   Dévakhan, l'état heureux ou brillant, est le nom qui désigne le ciel en langage théosophique. Kamaloka, le lieu du désir, sert à désigner les conditions intermédiaires de l'existence purgatorielle sur le plan astral. (Voir chap. IV)

voir tout sens dessus dessous et à commettre les bévues les plus étourdissantes.

Une autre caractéristique frappante, qui déconcerte parfois le débutant, c'est la rapidité avec laquelle les formes astrales changent leurs contours, surtout lorsqu'elles ne sont en rapport avec aucune matrice terrestre.

Une entité astrale peut modifier son aspect tout entier avec la plus étonnante rapidité, car la matière astrale prend forme sous chaque impulsion de la pensée, et la vie remodèle à tout instant cette forme afin de se donner une expression nouvelle. Lorsque la grande vague de vie de l'évolution de la forme traverse de haut en bas[44] le plan astral, constituant sur ce plan le troisième règne élémental, la Monade attire autour d'elle des combinaisons de matière astrale, et elle donne à ces combinaisons (connues sous le nom d'essence élémentale) une vitalité particulière, et la propriété caractéristique de prendre forme instantanément sous l'impulsion des vibrations mentales. Cette essence élémentale forme des centaines de variétés dans chaque subdivision du plan astral. On peut s'en faire une idée en supposant que l'air soit devenu visible (phénomène que la grande chaleur réussit à produire, rendant l'atmosphère perceptible sous forme d'ondes vibrantes) et qu'il nous apparaisse animé d'un mouvement ondulatoire continuel, être vêtu de couleurs changeantes comme celles de la nacre. Cette vaste atmosphère d'essence élémentale répond sans cesse aux vibrations de la pensée, du sentiment et du désir. Les formes y surgissent sous l'impulsion de ces forces comme les bulles dans l'eau bouillante[45]. La durée de la forme ainsi engendrée dépend de la force de l'impulsion qui lui a donné naissance, la netteté de ses contours dépend de la précision de la pensée, et sa coloration varie selon la qualité de la pensée (intellectuelle, dévotionnelle, passionnelle, etc.).

---

44   C'est-à-dire en évoluant vers le plan physique sur l'arc descendant de la courbe d'involution. (NDT)

45   C. W. Leadbeater, *Le Plan Astral*, p. 52 de l'édition anglaise. Trad. franç., p. 78.

Les pensées vagues et sans consistance qu'engendrent en tout temps les intelligences peu développées rassemblent autour d'elles, en arrivant dans le monde astral, des nuages diffus d'essence élémentale. Elles s'en vont alors à la dérive, attirées de ci, de là, par d'autres nuages de nature analogue, s'attachent au corps astral des personnes dont le magnétisme, bon ou mauvais, les attire, se dissolvant enfin après un temps pour rentrer à nouveau dans l'atmosphère générale d'essence élémentale. Tant qu'elles conservent leur existence séparée, elles sont des entités vivantes, ayant pour corps l'essence élémentale, et pour vie animatrice une pensée. On leur donne alors le nom d'élémentals artificiels, ou formes-pensées.

Les pensées claires et précises ont des formes définies, à contour ferme et net, et leur aspect varie à l'infini. Elles sont modelées par les vibrations de la pensée d'une manière analogue aux figures que nous trouvons sur le plan physique, et qui sont déterminées par les vibrations du son. Les « figures vocales » et les « figures mentales » offrent une grande analogie entre elles, car la nature, malgré son infinie variété, est, en fait de principes, très économe ; et elle reproduit les mêmes procédés opératoires sur tous les plans successifs de son empire. Ces élémentals artificiels nettement délimités ont une vie plus longue et bien plus active que leurs frères nébuleux, et ils exercent une action beaucoup plus puissante sur le corps astral (et à travers lui sur le mental) de ceux vers qui ils sont attirés. Ils font naître par leur contact des vibrations analogues aux leurs, et les pensées se répandent ainsi d'intelligence à intelligence sans nul besoin d'expression physique. Bien plus, elles peuvent être dirigées par le penseur vers la personne qu'il désire atteindre, et leur puissance dépend de la force de sa volonté et de l'intensité de sa puissance mentale.

Chez les hommes d'élévation moyenne, les élémentals artificiels créés par le sentiment ou le désir sont plus vigoureux et plus nets que ceux créés par la pensée. Ainsi une explosion de colère donnera une puissante fulguration rouge, nettement dessinée, et une colère soutenue engendrera un dangereux élémental de couleur rouge, pointu, barbelé, en tout cas bien organisé pour nuire. L'amour, selon sa qualité, déterminera des formes plus ou moins admirables comme couleur et comme dessin, pouvant affecter tous les tons depuis le carmin jusqu'aux nuances les plus exquises et les plus douces du rose, semblables aux pales lueurs du crépuscule ou de l'aurore, nuages diffus, ou formes protectrices tendres et fortes. Souvent les prières aimantes d'une mère vont planer, formes angéliques, autour de son enfant, détournant de lui les influences pernicieuses que ses propres pensées attirent peut-être.

Un trait caractéristique de ces élémentals artificiels, c'est que, dirigés par la volonté vers une personne déterminée, ils sont animés de la seule tendance à accomplir la volonté de l'être qui les a créés. Un élémental protecteur planera autour de son objet, cherchant toutes les occasions de détourner le mal et d'attirer le bien. Inconscient lui-même, il suit machinalement l'impulsion de la volonté qui l'a engendré, comme s'il trouvait là une ligne de moindre résistance. De même encore, un élémental animé par une pensée maligne viendra rôder autour de sa victime, cherchant l'occasion de lui nuire. Mais ils ne peuvent produire d'impression ni l'un ni l'autre, à moins qu'il n'y ait dans le corps astral de la personne à qui ils sont adressés quelque élément susceptible de vibrer d'accord avec eux, leur permettant ainsi de se fixer. S'ils ne trouvent pas chez cette personne de matière analogue à la leur, alors, de par une loi de même nature, ils rebondissent le long de trajectoire déjà parcourue, de la trace magnétique qu'ils ont laissée derrière eux, pour se jeter sur leur propre créateur avec une force proportionnelle à celle de leur projection. Des cas sont connus, où une pensée de haine mortelle, ne pouvant atteindre celui qui en était l'objet, a causé la mort de l'homme qui l'avait émise. Par contre, des pensées secourables, adressées à une personne indigne, retombent en bénédictions sur l'être qui les a engendrées.

Une compréhension même rudimentaire du monde astral agira donc comme un puissant stimulant de la bonne pensée. Elle fera naître en nous un sentiment de lourde responsabilité à l'égard des pensées, des émotions et des désirs que nous avons déchaînés dans cette région. Il y a trop de bêtes de proie rapaces, qui déchirent et dévorent, parmi les pensées dont l'homme peuple le plan astral. Mais il pèche par ignorance, il ne sait pas ce qu'il fait. Un des buts que se propose l'enseignement Théosophique, en soulevant partiellement le voile du monde inconnu, c'est de donner aux hommes une base plus ferme pour leur conduite, une appréciation plus rationnelle des causes dont les effets seuls sont visibles dans le monde terrestre. Peu de ses doctrines, sont plus importantes dans leur portée morale que cette doctrine de la création et de la direction des formes-pensées, ou élémentals artificiels. Par elle l'homme apprend que ce qu'il pense ne le regarde pas exclusivement, que ses pensées ne l'affectent pas seul, mais qu'à chaque instant de sa vie il met en liberté, dans l'atmosphère humaine, des anges et des démons de la création desquels il est responsable, et dont l'influence lui sera portée en compte. Que les hommes, donc, sachent la loi, et qu'ils conduisent leur pensée en conséquence.

Si, au lieu de considérer les élémentals artificiels séparément, nous les prenons dans leur ensemble, nous comprendrons facilement quelle action colossale ils exercent sur la production des sentiments nationaux et des sentiments de race; par suite, sur la formation des partis pris et des préjugés. Tous, nous grandissons dans une atmosphère qui pullule d'élémentals incorporant certaines idées. Les préjugés nationaux, la manière nationale de considérer toutes choses, les types de sentiments nationaux et de pensées nationales, tout cela agit sur nous dès notre naissance et même avant. Nous voyons tout à travers cette atmosphère, chaque pensée est plus ou moins réfractée par elle, et notre propre corps astral vibre en accord avec elle. Il suit de là que la même idée sera appréciée très différemment par un Indou, un Anglais, un Espagnol

et un Russe. Des conceptions faciles pour l'un seront presque ina-
bordables pour un autre. Nous sommes tous dominés par notre atmosphère nationale, c'est-à-dire par cette portion du monde astral
qui nous entoure immédiatement. Les pensées des autres, coulées
toutes dans le même moule ou peu s'en faut, agissent sur nous, et
évoquent en nous des vibrations synchrones. Elles renforcent les
points où nous sommes d'accord avec notre entourage, et aplanis-
sent les divergences, Cette influence continuelle, subie par l'intermédiaire de notre corps astral, imprime en nous le cachet national,
et trace à nos énergies mentales des canaux où elles se déverseront
aisément. Nuit et jour ces courants influent sur nous, et l'inconscience même où nous sommes de leur action la rend d'autant plus
effective. Comme la plupart des gens ont par nature plus de réceptivité que d'initiative, ils reproduisent presque automatiquement
les pensées qui les atteignent. Ainsi l'atmosphère nationale est sans
cesse nourrie et renforcée.

Lorsque l'homme commence à devenir sensible aux influences
astrales, il arrive parfois qu'il se sent subitement accablé, ou tout
au moins assailli, par une terreur entièrement inexplicable et apparemment irrationnelle, qui vient fondre sur lui avec une force
capable de le paralyser. Contre elle toute résistance est vaine, il ne
peut que la subir et peut-être s'en indigner. Je pense que la plupart
des hommes ont dû éprouver plus ou moins, à l'occasion, cette
crainte indéfinissable, ce malaise, à l'approche d'un invisible « je
ne sais quoi », le sentiment d'une présence mystérieuse, de « n'être
pas seul ». Ce sentiment procède en partie d'une certaine hostilité qui anime le monde élémental naturel contre la race humaine,
hostilité due à la réaction sur l'astral des forces destructives mises en jeu par l'humanité dans le monde physique. Mais il est en
outre largement attribuable à la présence de multitudes d'élémentals artificiels de nature hostile, engendrés par la pensée humaine.
Les pensées de haine, de jalousie, de vengeance, d'amertume, de
soupçon, de mécontentement sont produites par millions, en sorte

que le plan astral pullule d'élémentals artificiels dont la vie tout entière consiste en de tels sentiments. Combien de vague méfiance et de soupçon n'y trouvons-nous pas aussi, poison constamment vomi par l'ignorant contre tous ceux dont les manières et l'aspect ont pour lui quelque chose d'étrange ou de peu familier. L'aveugle méfiance nourrie envers tous les étrangers, le mépris hargneux qui en mainte localité s'adresse même aux habitants du district voisin, tout cela contribue encore aux mauvaises influences du monde astral. Enfantant jour et nuit de telles pensées, nous créons sur le plan astral des légions aveuglément hostiles ; et la répercussion sur notre propre corps astral engendre ce sentiment de vague terreur, résultat des vibrations antagonistes qui sont ressenties sans pouvoir être comprises.

Outre la classe des élémentals artificiels, le monde astral renferme une population dense, en omettant même, comme nous le faisons ici, les êtres humains débarrassés de leur corps physique par la mort. Nous y trouvons notamment les légions innombrables des élémentals naturels, ou *esprits de la nature*, divisés en cinq classes principales ; les élémentals de l'éther, du feu, de l'air, de l'eau et de la terre. Les quatre derniers groupes ont reçu des occultistes du moyen âge les noms de Salamandres, Sylphes, Ondins et Gnomes (inutile d'ajouter que deux autres classes viennent compléter le septénaire, mais elles ne nous intéressent pas en ce moment, puisqu'elles ne sont pas encore manifestées.

Ce sont là les véritables élémentals, ou créatures des éléments, terre, eau, air, feu et éther. Ces êtres ont pour rôle la mise en œuvre des activités qui se rattachent à leurs éléments respectifs. Ils constituent les canaux à travers lesquels les énergies divines opèrent dans ces divers milieux. Ils sont, dans chaque élément, l'expression vivante de la loi. À la tête de chacune de leurs divisions se trouve un Être élevé[46], chef d'une armée puissante, intelligence suprême et

---

46   Appelé Déva, ou Dieu, par les Indous. L'étudiant voudra sans doute

rectrice du département tout entier de la nature que les élémentals de la classe considérée administrent, et dont ils mettent en œuvre les énergies.

Ainsi Agni, le Dieu du feu, est une entité spirituelle élevée présidant aux manifestations du feu sur tous les plans de l'univers ; et il exerce son administration par l'intermédiaire des légions des élémentals du feu. La nature de ces êtres une fois comprise, et les méthodes qui permettent de les diriger connues, les soi-disant miracles, ou œuvres magiques, qui attirent de temps à autre l'attention de la presse, deviennent possibles et compréhensibles. Le procédé est le même, que l'opération soit ouvertement admise comme un résultat des arts magiques, ou qu'elle soit attribuée aux « esprits » comme dans le cas de feu M. Home, qui pouvait cueillir tranquillement un charbon rouge dans un brasier ardent, et le tenir en main sans en éprouver de mal. Le phénomène de la lévitation (suspension d'un corps grave dans l'air sans aucun support visible), et celui qui consiste à marcher sur l'eau, — ces deux phénomènes ont pu être accomplis avec le secours des élémentals de l'air et de l'eau respectivement, bien qu'une autre méthode soit plus fréquemment employée.

Puisque les éléments entrent dans la constitution du corps humain, et que l'un ou l'autre d'entre eux y prédomine selon la nature de la personne considérée, tout être humain est en rapport avec les élémentals, et ceux-là lui sont particulièrement favorables dont l'élément est prédominant en lui. Les conséquences de ce fait, fréquemment observées, sont attribuées par le vulgaire à la « chance ». On dit qu'une personne « à la main heureuse » pour faire pousser les plantes, ou pour allumer le feu, ou pour trouver des eaux souterraines, etc. La nature, avec ses forces occultes, nous heurte à chaque

---

connaître les noms, en sanscrit, des cinq Dieux des éléments manifestés. Les voici : Indra, seigneur de l'Akâsha, ou éther de l'espace ; Agni, seigneur du feu ; Pavana, seigneur de l'air ; Varoûna, seigneur de l'eau ; Kshiti, seigneur de la terre.

pas; mais nous sommes lents à saisir les indications qu'elle nous donne. La tradition parfois cache une vérité dans un proverbe ou dans une fable, mais nous avons dépassé, parait-il, l'âge de toutes ces superstitions.

Nous trouvons également sur le plan astral des esprits de la nature (ce nom leur convient mieux que celui d'élémentals) qui s'occupent de la construction des formes dans les règnes minéral, végétal, animal et humain. Il y a des esprits de la nature qui conduisent les énergies vitales dans les plantes, et qui édifient les corps, molécule à molécule, dans le règne animal. Ils président à la construction du corps astral des minéraux, des plantes et des animaux, comme à celle de leur corps physique. Ce sont là les fées et les elfes des légendes, les « petites gens » qui jouent un si grand rôle dans le folk-lore de chaque nation, les enfants charmants et irresponsables de la nature, froidement relégués par la science aux mains des nourrices. Un jour viendra où la place qui leur revient dans l'ordre naturel leur sera rendue par les savants plus éclairés d'une époque ultérieure. Mais en attendant, seuls le poète et l'occultiste croient à leur existence, le poète par l'intuition de son génie, l'occultiste par la vision de ses sens internes développés. La foule se moque de l'un et de l'autre, de l'occultiste surtout, — peu importe, la sagesse sera réhabilitée un jour par ses enfants.

La circulation active des courants de vie dans le double éthérique des formes minérales, végétales et animales, éveille peu à peu de son état latent la matière astrale impliquée dans leur constitution atomique et moléculaire. Cette matière commence à vibrer très faiblement d'abord dans les minéraux. La Monade de la Forme, exerçant sa puissance organisatrice, attire dès lors autour d'elle quelques matériaux à l'aide desquels les esprits de la Nature construisent le corps astral minéral, masse diffuse, sans organisation précise.

Dans le règne végétal, le corps astral est un peu mieux organisé, et sa caractéristique spéciale, la « sensation », commence à se manifester. Des sensations sourdes et diffuses de bienêtre ou de malaise peuvent être observées dans la plupart des plantes, et sont le résultat de l'activité croissante du corps astral. Les plantes jouissent vaguement de l'air, du soleil et de la pluie, qu'elles cherchent comme à tâtons, tandis qu'elles se retirent devant des conditions nuisibles. Quelques-unes recherchent la lumière, d'autres, l'obscurité. Elles répondent aux excitations et s'adaptent aux conditions externes. Enfin, chez certains types supérieurs, le sens du toucher apparaît nettement.

Dans le règne animal, le corps astral est plus développé, et, chez les membres les plus élevés du règne, il atteint une organisation suffisamment nette pour maintenir sa cohésion pendant un certain temps après la mort du corps physique, et pour mener une existence indépendante sur le plan astral.

Les esprits de la nature qui président à la construction du corps astral animal et humain ont reçu le nom spécial d'élémentals du désir[47], parce qu'ils sont puissamment animés par des désirs de toute sorte, et qu'ils s'introduisent continuellement eux-mêmes dans la constitution des corps astraux humains et animaux. Ils puisent en outre dans l'ambiance, pour construire les corps astraux des animaux, les variétés d'essence élémentale analogues à celles dont leur propre forme est composée, en sorte que ces corps acquièrent, comme partie intégrante de leur structure, les centres sensoriels et ceux des diverses fonctions passionnelles. Ces centres sont excités à l'activité par les impulsions que reçoivent les organes physiques grossiers, impulsions transmises à travers les organes physiques éthériques jusqu'au corps astral. Tant que les centres astraux ne sont pas atteints, l'animal n'éprouve ni plaisir ni douleur. Frappez une pierre, elle n'éprouvera point de douleur. Elle renferme des molécules physiques grossières et éthériques, mais son corps astral n'est pas organisé. L'animal, par contre, ressent une douleur

---

47   On les nomme Kâmadevas, « dieux du désir ».

à la suite d'un choc, parce qu'il possède les centres astraux de la sensation, et que les élémentals du désir ont lissé en lui leur propre nature.

Étant donné qu'une considération nouvelle intervient dans l'opération de ces élémentals sur le corps astral humain, nous terminerons d'abord la revue des habitants du plan astral, avant de passer à l'étude de cette forme astrale humaine, plus complexe.

Ainsi que nous venons de le dire, le corps du désir [48], ou corps astral, des animaux mène sur le plan astral une existence indépendante, quoiqu'éphémère, après que la mort a détruit leur enveloppe physique Dans les pays « civilisés », ces corps astraux animaux ajoutent largement au sentiment général d'hostilité dont nous avons parlé plus haut. Le massacre organisé des animaux dans les abattoirs, les tueries que provoque l'amour du « sport », lancent chaque année dans le monde astral des millions d'êtres pleins d'horreur, d'épouvante et d'aversion pour l'homme. Le nombre comparativement minime des créatures qu'on laisse mourir en paix va se perdre dans les hordes immenses des assassinés; et les courants que ceux-ci engendrent font pleuvoir, du monde astral, sur les races humaines et animales, des influences qui tendent à accroître leur division, car elles engendrent d'une part la crainte et la méfiance « instinctive », de l'autre, l'amour de la cruauté.

Ces sentiments ont été fortement surexcités depuis quelques années par les méthodes froidement préméditées de torture scientifique, connues sous le nom de vivisection, méthodes dont les cruautés sans nom ont introduit de nouvelles horreurs dans le monde astral par leur réaction sur les coupables [49], en même temps qu'elles ont élargi le gouffre qui sépare l'homme de ceux qu'on a quelquefois appelés ses « parents pauvres ».

---

48   Kâmaroûpa est le nom technique du corps astral, de kâma, désir, et roûpa, forme.
49   Voir chap. III, sur le Kâmaloka.

Indépendamment de ce que nous pouvons appeler la population normale du monde astral, on y trouve des voyageurs de passage, amenés là par leur travail, et que l'on ne peut se dispenser de mentionner. Certains d'entre eux viennent de notre propre monde terrestre, tandis que d'autres sont des visiteurs venus de régions plus hautes.

Parmi les premiers, beaucoup sont des Initiés de divers grades, quelques-uns d'entre eux membres de la Grande Loge Blanche — la Confrérie du Tibet, ou de l'Himalaya, ainsi qu'on la nomme souvent[50]; tandis que d'autres appartiennent à différentes loges occultes répandues à travers le monde, et dont la teinte caractéristique varie depuis le blanc jusqu'au noir en passant par toutes les nuances du gris[51]. Tous sont des hommes vivant dans un corps physique, et qui ont appris à quitter à volonté leur enveloppe corporelle pour agir, en pleine conscience, dans leur astral. Il y en a de tous les degrés de savoir et de vertu; il y en a de bienfaisants et de malfaisants, de forts et de faibles, de doux et de terribles. Nous trouvons en outre beaucoup d'aspirants plus jeunes, non encore initiés, qui apprennent à se servir de leur véhicule astral, et sont employés à des œuvres de bienfaisance ou de malfaisance, selon le sentier qu'ils se préparent à suivre. L'on trouve également sur ce plan de simples psychiques, développés à des degrés divers, les uns passablement

---

50   C'est à quelques membres de cette Loge que la Société Théosophique doit son origine.

51   Les occultistes désintéressés, exclusivement consacrés à l'accomplissement de la volonté divine, ou ceux qui travaillent à acquérir ces vertus, sont appelés « blancs ». Ceux qui sont égoïstes, et travaillent contre le but divin dans l'univers, sont appelés « noirs ». L'abnégation qui rayonne, l'amour et le dévouement sont les caractéristiques de la première classe; l'égoïsme qui contracte, la haine et l'arrogance hautaine sont les signes de la deuxième. Entre les deux se trouvent les classes dont le motif est mixte, qui n'ont pas encore nettement compris la nécessité d'évoluer, ou bien vers le Soi Unique, ou bien vers le « moi » séparé; je leur ai donné le titre de « gris ». Leurs membres vont insensiblement à la dérive vers l'un ou l'autre des deux groupes à but nettement marqué, quand ils ne s'y joignent pas délibérément.

éveillés, d'autres rêveurs et engourdis, errant à l'aventure tandis que leur corps physique est endormi ou en état de transe.

Vient enfin la foule des hommes ordinaires : des millions de corps astraux flottent à la dérive, inconscients du monde qui les entoure, à une distance plus ou moins grande des corps physiques profondément endormis. Dans chacune de ces formes astrales, la conscience humaine est repliée sur elle-même, absorbée par ses propres pensées, retirée pour ainsi dire à l'intérieur de sa gaine astrale. Comme nous le verrons bientôt, l'être conscient, dans son véhicule astral, s'échappe lorsque le corps s'endort, et passe sur le plan astral ; mais il reste inconscient de ce qui l'entoure jusqu'à ce que le corps astral soit suffisamment développé pour fonctionner indépendamment du corps physique.

De temps à autre, on peut voir sur ce plan un disciple[52] qui a franchi le seuil de la mort, et se prépare à une réincarnation presque immédiate sous la direction de son Maître. Il jouit évidemment d'une pleine conscience, et travaille comme les autres disciples qui n'ont fait que se glisser hors de leur corps physique endormi. Nous verrons qu'à un certain degré[53], il est permis au disciple de se réincarner très peu de temps après sa mort. Il doit alors attendre dans le monde astral une occasion favorable pour renaître.

Les êtres humains ordinaires, en voie de réincarnation, passent également à travers le plan astral ; nous les mentionnerons à nouveau plus loin[54]. Ils n'ont aucun rapport conscient avec la vie générale du plan. Mais les activités passionnelles et sensorielles de leur passé ont déterminé une affinité entre eux et certains élémentals du désir, et ces derniers se rassemblent autour d'eux, aidant à la construction du nouveau corps astral pour l'existence terrestre qui se prépare.

---

52   Un chélâ, le disciple accepté d'un Adepte.
53   Voir chap. XI : L'Ascension Humaine.
54   Voir chap. VII : La Réincarnation.

Passons à la considération du corps astral humain pendant la période d'existence physique. Nous étudierons sa nature et sa constitution, en même temps que ses relations avec le monde astral. Pour cela, nous prendrons successivement : *(a)* le corps astral d'un homme peu évolué, *(b)* celui d'un homme moyen, *(c)* celui d'un homme spirituellement développé.

(a) — Le corps astral d'un homme peu évolué forme une masse nuageuse mal organisée, vaguement délimitée. Il renferme des matériaux (matière astrale et essence élémentale) empruntés à toutes les subdivisions du plan astral, mais avec une forte prédominance d'éléments provenant de l'astral inférieur. En sorte qu'il est dense et de texture épaisse, apte à répondre à toutes les excitations qui se rapportent aux passions et aux appétits. Les couleurs engendrées par les rythmes vibratoires de ces matériaux sont ternes, boueuses et sombres. Les bruns, les rouges ternes, les verts sales sont les nuances dominantes. Nul jeu de lumière, nul étincèlement rapide de couleurs changeantes dans un tel corps astral. Les passions diverses s'y montrent sous forme de vagues lourdes, ou, lorsqu'elles sont violentes, sous forme d'éclairs. Ainsi la passion sexuelle produira une vague de carmin boueux ; la rage, un éclair rouge sinistre.

Le corps astral est plus grand que le corps physique, et s'étend autour de lui en tous sens à 25 ou 30 centimètres dans l'exemple que nous envisageons ici. Les centres des organes sensoriels sont nettement marqués, et actifs lorsqu'ils sont affectés du dehors ; mais à l'état de repos, les courants vitaux sont apathiques, et le corps astral, ne recevant d'excitation ni du monde physique ni du monde mental, reste inerte et indifférent[55]. Une caractéristique constante de l'état primitif, c'est que l'activité est déterminée par l'excitation extérieure, plutôt que par l'initiative intérieure de l'être conscient. Pour qu'une pierre se meuve, il faut qu'on la pousse ;

---

55   L'étudiant reconnaîtra ici la prédominance de la « gouna tâmasique », la qualité d'obscurité ou d'inertie dans la nature.

une plante se meut sous l'attraction de la lumière et de l'humidité ; un animal devient actif quand la faim l'aiguillonne. L'homme faiblement développé a besoin d'être excité d'une manière analogue. Il faut que l'intelligence soit partiellement évoluée pour qu'elle puisse commencer à prendre l'initiative de l'action. Les centres des facultés supérieures[56], ayant trait au fonctionnement indépendant des sens astraux, sont à peine visibles. À ce degré, l'homme a besoin, pour son évolution, de sensations violentes de toute sorte, afin de secouer sa nature et de l'exciter à l'activité. Des chocs violents, tant de plaisir que de douleur, provenant du monde extérieur, sont nécessaires pour l'éveiller et l'aiguillonner à l'action. Plus les sensations sont nombreuses et violentes plus sa croissance est favorisée. Dans ce stade primitif, la qualité importe peu : la quantité et la vigueur sont les conditions essentielles.

La moralité de l'homme prendra naissance dans ses passions. Un léger mouvement d'abnégation dans ses rapports avec femme, enfant ou ami, constituera le premier pas dans la voie ascendante. Ce mouvement provoquera des vibrations dans la matière plus subtile du corps astral, et attirera en lui une plus forte proportion d'essence élémentale de même nature. Le corps astral renouvelle constamment ses matériaux sous l'influence des passions, des appétits, des désirs, et des émotions. Toute bonne impulsion fortifie les parties plus subtiles de ce corps, en expulse quelques éléments grossiers, y fait entrer des matériaux plus délicats, et attire alentour des élémentals de nature bénéfique, qui aident au processus de renouvellement. Toute impulsion mauvaise produit des effets diamétralement opposés. Elle tend à fortifier les éléments grossiers, à expulser les éléments subtils ; elle fait entrer dans le corps astral des matériaux impurs, et attire des élémentals qui aident au processus de détérioration.

---

56   Les sept chakras, ou roues. Ces centres sont ainsi nommés d'après l'aspect tourbillonnant qu'ils présentent, semblable à des roues de feu vivant, lorsqu'ils sont en activité.

Dans le cas que nous envisageons ici, les puissances morales et intellectuelles de l'homme sont tellement embryonnaires, qu'on peut dire que la construction de son corps astral, et sa modification, sont accomplies pour lui plutôt que par lui. Ces opérations dépendent plutôt des circonstances extérieures que de sa volonté propre; car, ainsi que nous venons de le dire, le caractère distinctif d'un bas degré d'évolution, c'est que l'homme est mu de l'extérieur, par l'intermédiaire du corps, et non de l'intérieur, par son intelligence. C'est l'indice d'un progrès considérable, que l'homme puisse être mu par sa volonté, par son énergie propre, par son initiative, au lieu d'être poussé par le désir, c'est-à-dire par la réponse à une attraction ou une répulsion extérieure.

Pendant le sommeil, le corps astral, servant d'enveloppe à l'être conscient, se glisse hors de l'organisme physique, laissant ensemble les corps grossier et éthérique ensommeillés. Mais, à ce degré, la conscience de l'homme n'est pas encore éveillée dans son corps astral, car elle n'y peut trouver rien de semblable aux contacts violents qui l'éperonnent lorsqu'elle est dans sa forme physique. Seuls, les élémentals de nature grossière peuvent l'affecter, provoquant dans l'enveloppe astrale des vibrations diffuses qui se réfléchissent dans le cerveau éthérique et grossier, où elles déterminent des rêves de sensualité bestiale. Le corps astral flotte immédiatement au-dessus du corps physique, retenu par son attraction puissante, et il ne peut guère s'en éloigner.

(b) — Chez l'homme moyennement développé au double point de vue moral et intellectuel, le corps astral manifeste un progrès immense par rapport au type que nous venons de décrire. Ses dimensions sont plus considérables, ses matériaux de nature diverse sont mieux assortis, et les essences plus subtiles donnent à l'ensemble, par leur présence, une certaine qualité lumineuse; tandis que l'expression des émotions supérieures y fait courir d'admirables ruissellements de couleur. La forme du corps n'est plus vague et ondoyante comme le cas précédent. Elle est claire et précise, et

reproduit l'image de son possesseur. Ce corps astral est évidemment en voie de devenir un véhicule pratique à l'usage de l'homme intérieur, véhicule nettement organisé et stable, corps apte à fonctionner, prêt à servir, et capable de se maintenir indépendamment du corps physique. Tout en conservant une grande plasticité, il a cependant une forme habituelle, à laquelle il revient invariablement dès que cesse l'effort qui a modifié son aspect. Son activité est constante, il est en vibration perpétuelle, revêtant des tons changeants qui varient à l'infini. De plus, les « roues » sont clairement visibles, bien qu'elles ne fonctionnent pas encore[57]. Cette forme astrale répond vivement à tous les contacts qui lui parviennent à travers le corps physique, et est également affectée par les influences internes procédant de l'être conscient. La mémoire et l'imagination stimulent donc le corps astral, et celui-ci, à son tour, pousse le corps physique à l'activité, au lieu d'être exclusivement mu par lui comme dans le cas précédent.

La purification suit toujours la même marche : expulsion des éléments inférieurs par la production de vibrations contraires, et assimilation de matériaux plus subtils en remplacement de ceux qui sont éliminés. Mais à présent, le développement moral et intellectuel de l'homme place cette construction presque entièrement entre ses propres mains, car il n'est plus poussé de côté et d'autre par les excitations de la nature extérieure, mais il raisonne, juge, et résiste ou cède selon qu'il lui semble bon. Par l'exercice de sa pensée consciemment dirigée, il peut affecter profondément son corps astral, dont le perfectionnement se poursuit dès lors avec une rapidité croissante. Et pour amener ce résultat, il n'est pas nécessaire que l'homme comprenne exactement le « *modus operandi* », pas plus qu'il n'a besoin, pour voir, de comprendre les lois de la lumière.

---

57   L'étudiant notera ici la prépondérance de la « gouna râjasique », qualité-activité dans la Nature.

Pendant le sommeil, ce corps astral bien développé se glisse, comme à l'ordinaire, hors de son revêtement physique; mais il n'est plus retenu auprès de lui comme dans le cas précédent. Il erre au loin dans le monde astral, emporté à la dérive par les courants astraux, tandis que l'être conscient, à l'intérieur du corps est incapable de diriger encore ses mouvements, est cependant éveillé, occupé à jouir de ses propres images et activités mentales. Il peut également recevoir, à travers son enveloppe astrale, des impressions qu'il transforme aussitôt en images mentales. De cette manière, l'homme acquiert des connaissances hors du corps physique, et il peut les transmettre au cerveau sous forme de rêve précis, ou de vision. Lors même que ce lien de la mémoire cérébrale fait défaut, les connaissances acquises pourront s'infiltrer insensiblement jusque dans la conscience à l'état de veille[58].

(c) — Le corps astral d'un homme spirituellement développé se compose des particules les plus subtiles de chaque subdivision de la matière astrale, les qualités les plus élevées étant alors prépondérantes. Ce corps forme donc un objet admirable, lumineux et coloré. Des tons inconnus sur terre y naissent sous les impulsions qui procèdent de l'intelligence purifiée. Les « roues de feu » justifient maintenant le nom qu'elles portent, et leur mouvement tourbillonnant dénote l'activité des sens supérieurs. Un tel corps est, dans la pleine acception du terme, un véhicule de la conscience. Au cours de l'évolution, il a été vivifié dans chacun de ses organes, et amené sous le contrôle absolu de son possesseur. Lorsque, dans cette enveloppe, l'homme quitte son corps physique, il n'éprouve pas la moindre solution de continuité dans son état conscient. Il rejette simplement son vêtement le plus lourd, et se trouve délivré d'un grand poids. Il peut se mouvoir en tous sens dans les limites de la sphère astrale avec une rapidité incroyable, et n'est plus lié

---

58   Où elles se manifesteront sous forme de notions intuitives, de pressentiments, etc. (NDT)

par les étroites conditions de la vie terrestre. Son corps répond à sa volonté, il reflète sa pensée et lui obéit. Ses moyens de service envers l'humanité sont immensément accrus, et ses pouvoirs sont entièrement guidés par sa bienfaisance et par sa vertu. D'ailleurs, l'absence de particules grossières dans son corps astral le rend incapable de répondre aux séductions des objets inférieurs du désir. Ces séductions ne peuvent l'atteindre, et elles se détournent de lui. Le corps entier ne vibre qu'en réponse aux émotions élevées, l'amour s'est épanoui en dévouement, l'énergie est domptée par la patience. Doux, calme, serein, rempli de puissance, mais sans la moindre trace d'agitation, tel est l'homme « que tous les *siddhis* sont prêts à servir[59] ».

Le corps astral est un pont jeté sur le gouffre qui sépare la conscience humaine du cerveau physique. Les impulsions reçues par les organes sensoriels, et transmises, ainsi que nous l'avons vu, aux centres grossiers et éthériques, passent ensuite aux centres astraux correspondants. Là, elles sont élaborées par l'essence élémentale, et transmuées en sensations, pour être enfin présentées à l'homme intérieur comme objets de sa conscience, des vibrations correspondantes étant suscitées, par les vibrations astrales, dans la matière du corps mental[60]. Au moyen de ces gradations successives d'esprit-matière, de subtilité croissante, les lourds contacts des objets terrestres peuvent être transmis à l'être conscient. Puis, en retour, les vibrations déterminées par sa pensée peuvent passer sur le même pont jusqu'au cerveau physique, pour y susciter des vibrations physiques correspondant aux vibrations mentales. Tel est le mode normal et régulier suivant lequel la conscience reçoit les impressions de l'extérieur et envoie à son tour des impulsions vers l'extérieur. C'est surtout par ce passage continuel de vibrations, dans l'un et l'autre sens, que le corps astral est évolué. Ce double

---

59   Ici la « gouna sattvique », la qualité d'harmonie, de félicité et de pureté dans la nature est prépondérante. Les siddhis sont les pouvoirs hyperphysiques.
60   Voir chap. IV : Le Plan Mental.

courant agit sur lui en même temps de l'intérieur et de l'extérieur ; il détermine son organisation et aide à sa croissance générale.

À mesure que le corps astral se développe, sa texture s'affine, sa forme extérieure gagne en netteté, et son organisation interne se poursuit. Entraîné à répondre à la conscience avec une perfection croissante, il devient graduellement apte à lui servir de véhicule séparé, et à lui transmettre avec précision les vibrations reçues directement du monde astral. La plupart de mes lecteurs auront sans doute quelque expérience de ces impressions qui procèdent d'une source extérieure sans qu'on puisse les attribuer à aucun contact physique, et qui ne tardent généralement pas à être confirmées par quelque évènement matériel. Ce sont là, souvent, des impressions directement reçues par le corps astral, et transmises par lui à la conscience ; de telles impressions se montrent fréquemment sous forme de prévisions, bientôt vérifiées.

Lorsque l'homme est très avancé (le degré varie beaucoup selon les individus, par suite de considérations dans lesquelles nous ne pouvons entrer ici), des communications sont établies entre le corps physique et le corps astral, entre l'astral et le mental. Dès lors, la conscience passe sans interruption d'un état à l'autre, et le souvenir ne présente plus ces lacunes qui, chez l'homme ordinaire, interposent une phase d'inconscience au passage d'un plan à l'autre. En outre, l'homme peut exercer librement ses sens astraux pendant que sa conscience fonctionne dans le corps physique. Des voies d'information plus larges, ouvertes par les sens hyperphysiques, deviennent donc l'apanage de sa conscience à l'état de veille. Les objets qui étaient autrefois pour lui matière à croyance deviennent matière à connaissance, et il peut vérifier personnellement l'exactitude d'une grande partie des enseignements théosophiques concernant les régions inférieures du monde invisible.

Lorsque l'homme est divisé en « principes », c'est-à-dire en modes de manifestation de la vie, ses quatre principes inférieurs, désignés sous le nom de « Quaternaire Inférieur », sont considérés

comme fonctionnant sur le plan astral et le plan physique. Le quatrième principe est alors Kâma, le désir, c'est-à-dire la vie fonctionnant dans le corps astral et conditionnée par lui. Ce principe est
caractérisé par l'attribut de la sensibilité, qu'elle se manifeste sous
la forme rudimentaire de la sensation, ou sous la forme complexe
de l'émotion, ou sous l'un quelconque des modes intermédiaires.
Tout cela est résumé par le terme « désir » : ce qui est attiré ou
repoussé par les objets, selon qu'ils donnent plaisir ou peine au
« moi » personnel. Le troisième principe est Prâna, la vie spécialisée pour l'entretien de l'organisme physique. Le deuxième principe
est le double éthérique, et le premier, le corps grossier. Ces trois
derniers principes fonctionnent sur le plan physique.

Dans ses classifications ultérieures, H. P. Blavatsky écarta, de la
liste des principes, prâna et le corps physique grossier : prâna, comme étant la vie universelle, et le corps physique grossier comme
n'étant que la simple contrepartie du corps éthérique, formée de
matériaux toujours changeants insérés dans la matrice éthérique.
En adoptant cette manière de voir, nous arrivons à la grandiose
conception philosophique de la Vie Une, du Soi Unique, manifesté comme Homme, et présentant des aspects divers et transitoires selon les conditions que lui imposent les formes vivifiées.
La vie elle-même reste identique au centre, mais se montre sous
des apparences différentes, lorsqu'on la regarde du dehors, selon le
genre de matière que renferme l'un ou l'autre des corps. Dans le
corps physique, elle est prâna, qui vitalise, contrôle et coordonne.
Dans le corps astral, elle est kâma, qui sent, jouit et souffre. Nous
la retrouverons sous d'autres aspects encore en passant à des plans
plus élevés, mais l'idée fondamentale reste la même partout, et c'est
encore là une des idées radicales de la Théosophie, une de ces idées
qui, nettement saisies, servent de fils conducteurs à travers le labyrinthe complexe de notre monde.

CHAPITRE III

KÂMALOKA

Ce terme, qui signifie littéralement le lieu où le séjour du désir, sert, comme nous l'avons déjà vu, à désigner une partie du plan astral, une région séparée du reste de ce plan non pas en tant que localité distincte, mais par l'état conscient spécial des êtres qui s'y trouvent[61]. Elle renferme les êtres humains privés de leur corps physique par le coup de la mort, et destinés à subir certaines transformations purificatoires avant de pouvoir entrer dans la vie heureuse et paisible qui appartient à l'homme proprement dit, à l'âme humaine[62]. Cette région représente et englobe les conditions attribuées aux différents états intermédiaires, enfers ou purgatoires, que toutes les grandes religions considèrent comme la résidence temporaire de l'homme après l'abandon de son corps physique et avant son arrivée au « ciel ». Elle ne renferme aucun lieu de torture éternelle, car l'enfer éternel, auquel croient encore quelques sec-

---

61   Les Indous appellent cet état Prétaloka, le séjour des Prétas. Un Préta est l'être humain qui a perdu son corps physique, mais n'est pas encore débarrassé du vêtement de sa nature animale. Il ne peut aller plus loin avec ce vêtement, et reste emprisonné par lui jusqu'à désagrégation suffisante.

62   L'âme est l'individualité humaine, le lien entre l'Esprit Divin dans l'homme et sa personnalité inférieure. C'est l'Égo, l'Individu, le « Je » qui se développe par l'évolution. En langage Théosophique, c'est Manas, le « Penseur ». L'intelligence telle qu'on la conçoit d'ordinaire n'est que l'énergie du manas opérant à travers les limitations du cerveau physique.

taires à l'esprit étroit, n'est qu'un cauchemar de l'ignorance, de la haine et de la peur. Mais elle comprend, à vrai dire, des conditions de souffrance, temporaires et purificatoires, effets des causes mises en jeu par l'homme pendant sa vie terrestre. Elles sont aussi naturelles, aussi inévitables que les conséquences de nos méfaits, dans ce monde même, car nous vivons dans un univers régi par des lois, où tout germe doit fructifier selon son espèce. La mort ne change rien à la nature mentale et morale de l'homme, et le changement d'état au passage d'un monde à l'autre ne peut que lui enlever son corps physique sans toucher au reste de sa nature.

L'état de Kâmaloka se retrouve dans chacune des subdivisions du plan astral, en sorte que nous pouvons considérer le Kâmaloka comme renfermant sept régions, que nous appellerons première, deuxième, troisième région, et ainsi de suite jusqu'à la septième, en comptant de bas en haut[63]. Nous avons déjà vu qu'il entre dans la composition du corps astral des matériaux empruntés à toutes les subdivisions du plan. Or, c'est un remaniement spécial de ces matériaux qui sépare les hommes retenus dans les régions diverses, tandis que ceux d'une même région peuvent communiquer entre eux. Ce remaniement sera expliqué un peu plus loin. Les sept régions, appartenant aux subdivisions correspondantes du plan astral, diffèrent en densité, et la densité de la forme extérieure de l'entité purgatorielle détermine la région où elle se trouve enfermée. Ce sont ces différences dans l'état de la matière qui empêchent le passage d'une région à l'autre. Les gens d'une région ne peuvent pas plus entrer en contact avec ceux d'une autre région, que le poisson de la mer profonde ne peut tenir conversation avec l'aigle. Le milieu nécessaire à la vie de l'un serait fatal à la vie de l'autre.

Lorsque le corps physique est abattu par la mort, le double éthérique, emmenant avec lui Prâna, et accompagné de tous les

---

63   Ces régions sont souvent énumérées en sens inverse, de haut en bas. Cela importe peu d'ailleurs ; je les compte ici de bas en haut pour rester d'accord avec la marche adoptée dans cet ouvrage pour les plans et les principes.

autres principes, — l'homme tout entier, par conséquent, à l'exception du corps grossier, — se retire du « tabernacle de chair », terme qui désigne fort justement l'enveloppe extérieure de l'être. Toutes les énergies vitales qui rayonnaient vers l'extérieur sont ramenées à l'intérieur, et « rassemblées par Prâna »; leur retrait se manifeste par l'engourdissement qui envahit les organes physiques des sens. Les organes sont là, prêts à servir comme toujours. Mais « l'être intérieur qui gouverne » s'en va, lui qui par eux voyait, entendait, touchait, sentait, goûtait; et livrés à eux-mêmes, ils ne sont plus que de simples agrégats de matière, matière vivante, il est vrai, mais sans nul pouvoir de perception. Lentement le seigneur du corps se retire, enveloppé du double éthérique, et absorbé dans la contemplation du panorama de sa vie passée, qui se déroule devant lui, à l'heure de la mort, complet jusqu'au moindre détail. Dans ce tableau sont tous les évènements de sa vie, petits et grands. Il voit ses ambitions réalisées ou déçues, ses efforts, ses triomphes, ses défaites, ses amours, ses haines. La tendance prédominante de l'ensemble ressort nettement; la pensée rectrice de la vie s'affirme et s'imprime profondément dans l'âme, marquant la région où se passera la majeure partie de son existence posthume. Solennel est l'instant où l'homme, face à face avec sa vie entière, entend sortir des lèvres de son passé le présage de son avenir. Pendant un bref espace de temps il se voit tel qu'il est, il reconnaît le but de la vie, il sait que la Loi est puissante, juste et bonne. Puis le lien magnétique se rompt entre le corps grossier et le corps éthérique, ces associés d'une vie entière se séparent, et, sauf des cas exceptionnels, l'homme tombe en une inconscience paisible.

Le calme et le respect doivent marquer la conduite de tous ceux qui s'assemblent autour du lit d'un mourant, afin qu'un silence solennel puisse laisser ininterrompu l'examen de son passé par l'âme qui s'en va. Les cris, les lamentations bruyantes, produisent sur elle une impression pénible et risquent de troubler son attention soutenue. C'est d'ailleurs un acte à la fois impertinent et égoïste que d'interrompre, par le regret d'une perte personnelle, le calme qui doit l'aider et l'apaiser. La religion a sagement agi en prescrivant des prières pour les agonisants. Ces prières maintiennent le calme et provoquent des aspirations désintéressées, destinées à aider le mourant. Comme toute pensée aimante, elles contribuent à le défendre et à le protéger.

Quelques heures après la mort, — pas plus de trente-six heures en général, semble-t-il, — l'homme se retire du corps éthérique. Ce dernier, abandonné à son tour comme un cadavre inerte, reste dans le voisinage du cadavre grossier et partage le même sort que lui. Si le corps grossier est enterré, le double éthérique flotte au-dessus de la tombe, se désagrégeant lentement; et l'impression pénible que beaucoup de personnes éprouvent en visitant les cimetières est largement due à la présence de ces cadavres éthériques en décomposition. Lorsqu'on brûle le corps, au contraire, le double éthérique se disperse très rapidement, ayant perdu son point d'appui, son centre d'attraction physique. C'est là une des raisons, entre beaucoup d'autres, pour lesquelles la crémation semble préférable à l'inhumation comme moyen de disposer des cadavres.

Le retrait de l'homme hors de son double éthérique est suivi du retrait de Prâna, qui retourne dès lors au grand réservoir de la vie universelle ; tandis que l'être humain, prêt à passer en Kâmaloka, subit un remaniement de son corps astral, remaniement grâce auquel ce corps pourra être soumis aux transformations purificatoires que nécessite la libération de l'homme lui-même [64]. Pendant la vie terrestre, les divers états de la matière astrale se mélangent, pour la formation du corps astral, comme font les solides, les liquides et les gaz à l'intérieur du corps physique. Le remaniement du corps astral après la mort comporte la séparation de ces matériaux par ordre de

---

64   Ce remaniement aboutit à la formation de ce qu'on appelle le Yâtanâ, ou corps de souffrance ; ou bien, dans le cas d'hommes très pervers, ayant dans leur corps astral une prépondérance des éléments les plus grossiers, le Dhrouvam, ou corps fort.

densité, en une série d'enveloppes ou d'écorces concentriques, la plus subtile en dedans, la plus grossière en dehors, chaque écorce étant formée de la matière d'une seule subdivision du plan astral. Le corps astral devient donc un ensemble de sept couches superposées, un septuple étui de substance astrale, où l'homme, on peut bien le dire, est emprisonné, puisque seule la rupture de ces écorces le rendra libre. On comprendra maintenant l'importance capitale de la purification du corps astral pendant la vie terrestre. L'homme est retenu dans chacune des subdivisions du Kâmaloka jusqu'à ce que l'enveloppe de matière appartenant à cette subdivision soit suffisamment désagrégée pour lui permettre de passer dans la subdivision suivante. De plus, selon l'activité consciemment déployée par l'être pendant sa vie, dans tel ou tel état de la matière astrale, il se trouvera éveillé et conscient dans la région correspondante après sa mort; — ou bien il ne fera qu'y passer, inconscient, « absorbé par des rêves agréables », et simplement retenu pendant le temps qu'exige la désagrégation mécanique de l'enveloppe.

L'homme spirituellement développé, qui a purifié son corps astral à tel point que les éléments n'en sont plus empruntés qu'à la matière la plus subtile de chaque subdivision du plan, — cet homme ne fera que traverser le Kâmaloka sans s'y arrêter. Son corps astral se désagrégeant avec une rapidité extrême, il se rendra sans délai au lieu que son destin lui assigne selon le degré d'évolution qu'il a atteint.

Un homme moins développé, mais dont la vie a été pure et sobre, et qui ne s'est pas attaché aux choses de la terre, traversera le Kâmaloka d'un vol moins rapide; mais il rêvera paisiblement, inconscient de ce qui l'entoure, tandis que son corps mental se dégagera successivement des différentes écorces astrales. Il s'éveillera enfin en atteignant les demeures célestes.

D'autres, moins développés encore, s'éveilleront après avoir traversé les régions inférieures du plan astral, reprenant conscience dans la division qui correspond à leur activité consciente pendant la vie terrestre. Car l'être s'éveille au contact des impressions familières, bien qu'elles soient maintenant reçues directement par le corps astral, sans le secours du corps physique. Ceux qui ont vécu au sein des passions animales s'éveillent dans la région qui correspond à ces passions, chaque homme se rendant littéralement « au lieu qu'il s'est assigné lui-même ».

Le cas de suppression brusque de la vie physique par accident, suicide, meurtre ou mort subite, sous quelque forme que ce soit, mérite une mention spéciale, car il diffère de la mort normale qui succède à l'épuisement des énergies vitales par la vieillesse ou par la maladie. Si la victime est pure et à tendances spirituelles, elle sera l'objet d'une protection spéciale, et dormira paisiblement jusqu'au terme de son existence physique normale. Mais s'il en est autrement, elle restera consciente, incapable de se rendre compte qu'elle a perdu son corps physique, et obsédée parfois pendant quelque temps par la scène fatale, aux horreurs de laquelle elle est impuissante à se soustraire. Pendant tout ce temps, elle sera retenue dans la région du plan astral avec laquelle elle est mise en rapport par la zone la plus extérieure de son corps astral. Pour une telle âme, la vie régulière du Kâmaloka ne commence qu'une fois épuisée la trame de son existence terrestre normale ; et elle est vivement consciente des objets physiques et astraux qui l'entourent. Un assassin, exécuté pour son crime, continua, d'après le témoignage de l'un des Maîtres qui instruisirent H. P. Blavatsky, à vivre et à revivre en Kâmaloka la scène du meurtre et les évènements subséquents, répétant sans cesse son acte diabolique, et repassant par toutes les terreurs de son arrestation et de son exécution. De même, un suicidé répètera automatiquement les sentiments de désespoir et de crainte qui ont précédé son crime, et renouvellera presque indéfiniment, avec une persistance lugubre, l'acte fatal et la lutte de l'agonie. Une femme, morte dans les flammes en proie à une terreur folle, après des efforts désespérés pour s'échapper, créa un tel tourbillon d'émotions tumultueuses que, cinq jours après, elle luttait encore éperdument, se voyant toujours entourée de flammes, et repoussant violemment tous les efforts qu'on faisait pour la calmer. Une autre femme, par contre, engloutie sous les eaux dans une tempête, mourut le cœur tranquille et plein d'amour, tenant son bébé sur son sein. De l'autre côté de la mort elle put être observée, dormant d'un sommeil paisible, et rêvant de son mari et de ses enfants qui lui apparaissaient en des visions heureuses, aussi nettes que la réalité.

Dans les cas plus ordinaires, la mort par accident n'en est pas moins un désavantage réel, encouru pour quelque faute sérieuse[65] ; car le fait d'être pleinement conscient dans les régions inférieures du Kâmaloka, étroitement liées à la terre, entraîne avec lui bien des inconvénients et même des dangers. L'homme est tout absorbé par les projets et les intérêts qui ont occupé sa vie, et il est conscient de la présence des gens et des choses qui s'y rapportent. Il se sent presque irrésistiblement poussé à faire tous ses efforts pour influencer les affaires auxquelles ses passions et ses sentiments l'attachent encore. Il se trouve donc lié par ses désirs au monde physique, alors qu'il a perdu tous les organes habituels de son activité. Le seul moyen pour lui d'arriver à la paix consisterait à se détourner résolument de la terre et à fixer sa pensée sur les choses plus hautes ; mais le nombre de ceux qui ont le courage de faire cet effort est comparativement restreint, malgré le secours que leur offrent toujours les travailleurs du plan astral, dont la tâche consiste à aider et à guider ceux qui ont quitté ce monde[66]. Trop souvent ces âmes souffrantes, incapables de supporter leur inaction forcée, cherchent l'aide d'un sensitif avec lequel elles puissent se mettre en rapport, pour s'occuper une fois de plus des affaires terrestres. Parfois même, obsédant quelque médium disponible, elles s'efforcent d'employer son corps

---

65   Pas nécessairement pour une faute commise dans la vie présente. La loi de causalité sera étudiée au chap. IX, sur le « Karma ».

66   Ces travailleurs sont disciples de quelques-uns des grands Maîtres qui guident et aident l'humanité, et ils ont à remplir ce devoir spécial, consistant à secourir les âmes qui ont besoin de leur assistance.

à leurs propres fins. Elles encourent par-là de lourdes responsabilités pour l'avenir. Ce n'est pas sans quelque raison occulte que l'Église nous enseigne cette prière : « De la bataille, du meurtre et *de la mort subite*, délivrez-nous, Seigneur. »

Nous pouvons maintenant considérer, une à une les subdivisions du Kâmaloka, afin de nous faire une idée des conditions que l'homme se prépare, dans cet état intermédiaire, par les désirs qu'il nourrit pendant sa vie physique. Car il faut nous rappeler que la somme de vitalité dans l'une quelconque des « écorces », et par conséquent la durée de la détention correspondante, dépend de la somme d'énergie communiquée pendant la vie terrestre au genre de matière astrale dont cette écorce se compose. Si les passions les plus basses ont été actives, la matière astrale la plus grossière sera fortement vitalisée, et prédominera largement en quantité. Ce principe tient bon à travers toutes les régions du Kâmaloka, en sorte que l'homme, pendant sa vie même, peut se rendre compte assez exactement de l'avenir immédiat qu'il se prépare au lendemain de la mort.

La première division, la plus inférieure, renferme les conditions qui répondent aux différents genres d'« enfers » décrits par tant de livres saints indous et bouddhistes. Il faut bien comprendre que l'homme, en traversant l'un ou l'autre de ces états purgatoriels, n'est pas réellement débarrassé des passions et des vils désirs qui l'ont amené là. Ces éléments persistent, car ils font partie intégrante de son caractère ; mais ils resteront latents, à l'état de germes, dans le mental, pour éclore et former sa nature passionnelle lorsqu'il sera prêt à renaître dans le monde physique[67]. Son séjour dans la plus basse région du Kâmaloka est dû exclusivement à la présence, dans son corps kâmique, d'une forte proportion de matière appartenant à cette région ; et il y reste emprisonné jusqu'à ce que l'écorce qui en est composée soit suffisamment désagrégée pour permettre à

---

67   Voir Chap. VII, La Réincarnation.

l'homme d'entrer en contact avec la région immédiatement supérieure.

L'atmosphère de ce lieu est sombre, lourde, triste, déprimante
à un degré inconcevable. Elle semble imprégnée de toutes les influences les plus opposées au bien. C'est là son caractère essentiel,
engendrée qu'elle est par les êtres mêmes dont les passions mauvaises les ont conduits en ce lugubre séjour. Tous les désirs, tous les
sentiments qui font frémir trouvent ici les matériaux propres à leur
expression. Il n'y manque rien de ce que peut renfermer le bouge
le plus infect, sans compter que toutes les horreurs que l'on cache à
la vue physique s'étalent ici dans leur hideuse nudité. Le caractère
repoussant de cette région est largement accru par ce fait que, dans
le monde astral, la forme s'adapte au caractère. L'homme en proie
aux passions mauvaises a donc pleinement l'air de tout ce qu'il est.
Les appétits bestiaux donnent au corps astral un aspect bestial, et
des formes hideuses, moitié humaines, moitié animales, sont le vêtement approprié des âmes devenues semblables aux brutes. Dans
le monde astral, nul ne peut être hypocrite, et dissimuler ses pensées malpropres sous un voile d'apparence vertueuse. Tout ce qu'un
homme est, il le parait dans sa forme et dans son aspect extérieur,
rayonnant de beauté quand sa pensée est noble, repoussant de laideur quand sa nature est vile. On comprendra facilement, dès lors,
comment des Maîtres tels que le Bouddha, à la vision impecca-
ble desquels tous les mondes sont ouverts, ont pu décrire ce qu'ils
voyaient dans ces enfers en un langage d'un réalisme terrible, qui
semble parfois incroyable aux lecteurs d'aujourd'hui parce qu'ils
oublient que les âmes, une fois délivrées de la matière lourde et
peu plastique du monde physique, apparaissent sous la forme qui
leur correspond, et ont exactement l'air de ce qu'elles sont. En ce
bas monde même, un scélérat avili et abruti donne généralement à
sa figure un aspect repoussant; — à quoi ne faut-il pas s'attendre,
alors, avec la matière astrale plastique, qui s'adapte à la moindre
impulsion des désirs criminels? Il est donc tout naturel qu'un tel

homme revête une forme horrible, et se manifeste par tout un luxe de transformations hideuses.

Car il faut se rappeler que la population de ce bas-fond du Kâmaloka se compose du rebut de l'humanité, assassins, bandits, criminels violents de toute sorte, ivrognes, débauchés ; — en un mot, de tout ce que le genre humain renferme de plus vil. Nul ne se trouve ici, la conscience éveillée à ce qui l'entoure, s'il n'est coupable d'un crime brutal ou d'une cruauté persistante et délibérée, ou s'il n'est en proie à quelque vice abject. Les seules personnes d'un caractère plus élevé qui se trouvent cependant retenues ici pour un temps sont des suicidés, des hommes qui, en mettant fin à leurs jours, ont voulu échapper à la punition terrestre de leurs méfaits. En échange, ils n'ont fait qu'aggraver leur situation. L'on ne trouve même pas ici tous les suicidés, qu'on le comprenne, car le suicide peut être commis pour bien des motifs divers. L'on n'y trouve que ceux qui se sont tués lâchement afin d'éviter les conséquences de leurs propres actions.

À part l'ambiance lugubre du lieu, et les compagnons abjects qu'il y rencontre, l'homme lui-même est ici le créateur immédiat de sa propre misère. N'ayant subi d'autre changement que la perte de son voile corporel, il étale ses passions dans toute leur hideur native, dans leur brutalité nue. Pleines d'appétits féroces et inassouvis, brûlées par la vengeance, par la haine, par les convoitises physiques qu'elles ne peuvent satisfaire, faute d'organes, les âmes errent, furieuses et avides, à travers ce sombre séjour. Elles s'amassent autour de tous les mauvais lieux de la terre, autour des maisons de débauche, des bouges où l'on s'enivre, excitant les habitués de ces endroits à des actes de honte et de violence, cherchant l'occasion de les obséder et de les amener aux pires excès. L'atmosphère écœurante qu'on trouve autour de ces lieux est due en grande partie à la présence de ces entités liées à la terre, possédées de passions abjectes et de désirs malpropres. Les médiums, à moins qu'ils ne soient d'un caractère pur et noble, sont surtout en bute à leurs attaques. Trop souvent, lorsqu'ils manquent de volonté, affaiblis encore par l'abandon passif de leur corps à l'occupation temporaire d'autres entités désincarnées, ils sont obsédés par ces êtres mauvais, et poussés à l'intempérance ou à la folie. Des assassins exécutés, pleins de terreur, de haine et de vengeance inassouvie, renouvelant sans cesse leur crime par une impulsion machinale et reproduisant mentalement les évènements terribles qui l'ont suivi, s'entourent d'une atmosphère de formes-pensées de meurtre. Attirés vers quiconque nourrit des sentiments de haine ou de vengeance, ils l'incitent à commettre le crime qu'il méditait. L'on verra parfois, dans cette région, un assassin constamment suivi de sa victime, présence à la hantise de laquelle il ne peut se soustraire, forme inerte qui s'attache à ses pas avec une persistance inéluctable, quelque effort qu'il fasse pour s'y dérober. La victime, à moins qu'elle ne soit elle-même d'un caractère très vil, est inconsciente, et cette inconscience même semble accroître pour le coupable l'horreur de sa poursuite machinale.

C'est encore ici que nous trouvons l'enfer du vivisecteur, car la cruauté attire au corps astral les matériaux les plus grossiers et les combinaisons les plus repoussantes de l'astral. Et l'âme vit entourée des formes de ses victimes mutilées, gémissantes, pantelantes, hurlantes ; vivifiées, non par les âmes des animaux eux-mêmes, mais par la vie élémentale toute frémissante de haine contre le bourreau. Lui-même répète ses pires expériences avec une régularité automatique, conscient de leur horreur, impérieusement poussé cependant à s'infliger à nouveau ce tourment par l'habitude contractée pendant sa vie terrestre.

Rappelons-nous une fois de plus, avant de quitter cette triste région, qu'il n'y a pas ici de punition arbitraire infligée de l'extérieur, mais seulement l'effet inévitable des causes mises en jeu par chacun. Pendant leur vie physique, ces hommes ont cédé aux impulsions les plus viles ; ils ont attiré, assimilé dans leur corps astral les matériaux qui seuls pouvaient vibrer en réponse à ces impulsions. Maintenant, ce corps qu'ils ont construit eux-mêmes devient la prison de leur urne, et doit tomber en ruines avant qu'elle puisse s'en évader, L'ivrogne n'est-il pas forcé de vivre, ici-bas, dans son corps physique repoussant, brûlé par l'alcool ? — La même loi le contraindra à vivre, en Kâmaloka, dans son corps astral non moins repoussant. La moisson semée est récoltée selon son espèce, telle est la loi dans tous les mondes, et nul ne peut y échapper. D'ailleurs, à vrai dire, le corps astral, là-bas, n'est ni plus révoltant ni plus hideux qu'il ne l'était au temps où l'homme vivait encore sur terre, au temps où il rendait l'atmosphère fétide autour de lui par ses émanations astrales. Mais les gens sur terre n'en reconnaissent pas la laideur, car, astralement, ils sont aveugles.

En outre, lorsque nous considérons ces malheureux qui sont nos frères, nous pouvons nous consoler en pensant que leurs souffrances ne sont que temporaires et qu'elles donnent à la vie de l'âme une leçon dont elle a grand besoin. Sous la réaction terrible des lois de la nature qu'elle a violées, elle apprend l'existence de ces lois, et la misère qui survient, inévitable, lorsqu'elles ne sont pas observées dans la vie et la conduite de l'homme. La nature ne nous ménage guère, mais en fin de compte ses leçons sont clémentes, car elles assurent notre évolution et conduisent l'âme à la conquête de l'immortalité.

Passons à une région moins sombre. La deuxième subdivision du monde astral peut être considérée comme la reproduction astrale du monde physique. En effet, la matière de cette région prédomine dans la composition du corps astral des objets matériels, ainsi que de la plupart des hommes. Aucune région de l'astral n'est plus étroitement en rapport avec le monde physique. La majeure partie des « morts » séjournent ici pendant un temps, et bon nombre y sont consciemment éveillés. Ils n'ont eu d'intérêt que pour les mesquineries et les trivialités de l'existence, ils ont attaché leur cœur à des vétilles ; il en est même beaucoup qui se sont laissé dominer par leur nature inférieure, et sont morts avec des appétits encore actifs, et désireux de jouissances physiques. Puisque c'est là l'emploi essentiel qu'ils ont fait de leurs énergies vitales, ils ont bâti leur corps astral avec des matériaux qui répondent facilement aux contacts physiques. Après la mort, ce corps astral ne peut que les retenir dans le voisinage des objets terrestres. Ces gens-là sont, pour la plupart, mécontents, anxieux, agités, avec plus ou moins de souffrance selon l'intensité des désirs qu'ils ne peuvent satisfaire. Quelques-uns même endurent de ce fait une angoisse réelle et sont longtemps retenus avant que ne s'épuisent leurs convoitises terrestres. Bon nombre d'entre eux prolongent inutilement leur séjour en cherchant à communiquer avec la terre, aux intérêts de laquelle ils sont liés, par l'entremise des médiums qui leur prêtent un corps physique, suppléant ainsi à la perte du leur.

C'est de cette région que provient en général le bavardage banal, bien connu de quiconque a fréquenté les séances spirites publiques, — potins de concierge et moralités rebattues de petite boutique ou de pension bourgeoise, — élément féminin, en majeure partie. Ces âmes liées à la terre sont généralement d'une faible intelligence, et leurs communications n'ont pas plus d'intérêt (pour qui est déjà convaincu de l'existence de l'âme après la mort) que n'en avait leur conversation sur terre. D'ailleurs, tout comme ici-bas, ces malheureux sont d'autant plus affirmatifs qu'ils sont plus ignorants, et ils imposent à leurs fidèles, comme ultime conception du monde invisible, la connaissance bornée qu'ils en ont eux-mêmes. Après la mort comme avant,

> Ils prennent le caquetage rustique de leur village
> Pour le murmure de l'univers.

C'est encore de cette région que les gens morts avec quelque préoccupation en tête cherchent parfois à communiquer avec leurs amis afin d'arranger l'affaire terrestre qui les hante. S'ils ne parviennent pas à se faire voir, ou à transmettre leur vœu à quelque ami sous forme de rêve, ils pourront occasionner beaucoup d'ennuis par des coups frappés, ou autres bruits destinés à attirer l'attention ou inconsciemment provoqués par leurs efforts impatients. En ce cas, une personne compétente fera acte de charité en communiquant avec l'entité en détresse pour apprendre ce qu'elle désire. Cette intervention suffira parfois à la délivrer de l'inquiétude qui l'empêchait de poursuivre sa route.

Dans cette région, l'âme est exposée à voir son attention détournée vers la terre avec une grande facilité, alors même qu'elle n'y aurait pas été spontanément portée. Ce mauvais service lui est trop souvent rendu par les regrets passionnés et l'ardent désir de sa chère présence chez les amis qu'elle a laissés sur terre. Les formes-pensées engendrées par ces regrets se pressent autour de l'âme, et parviennent souvent à l'éveiller alors qu'elle dormait paisiblement. D'autres fois, lorsqu'elle est déjà consciente, son attention est violemment ramenée vers la terre dont elle devrait s'éloigner. C'est dans le premier cas surtout que cet égoïsme inconscient de la part des amis restés sur terre fait aux morts aimés un tort que ces amis seraient les premiers à regretter, s'ils pouvaient être conscients. Peut-être la compréhension des souffrances par-là infligées, sans nécessité, à ceux qui ont quitté la terre, aidera-t-elle, chez certains, à raffermir l'autorité des préceptes religieux qui enjoignent la soumission à la loi divine, et la répression d'une douleur excessive et révoltée.

La troisième et la quatrième région du Kâmaloka diffèrent peu de la deuxième, et pourraient presque en être considérées comme des reproductions éthérées. La quatrième est plus subtile que la troisième, mais les caractéristiques générales des trois régions restent les mêmes. Nous trouvons ici des âmes d'un type un peu plus évolué, et bien qu'elles soient retenues en ce lieu par l'enveloppe due à l'activité de leurs intérêts terrestres, leur attention se porte généralement en avant, et non en arrière. Tant qu'elles ne sont pas rappelées de force aux affaires de la vie physique, elles passent outre sans trop tarder. Cependant elles restent encore accessibles aux impressions terrestres, et l'intérêt de plus en plus faible qu'elles portent aux affaires de ce monde peut être réveillé par les clameurs d'en bas. Un grand nombre de gens instruits et réfléchis, qui se sont néanmoins laissé absorber, pendant leur vie, par des soucis mondains, sont conscients dans ces régions. Ils peuvent être poussés à se communiquer par l'intermédiaire de médiums, mais il est rare qu'ils cherchent d'eux-mêmes une telle communication. Leurs dires ont évidemment une plus haute valeur que ceux qui proviennent de la deuxième région. Ils n'offrent cependant guère plus d'intérêt que la conversation des mêmes personnes pendant leur vie. Ce n'est pas du Kâmaloka que procède l'illumination spirituelle.

La cinquième subdivision du Kâmaloka offre mainte caractéristique nouvelle. Son aspect est nettement lumineux et rayonnant ; attrayant au plus haut point pour qui n'est habitué qu'aux sombres couleurs de la terre, il justifie l'épithète d'astral, « étoilé », donnée à l'ensemble du plan. C'est ici qu'on trouve tous les cieux matérialisés qui jouent un rôle si important dans les religions populaires du monde entier. Les « chasses célestes » de l'indien peau-rouge, le Valhalla du Scandinave, le paradis plein de houris du musulman, la Nouvelle Jérusalem en or aux portes de pierres précieuses du chrétien, le ciel rempli de lycées du réformateur matérialiste, tous ont leur place ici. Les dévots étroits qui se sont attachés désespérément à la « lettre qui tue » trouvent ici la satisfaction littérale de leurs désirs. Par leur puissance imaginative, nourrie de l'écorce stérile des livres saints du monde, ils bâtissent inconsciemment en matière astrale les « châteaux en Espagne » qu'ils ont rêvés. Les croyances religieuses les plus bizarres trouvent ici leur réalisation nuageuse et temporaire, et les sectateurs de la lettre de toute religion, exclusivement désireux de leur propre salut dans le ciel le plus matérialiste qu'on puisse rêver, trouvent leur satisfaction dans ce séjour qui leur convient parfaitement, entourés qu'ils sont des conditions mêmes

auxquelles ils ont ajouté foi. Les « touche à tout » religieux et phi-
lanthropiques, qui n'eurent d'autre souci que de mettre à exécution
leurs propres lubies, et d'imposer au prochain leur manière de voir,
au lieu de travailler avec désintéressement à l'accroissement de la
vertu et du bonheur humains, sont ici très en évidence. Ils organi-
sent des maisons de correction, des asiles, des écoles, à leur grande
satisfaction personnelle; et ils se réjouissent fort, à l'occasion, d'in-
sinuer un doigt astral dans quelque affaire terrestre, par l'entremise
d'un médium docile qu'ils patronnent avec une hautaine condes-
cendance. Ils édifient, dans l'astral, églises, maisons, écoles, reproduisant les cieux matériels qu'ils ont convoités; et bien qu'au regard
plus clairvoyant leurs constructions puissent paraître imparfaites,
voire même d'un grotesque navrant, pour eux, elles ne laissent rien
à désirer. Les sectateurs d'une même religion s'assemblent et coo-
pèrent entre eux de diverses manières, formant des communautés
qui diffèrent entre elles aussi largement que les communautés analogues d'ici-bas. Lorsqu'ils sont attirés vers la terre, ils recherchent,
en général, des coreligionnaires et des compatriotes, et cela non
seulement par affinité naturelle, mais encore parce que les barrières du langage subsistent en Kâmaloka, comme on peut l'observer
à l'occasion dans les messages reçus par les cercles spirites. Les
âmes de cette région prennent parfois le plus vif intérêt aux ten-
tatives faites pour établir des communications entre notre monde
et le leur; et c'est de là, ainsi que de la région immédiatement
supérieure, que proviennent les « esprits-guides » de bon nombre
de médiums. Ces âmes savent généralement qu'il y a devant elles
mainte possibilité d'existence plus haute, et qu'elles sont destinées
à passer, tôt ou tard, en des mondes d'où la communication avec
cette terre ne leur sera plus possible.

La sixième région du Kâmaloka ressemble à la cinquième, mais
elle est beaucoup plus subtile. Elle est surtout peuplée d'âmes plus
évoluées, qui achèvent d'user l'enveloppe astrale au travers de laquelle leurs énergies mentales se sont manifestées en grande partie

pendant leur vie physique. Leur détention est due au rôle prépondérant joué par l'égoïsme dans leur vie intellectuelle et artistique,
et à ce qu'ils ont prostitué leurs talents, d'une manière délicate et
raffinée, à la gratification de leur nature sensible. Leur environnement est tout ce qu'on peut trouver de plus beau en Kâmaloka,
car leur pensée créatrice façonne la substance lumineuse de leur
séjour passager en paysages admirables et en océans ruisselants de
lumière, en montagnes aux pics neigeux et en plaines fertiles, scè-
nes d'une beauté féerique, même lorsqu'on les compare à tout ce
que la terre possède de plus exquis. L'on trouve également ici des
dévots des religions, mais d'un type un peu plus élevé que ceux de
la subdivision précédente, et ayant un sentiment plus juste de leurs
propres limitations. Ils s'attendent d'une manière plus nette à quitter leur séjour actuel pour passer dans une sphère plus haute.

La septième subdivision du Kâmaloka, la plus élevée, est occu-
pée presque exclusivement par des intellectuels, hommes et femmes,
qui ont été sur terre d'un matérialisme prononcé, ou se sont tellement attachés aux moyens par lesquels le mental inférieur acquiert
des connaissances dans le corps physique, qu'ils continuent à poursuivre ces connaissances selon l'ancienne méthode, quoiqu'avec des
facultés accrues. On se rappelle instinctivement combien Charles
Lamb était hostile à l'idée qu'au ciel, il serait obligé d'abandonner
ses livres chéris pour « je ne sais quel bizarre procédé d'intuition ».
Plus d'un savant vit pendant de longues années, des siècles parfois,
d'après H. P. Blavatsky, dans une véritable bibliothèque astrale,
parcourant avidement tous les ouvrages qui traitent de son sujet
favori, et parfaitement satisfait de son sort. Ceux qui ont concentré
toute leur énergie sur quelque ligne d'investigation intellectuelle, et ont rejeté leur corps physique sans avoir apaisé leur soif de
connaître, continuent à poursuivre leur objet avec une persistance
infatigable, liés par leur attachement au mode de travail physique.
Souvent de tels hommes sont encore sceptiques quant aux possibilités supérieures qui les attendent, et reculent devant la perspective

de ce qui leur semble être réellement une seconde mort, la perte de connaissance qui précède la naissance de l'âme à la vie plus haute du ciel. Des politiciens, des hommes d'état, des hommes de science, séjournent quelque temps dans cette région, se dégageant lentement de leur enveloppe astrale, attachés encore à l'existence terrestre par le vif intérêt qu'ils prennent aux mouvements où leur rôle fut si grand, et par l'effort qu'ils font pour exécuter dans l'astral quelques-uns des projets auxquels la mort les a arrachés avant leur réalisation.

Pour tous, néanmoins, — sauf pour la faible minorité qui n'a pas éprouvé sur terre un seul mouvement d'amour désintéressé ou d'aspiration intellectuelle, qui a vécu sans jamais reconnaître quelque chose ou quelqu'un de plus élevé que soi, — pour tous arrive, tôt ou tard, un temps où les entraves du corps astral sont enfin brisées. L'âme devient momentanément inconsciente de ce qui l'entoure, — inconscience semblable à celle qui suit la mort physique ; — puis elle est réveillée par un sentiment de félicité intense, immense, insondable, impossible à rêver ici-bas, la félicité du monde céleste, du monde auquel, par sa nature même, l'âme appartient. Elle peut avoir nourri mainte passion basse et vile, mainte convoitise triviale ou sordide, mais elle a connu des lueurs d'une nature plus haute, des lueurs interrompues, éparses, issues d'une région plus pure. Maintenant est venu, pour ces lueurs, le temps de la récolte ; et quelque pauvres et faibles qu'elles aient été, il faut qu'elles portent leur juste fruit. C'est pourquoi l'homme va plus loin afin de récolter cette moisson céleste, afin d'en manger et d'en assimiler les fruits[68].

Le cadavre astral, ainsi qu'on l'appelle parfois, ou la « coque astrale » de l'entité qui est partie, se compose des débris des sept écorces concentriques précédemment décrites, débris maintenus ensemble par des restes du magnétisme de l'âme. Chaque écorce,

---

68   Voir Chap. V, Le Dévakhan.

à son tour, s'est désagrégée jusqu'à ne plus former que des fragments épars, qui restent attachés, par l'attraction magnétique, aux
écorces qui subsistent encore. Lorsque toutes ont été réduites à
cette condition, y compris la septième, la plus intérieure, l'homme
lui-même s'échappe, laissant derrière lui ces restes. La coque flotte
à la dérive à travers le monde astral, répétant faiblement et d'une
manière automatique ses vibrations accoutumées. À mesure que le
magnétisme restant se disperse, elle se décompose de plus en plus
et finit par se dissoudre totalement, restituant ses matériaux au
fonds commun de la matière astrale, comme le corps physique a
rendu au monde physique les éléments dont il se composait.

Cette coque astrale erre de-ci, de-là, au gré des courants astraux ; et si elle n'est pas trop décomposée, elle peut être vitalisée
par le magnétisme d'âmes incarnées sur terre, redevenant ainsi capable de quelque activité. Elle absorbe le magnétisme comme une
éponge absorbe de l'eau, et elle revêt alors une apparence illusoire
de vie, répétant avec une intensité plus marquée les vibrations auxquelles elle a jadis été accoutumée. Ces vibrations sont souvent
mises en jeu sous l'action de quelque pensée commune à l'âme
disparue et à ses amis terrestres, et la coque ainsi vitalisée peut
jouer fort passablement le rôle d'intelligence communicante. Elle
se distingue cependant (à part l'emploi de la vision astrale) par la
répétition automatique de pensées familières, ainsi que par l'absence complète de toute idée originale et de toute connaissance
acquise depuis la mort physique.

De même que les âmes peuvent être entravées dans leur progrès par des amis ignorants et irréfléchis, de même il est possible
de leur venir en aide par des efforts sages et bien dirigés. C'est
pourquoi toutes les religions qui ont conservé quelque trace de la
sagesse occulte de leurs fondateurs prescrivent l'emploi de « prières pour les morts ». Ces prières, ainsi que les cérémonies qui les
accompagnent, sont plus ou moins efficaces selon la connaissance,
l'amour et la puissance de volonté qui les animent. Elles ont pour

base ce principe universel de la vibration suivant lequel l'univers est construit, modifié et maintenu. Les sons proférés engendrent des vibrations, façonnant la matière astrale en des formes déterminées, qu'anime la pensée exprimée par les mots. Ces formes-pensées sont dirigées vers l'entité purgatorielle, et, agissant sur son corps astral, elles en hâtent la dissolution. Avec la décadence du savoir occulte, ces cérémonies sont devenues de moins en moins efficaces, jusqu'à être d'une utilité presque nulle. Cependant elles sont parfois accomplies par un homme de savoir, et elles exercent alors l'influence voulue. De plus, chacun peut aider ses morts aimés en leur envoyant des pensées d'amour et de paix, en faisant des vœux pour leur progrès rapide à travers le Kâmaloka, et pour leur libération des entraves astrales.

Que jamais nos morts ne suivent, solitaires, leur chemin, privés du secours de nos formes-pensées aimantes, abandonnés des anges gardiens qui doivent les guider et les encourager dans leur marche vers la joie.

CHAPITRE IV

LE PLAN MENTAL

Comme son nom l'indique, le plan mental est le domaine propre de la conscience travaillant comme pensée. C'est le plan de l'intelligence, non pas lorsqu'elle fonctionne par l'intermédiaire du cerveau, mais lorsqu'elle, agit dans son propre monde, libérée des entraves de l'esprit-matière physique. Ce monde est le monde de l'homme réel. Le mot anglais « *man* (homme) » provient de la racine sanscrite « man », racine du verbe sanscrit qui signifie « penser ». Ainsi *man* (homme) signifie *penseur :* l'homme est désigné par son attribut le plus caractéristique, l'intelligence.

En anglais nous ne trouvons que le seul mol « mind »[69] pour désigner à la fois la conscience intellectuelle elle-même, et les effets produits sur le cerveau physique par les vibrations de cette conscience. Mais nous devons maintenant considérer la conscience intellectuelle comme une entité distincte, une individualité, un être réel. Les vibrations de sa vie sont des pensées ; et ces pensées elles-mêmes sont des images, et non des mots. Cette individualité, c'est Manas, le Penseur[70]. C'est le Soi revêtu de la matière des subdivi-

---

69   Que nous traduisons en général par « intelligence », NDT — et aussi par « mental », NDC
70   Du mot Manas dérive le nom technique : « plan manasique », traduit par « plan mental ». Nous pourrons l'appeler le plan de l'intelligence proprement dite, pour distinguer ses activités de celles de l'intelligence travaillant dans la chair.

sions supérieures du plan mental, et travaillant sous les conditions que cette matière lui impose. Sur le plan physique, sa présence se révèle par les vibrations qu'il transmet au cerveau et au système nerveux. Ces organes répondent aux vibrations de sa vie par des vibrations sympathiques. Mais, à cause de la grossièreté de leurs matériaux, ils ne peuvent reproduire qu'une faible partie des vibrations émises; encore ne le font-ils que d'une manière très imparfaite. De même que la science affirme l'existence d'une immense série de vibrations éthériques, série dont notre œil ne perçoit qu'un fragment, — le spectre solaire lumineux; de même, pour nous, l'appareil physique de la pensée, cerveau et système nerveux, ne peut penser qu'un petit fragment de l'immense série de vibrations mentales émises par le Penseur dans son propre monde. Les cerveaux très réceptifs répondent à un degré que nous convenons d'appeler grande puissance intellectuelle. Les cerveaux exceptionnellement réceptifs répondent jusqu'au point nommé génie. Enfin les cerveaux exceptionnellement inertes répondent seulement jusqu'au degré appelé idiotie. Chacun de nous envoie à son cerveau des millions d'ondes mentales [71] auxquelles celui-ci ne peut, répondre à cause de la densité de ses matériaux; et ce qu'on appelle le pouvoir mental d'un homme [72] est en rapport direct avec cette sensibilité. Mais, avant d'étudier le Penseur, il sera bon de considérer le monde qu'il occupe, c'est-à-dire le plan mental lui-même.

Le plan mental est celui qui vient après le plan astral. Il n'en est séparé que par la différence de ses matériaux, exactement comme le plan astral est séparé du plan physique. En fait, nous pouvons répéter, dans la comparaison du plan mental et du plan astral, ce que nous avons dit en comparant le plan astral et le plan physique. La vie sur le plan mental est plus active que sur le plan astral, et la

---

71   Il convient aussi de tenir compte du degré, extrêmement différent, du développement du corps mental, instrument du Penseur sur son propre plan, degré qui influe sur la quantité et sur la qualité de ces ondes mentales. NDC
72   Sur le plan physique. NDC

forme y est plus plastique. L'esprit-matière est plus hautement vitalisé et plus subtil que n'importe quel état de la matière du monde
astral. L'ultime atome de matière astrale renferme dans sa sphère-
enveloppe d'innombrables agrégats de la matière-mentale la plus
grossière, en sorte que la désagrégation de l'atome astral met en liberté une quantité de matière mentale des variétés les plus denses.

Dans ces conditions, on comprendra que le jeu des forces de
vie sur ce plan ait une activité énormément accrue, puisque la
masse à mettre en mouvement est infiniment moindre. La matière est animée d'un mouvement continuel, incessant ; elle prend
forme au moindre frémissement de la vie, et s'adapte sans hésita-
tion aux moindres nuances de ses vibrations. La « substance mentale », comme on l'a appelée, fait paraître grossier, lourd et terne
l'esprit-matière astral, qui était pourtant si féériquement lumineux
lorsqu'on le comparait à la matière physique. Mais la loi d'analogie
conserve toute sa valeur, et elle sera pour nous un fil conducteur
à travers cette région super-astrale, — région qui est notre lieu
de naissance, notre patrie réelle, malgré notre ignorance du fait,
prisonniers que nous sommes en un pays d'exil ; malgré l'étrangeté
que revêt à nos yeux la description de cette région glorieuse.

Ici encore, comme sur les deux plans inférieurs, les subdivisions
de l'esprit-matière sont au nombre de sept. Ici encore, ces variétés forment des combinaisons sans nombre de tous les degrés de
complexité, constituant les solides, les liquides, les gaz et les éthers
du plan mental. Ceci n'est qu'une manière de parler, car le terme
« solide » parait absurde, en vérité, même en parlant des formes
les plus substantielles de la matière mentale. Mais nous devons en
user faute de mieux, car cette sorte de matière est dense en comparaison des autres états de la matière mentale, et nous n'avons
point d'autres adjectifs descriptifs que ceux qui sont basés sur les
conditions physiques. Au reste, il nous suffit de comprendre que ce
plan suit la loi et l'ordre général de la nature, qui comporte pour
notre globe une base septénaire ; et que les sept subdivisions de

sa matière décroissent en densité les unes par rapport aux autres, comme font les solides, les liquides, les gaz et les éthers, — la septième et dernière subdivision étant exclusivement composée des ultimes atomes mentaux.

Ces subdivisions sont réparties en deux groupes auxquels on a donné les noms quelque peu insuffisants, et au premier abord inintelligibles, de « non-formel » et de « formel[73] ». Les quatre subdivisions inférieures ensemble constituent le groupe « formel »; les trois supérieures ensemble constituent le groupe « non-formel ». Ce groupement est nécessaire, car il y a là une distinction très réelle, quoique difficile à définir. Ces régions correspondent, dans la conscience humaine, aux divisions de l'intelligence elle-même, comme on le verra plus clairement par la suite. On pourrait peut-être mieux exprimer cette distinction en disant que, dans les quatre subdivisions inférieures, les vibrations de la conscience donnent naissance à des formes, à des images ou représentations, chaque pensée apparaissant comme une forme vivante; tandis que, dans les trois subdivisions supérieures, la conscience, bien qu'elle produise naturellement toujours des vibrations, semble plutôt les émettre comme un flot puissant d'énergie vivante qui ne s'incorpore point en images distinctes tant qu'il reste dans cette région supérieure, mais engendre des formes multiples, reliées entre elles par une condition commune, dès qu'il pénètre dons les mondes inférieurs. L'analogie la plus étroite que je puisse trouver pour la conception que je cherche à vous faire saisir est celle des pensées abstraites et des pensées concrètes. L'idée abstraite d'un triangle n'a pas de forme, mais elle sert à désigner toutes les figures limitées par trois lignes droites, et dont la somme des angles équivaut à deux angles droits. Une telle idée, conditionnée, mais sans forme, projetée dans le monde inférieur, peut donner naissance à une variété indéfinie de figures, triangles rectangles, isocèles, scalènes, de couleurs et de

---

73   En sanscrit aroûpa et roûpa. Roûpa signifie forme, enveloppe, corps.

dimensions quelconques, mais satisfaisant tous aux conditions ; — triangles concrets, possédant chacun sa propre forme définie.

La parole est impuissante à montrer clairement la différence entre les modes d'action de la conscience dans ces deux régions. Car les mots sont des symboles d'images ; ils appartiennent aux opérations du mental inférieur dans le cerveau, et sont exclusivement basés sur ces opérations. Tandis que la région « sans forme » appartient à la Pure Raison, qui ne travaille jamais dans les limites étroites du langage.

Le plan mental est celui qui reflète l'Intelligence Universelle dans la nature, le plan qui, dans notre petit système, correspond à celui de la Grande Intelligence dans le Cosmos [74]. Dans ses régions supérieures existent toutes les idées archétypes qui sont actuellement en cours d'évolution concrète. Dans ses régions inférieures ces idées sont élaborées en des formes successives, pour être dûment reproduites ensuite dans le monde astral et dans le monde physique. La matière du plan est susceptible de se combiner sous l'impulsion des vibrations mentales, et elle peut former toutes les combinaisons que la pensée est capable d'imaginer. De même que le fer peut être façonné en soc pour labourer, ou en épée pour tuer, la matière mentale peut être modelée en formes qui servent, ou qui nuisent. La vie du Penseur, en vibration continuelle, façonne la matière qui l'environne, et son œuvre, est conforme à la volonté qui l'engendre. Dans cette région la pensée et l'action, le vouloir et le fait, sont une seule et même chose ; — l'esprit-matière devient ici l'esclave docile de la vie, et s'adapte spontanément à chaque impulsion créatrice.

Par leur vitesse et leur subtilité, ces vibrations, qui façonnent en formes-pensées la matière du plan mental, donnent aussi naissance aux colorations les plus exquises, constamment changeantes : ondes

---

74   Mahat, le Troisième Logos, ou l'Intelligence Créatrice Divine ; le Brahmâ des Indous, le Mandjousri des Bouddhistes septentrionaux, le Saint-Esprit des Chrétiens.

de teintes variées comme les irisations de la nacre, mais plus éthérées et plus lumineuses à un degré incomparable, glissant sur toutes
les surfaces et pénétrant toutes les formes, en sorte que chacune
d'elles présente une harmonie de couleurs chatoyantes, vivantes,
lumineuses, délicates, dont plusieurs ne sont pas même connues
sur terre. Les mots sont impuissants à rendre l'exquise beauté et
l'éclat des combinaisons de cette matière subtile, toute frémissante
de vie et de mouvement. Tous les voyants qui en ont témoigné,
Indous, Bouddhistes, Chrétiens, parlent avec ravissement de sa
beauté glorieuse, et avouent qu'ils sont totalement incapables de
la décrire. Il semble que toute description, quels qu'habiles qu'en
soient les termes, ne serve qu'à la rabaisser et à l'avilir.

Les formes-pensées jouent naturellement un rôle considérable
parmi les créatures vivantes qui fonctionnent sur le plan mental.
Elles ressemblent à celles que nous avons déjà rencontrées dans le
monde astral sauf qu'elles sont beaucoup plus lumineuses et plus
brillamment colorées, qu'elles sont plus fortes, plus persistantes,
et plus complètement vitalisées. À mesure que les qualités intellectuelles supérieures se marquent plus nettement chez celui qui
les engendre, ces formes présentent un contour plus tranché, et
tendent vers une singulière perfection de forme géométrique en
même temps qu'une pureté de lumière et de couleur non moins
admirable. Mais il n'est guère besoin de dire que, dans l'état actuel
de l'humanité, les formes nuageuses et irrégulières prédominent
largement, production habituelle des intelligences mal entraînées.
Cependant des pensées artistiques d'une rare beauté s'y rencontrent aussi, et il n'est pas étonnant que des peintres, après avoir
entrevu un instant leur idéal en quelque vision de rêve, s'impatien-
tent de n'en pouvoir exprimer la radieuse beauté avec les couleurs
ternes de ce bas monde.

Ces formes-pensées sont constituées par l'essence élémentale
du plan. Les vibrations de la pensée façonnent l'essence élémentale
en une forme correspondante, dont la pensée est la vie animatrice.

Nous retrouvons donc ici des « élémentals artificiels » identiques, comme mode de formation, à ceux du monde astral. Tout ce que nous avons dit au chapitre II sur leur génération et leur importance peut être répété à propos des élémentals du plan mental. Mais il faut tenir compte de la responsabilité additionnelle encourue, par suite de la force plus grande et de la permanence caractéristique des élémentals de ce monde supérieur.

L'essence élémentale du plan mental est formée par la Monade dans le stade de sa descente qui précède immédiatement son entrée dans le monde astral. Elle constitue, sur les quatre subdivisions inférieures du plan mental, le deuxième règne élémental. Les trois subdivisions supérieures, « sans forme », sont occupées par le premier règne, élémental. Ici, la pensée produit dans l'essence élémentale des irisations brillantes, des traînées de couleurs et des éclairs de feu vivant, au lieu de s'incorporer en formes définies. L'essence élémentale prend, pour ainsi dire, sa première leçon d'activité organique, d'action combinée, mais ne revêt pas encore les limitations définies des formes.

Dans les deux grandes divisions du plan mental vivent des Intelligences innombrables, dont le corps le plus inférieur est formé de la matière lumineuse et de l'essence élémentale du plan ; — Êtres Resplendissants qui guident le processus de l'ordre naturel, dirigeant les légions d'entités inférieures dont nous avons déjà parlé, et soumis à leur tour, dans leurs multiples hiérarchies, aux Seigneurs Souverains des sept éléments[75]. Ce sont, comme on se l'imagine aisément, des êtres d'une vaste connaissance, d'un pouvoir immense, splendides par leur aspect : créatures radieuses et éclatantes, aux mille nuances semblables à des arcs-en-ciel de couleurs célestes et changeantes. Empreints d'une majesté royale, ils respirent l'énergie calme, l'expression d'une force à laquelle rien

---

75   Ces Êtres sont les Aroûpa Dévas et les Roûpa Dévas des Indous et des Bouddhistes, les « Seigneurs des cieux et de la terre » des Zoroastriens, les Archanges et les Anges des Chrétiens et des Mahométans.

ne peut résister. — Ici se présente à l'esprit la description du grand voyant chrétien, lorsqu'il parle d'un Archange puissant : « Il y avait un arc-en-ciel sur sa tête ; son visage ressemblait au soleil, et ses pieds à des colonnes de feu [76]. » — Leurs voix sont « comme un son de grandes eaux », comme un écho de l'harmonie des sphères. Ils sont les guides de l'ordre naturel, et commandent aux légions immenses des élémentals du monde astral, en sorte que leurs cohortes poursuivent incessamment l'œuvre de la nature avec une régularité et une précision infaillibles.

Sur le plan mental inférieur, on rencontre de nombreux chélas, à l'œuvre dans leur corps mental [77] affranchis pour un temps du vêtement physique. Lorsque le corps est plongé dans un sommeil profond, le Penseur, l'homme réel, peut s'en échapper afin de travailler, délivré de ses entraves, dans cette région supérieure. De là, agissant directement sur la sphère mentale de ses semblables, leur suggérant de bonnes pensées, leur présentant des idées nobles, il peut les aider et les réconforter plus efficacement et plus vite qu'à travers la prison du corps physique. Il perçoit plus clairement leurs besoins, et peut par conséquent leur venir en aide d'une manière plus parfaite. C'est son plus haut privilège et sa plus grande joie que de venir en aide à ses frères qui luttent, sans qu'ils aient connaissance du service rendu, sans qu'ils aient la moindre idée du bras puissant qui soulève leur fardeau, de la douce voix qui, tout bas, les console dans leur peine. On ne le voit point, il n'est pas reconnu ; il travaille, aidant ses ennemis comme ses amis, avec la même joie et la même liberté, répartissant entre les hommes le courant des forces bienfaisantes déversées par les grands Assistants des sphères plus hautes.

On rencontre parfois aussi, dans cette région, les formes glorieuses des Maîtres, bien qu'ils résident en général dans la subdi-

---

76   *Apocalypse*, X, 1
77   Corps ordinairement appelé Mâyâvi Roûpa, ou forme illusoire, lorsqu'il est disposé en vue du fonctionnement indépendant dans le monde mental.

vision la plus élevée du monde « sans forme ». D'autres Grands Êtres encore y descendent à certaines époques, lorsqu'une mission de compassion nécessite de leur part une manifestation aussi inférieure.

Entre les intelligences qui fonctionnent consciemment sur ce plan, qu'elles soient humaines ou non, qu'elles soient dans leur corps ou hors de lui, la communication est pratiquement instantanée, car elle se produit avec « la rapidité de la pensée ». Les barrières de l'espace ont perdu leur puissance de séparation, et, pour entrer en contact avec une autre âme, il suffit de diriger son attention vers elle. La communication n'est pas seulement rapide, ainsi que nous venons de le dire; elle est également complète si les âmes sont à peu près au même degré d'évolution. Ici, point de mots pour entraver ou ralentir la communion. Toute la pensée jaillit de l'un à l'autre, ou, plus exactement peut-être, chacun voit la pensée telle qu'elle est conçue par l'autre. Les véritables barrières entre les âmes sont les différences d'évolution. L'âme moins évoluée ne connaît, dans l'âme plus évoluée, que ce qu'elle est capable d'y percevoir; et il est évident que, seule, la plus évoluée a conscience de cette limitation, puisque l'autre reçoit tout ce qu'elle peut contenir. Plus une âme est évoluée, plus elle est consciente de tout ce qui l'entoure, plus elle approche intimement des réalités. Mais le plan mental a aussi ses voiles d'illusion, et l'on doit s'en souvenir, bien qu'ils soient beaucoup moins nombreux et plus translucides que ceux du monde physique. Chaque âme est entourée de sa propre atmosphère mentale, et comme toutes les impressions doivent lui parvenir à travers cette atmosphère, elles en sont toutes plus ou moins colorées. L'âme est d'autant moins à la merci des illusions, que son atmosphère est plus transparente, plus pure, et moins colorée par la personnalité.

Les trois subdivisions supérieures du plan mental sont l'habitat du Penseur lui-même, qui réside dans l'une ou l'autre de ces subdivisions selon son degré d'évolution. L'immense majorité, évoluée à des degrés divers, vit sur le plus bas de ces trois niveaux. Un nombre comparativement restreint d'âmes hautement intellectuelles habite le deuxième niveau. Employant une phrase plus applicable au plan physique qu'au plan mental, nous dirons que le Penseur monte à ce deuxième niveau, quand la matière plus subtile de cette région est devenue prépondérante en lui, et rend ainsi ce changement néces-saire. Il n'y a naturellement pas « ascension » à proprement parler, point de changement de lieu. Il y a seulement que le Penseur com-mence à percevoir les vibrations de cette manière subtile, qui pro-voquent en lui une réponse, et que lui-même peut dès lors émettre des forces qui en font vibrer les particules si ténues.

Il est indispensable que l'étudiant se familiarise avec le fait que son élévation sur l'échelle d'évolution n'implique aucun change-ment de lieu, mais le rend simplement de plus en plus apte à recevoir des impressions. *Toutes les sphères sont autour de nous*, qu'elles soient astrale, mentale, bouddhique, nirvanique, ou qu'il s'agisse même de mondes plus hauts encore, jusqu'à la vie du Dieu Suprême. Nul besoin de nous mouvoir pour les trouver, elles sont ici même. Mais notre lourde irréceptivité nous en sépare plus efficacement que ne le feraient des millions de lieues de simple espace. Nous ne som-mes conscients que de ce qui nous affecte, de ce qui provoque chez nous des vibrations en réponse. À mesure que nous devenons plus réceptifs, à mesure que nous organisons en nous-mêmes de la ma-tière plus fine, nous entrons en contact avec des mondes de plus en plus subtils. Lors donc que nous parlons d'ascension d'un niveau à un autre, cela signifie que nous tissons nos vêtements en maté-riaux plus subtils, et que nous pouvons recevoir au travers d'eux les contacts de mondes plus subtils. Et cela signifie encore, plus profondément, que dans le Soi, intérieur à tous ces vêtements, des pouvoirs divins passent de l'état latent à l'état actif, et émettent au dehors les vibrations subtiles de leur vie.

Le Penseur qui a atteint ce deuxième niveau est en pleine conscience de ce qui l'entoure, et possède la mémoire de son passé.

Il connaît les corps dont il est revêtu, par l'intermédiaire desquels il est en contact avec les plans inférieurs ; il peut influencer ces corps dans une large mesure, et les diriger. Il prévoit les difficultés, les obstacles qui les attendent, résultats d'une conduite négligente dans les vies passées ; — et il se met à l'œuvre pour leur infuser l'énergie nécessaire à l'accomplissement de leur tâche. Sa direction est parfois sentie par la conscience inférieure comme une force impérieuse et dominatrice, qui brise toute résistance, et impose à l'être une ligne de conduite dont toutes les raisons n'apparaissent pas clairement à la vision plus confuse des véhicules astral et mental. Des hommes qui ont accompli de grandes actions nous ont laissé parfois leur témoignage, affirmant avoir été conscients d'une force intérieure irrésistible qui les soulevait, les mettant dans l'impossibilité d'agir autrement. C'est qu'alors ils agissaient comme des hommes réels. Le Penseur, l'homme intérieur, agissait consciemment à travers leur corps, qui jouait à ce moment son rôle véritable comme véhicule de l'individualité. À mesure que l'évolution s'accomplira, tous atteindront ces hauts pouvoirs.

Sur le troisième niveau, le plus élevé, de la région supérieure du plan mental, résident les « Égos » des Maîtres et des Initiés, Leurs chélas ; la matière de cette région prédomine dès lors dans le corps du Penseur. C'est du sein de cette région, foyer des plus subtiles énergies mentales, que les Maîtres font sentir à l'humanité leur influence gracieuse et bienfaisante, déversant à flots sur les régions inférieures l'idéal sublime, la pensée inspiratrice, l'aspiration à la foi sincère, toutes les forces spirituelles et intellectuelles dont l'homme a tant besoin. Chaque force issue de ce séjour lumineux rayonne en toute direction, et les âmes les plus nobles et les plus pures sont aussi les plus promptes à saisir ces influences secourables. Une découverte se présente soudain à l'esprit du savant, scrutateur patient des secrets de la nature ; une mélodie nouvelle charme l'oreille du grand musicien ; la réponse à un problème longtemps médité illumine l'esprit du philosophe sublime ; une énergie nouvelle d'espérance et d'amour vient réchauffer le cœur du philanthrope infatigable. Et pendant ce temps-là, les hommes se croient abandonnés, sans assistance, bien que les phrases mêmes dont ils font usage : « cette pensée s'est présentée à mon esprit », « l'idée m'est venue », « j'ai été frappé de cette découverte », témoignent inconsciemment de la vérité que leur Soi intérieur n'ignore pas, invisible qu'elle est aux yeux du corps.

Passons maintenant à l'étude du Penseur et de son véhicule, tels qu'on les trouve chez l'homme vivant sur terre. Nous désignons sous le nom de « corps mental » le corps dont la conscience est revêtue et par lequel elle est conditionnée dans les quatre subdivisions inférieures du plan mental. Ce corps est constitué par des combinaisons de la matière des quatre subdivisions.

Lorsqu'une incarnation nouvelle se prépare, le Penseur, l'Individu, qui est l'âme humaine véritable (et dont la formation sera expliquée vers la fin de ce chapitre), fait rayonner une portion de son énergie en vibrations qui attirent autour de lui une enveloppe de matière empruntée aux quatre subdivisions inférieures de son propre plan. La matière attirée correspond à la nature des vibrations émises. Les éléments plus subtils répondent à l'appel des vibrations plus rapides, et prennent forme sous leur influence. Les combinaisons plus grossières répondent aux vibrations plus lentes. Semblable au fil métallique qui vibre spontanément en réponse à un autre fil ayant même poids et même tension, mais reste muet parmi tout un orchestre de fils dissemblables, la matière des différents ordres s'assortit en réponse aux divers genres de vibrations. La nature du corps mental dont le Penseur s'entoure ainsi sera exactement déterminée par les vibrations qu'il émet. Et ce corps est appelé « mental inférieur » où « Manas inférieur », parce qu'il est constitué par le Penseur revêtu de la matière des subdivisions inférieures du plan mental, et conditionné par cette matière dans ses opérations ultérieures. Toutes les énergies trop subtiles pour mouvoir cette matière, trop rapides pour en obtenir une réponse, ne pourront s'exprimer au travers d'elle. Le Penseur est donc forcément limité, conditionné, borné dans son expression de lui-même. C'est ici la première des prisons où il s'enferme pendant sa vie incarnée, et tant que ses énergies fonctionnent en elle, il est exclu, dans une large mesure, de son propre monde plus élevé. Car son attention se porte sur les énergies qui tendent vers l'extérieur, et sa vie est projetée avec elles dans le corps mental inférieur, souvent désigné par les termes : vêtement, étui, véhicule ; — toutes expressions ayant pour objet de faire comprendre que le Penseur n'est pas le corps mental, mais qu'il forme ce corps et qu'il s'en sert pour exprimer tout ce qu'il peut exprimer de lui-même dans la région mentale inférieure.

Il ne faut pas oublier que les énergies du Penseur, poursuivant leur processus d'extériorisation, vont attirer ensuite autour de lui la matière plus grossière du plan astral pour former son corps astral, et que, pendant sa vie incarnée, les énergies qui s'expriment à travers les états inférieurs de la matière mentale sont si facilement converties, par elle, en les vibrations plus lentes auxquelles répond la matière astrale, que les deux corps vibrent continuellement de concert, et s'enchevêtrent étroitement l'un dans l'autre. Plus les combinaisons de matières assimilées par le corps mental sont grossières, plus cette union devient intime, en sorte que les deux corps sont parfois classés ensemble, ou même considérés comme un véhicule unique[78]. Lorsque nous aborderons l'étude de la réincarnation, nous verrons que ce fait a une importance capitale.

Le type du corps mental dont l'homme se munit dans sa descente vers une incarnation nouvelle est déterminé par le degré

---

78   C'est ainsi que le Théosophe parle du Kama-Manas, désignant par-là l'intelligence travaillant dans et avec la nature du désir, l'intelligence affectant la nature animale et affectée par elle. Les Védantins classent les deux ensemble, et parlent du Soi comme fonctionnant dans le « manomayakosha », étui composé du mental inférieur, des émotions et des passions. Le psychologue européen fait du « sentiment » une des sections de sa triple division de « l'intellect », et inclut sous le terme « sentiment », en même temps, les émotions et les sensations.

d'évolution atteint par l'homme lui-même. Comme pour l'étude du corps astral, nous pourrons examiner, au point de vue du corps mental, trois types d'homme diversement évolués : *(a)* un individu non évolué ; *(b)* un individu à développement moyen ; *(c)* un homme spirituellement développé.

(a) — Chez l'individu non évolué, le corps mental est peu perceptible, car il n'est représenté que par une petite quantité de matière mentale sans organisation précise, empruntée surtout aux plus basses subdivisions du plan. Il subit presque exclusivement l'influence des corps inférieurs. Les tourmentes astrales déchaînées par le contact des objets sensibles déterminent en lui des vibrations encore peu intenses. Lorsqu'il n'est pas stimulé par ces vibrations astrales, il reste à peu près inerte ; à cette stimulation même, il ne répond qu'avec indolence. Nulle activité définie engendrée intérieurement : les chocs du monde extérieur peuvent seuls susciter une réponse distincte. Plus ils sont violents, mieux ils concourent au progrès de l'homme, car chaque vibration responsive hâte le développement embryonnaire du corps mental. Les plaisirs tumultueux, la colère, la rage, la souffrance, la terreur, toutes ces passions, produisant des tourbillons intenses dans le corps astral, suscitent de faibles vibrations dans la matière du corps mental. Ces vibrations provoquent un commencement d'activité dans la conscience mentale, et l'amènent graduellement à ajouter quelque activité propre aux impressions reçues du dehors. Nous avons vu que le corps mental est si enchevêtré avec le corps astral, qu'ils agissent comme un corps unique. Mais les facultés mentales naissantes ajoutent aux passions astrales une certaine force et une certaine qualité qui n'y sont point apparentes lorsque ces passions agissent comme forces purement animales. Les impressions faites sur le corps mental sont plus permanentes que celles faites sur l'astral, et le mental les reproduit consciemment. Ici commencent la mémoire et la faculté imaginative. Cette faculté s'organise graduellement à mesure que les images du monde extérieur agissent sur la substance du corps

mental et façonnent ses matériaux à leur propre ressemblance. Ces images, nées des contacts des sens, attirent autour d'elles la matière mentale la plus grossière, et elles peuvent être reproduites à volonté par les pouvoirs naissants de la conscience. Cette réserve d'images accumulées tend à stimuler l'activité intérieurement générée, par le désir d'éprouver une fois de plus, au moyen des organes extérieurs, les vibrations qui ont laissé un souvenir agréable, et d'éviter celles qui ont provoqué la souffrance.

Le corps mental commence dès lors à exciter le corps astral, et à ranimer en lui les désirs qui, chez l'animal, sommeillent tant qu'ils ne sont pas réveillés par une stimulation physique. C'est pourquoi nous trouvons, chez l'homme peu évolué, une continuelle poursuite de la jouissance qu'on ne trouve jamais chez les animaux, une convoitise, une cruauté, une ruse que le règne inférieur ne connaît point. Les pouvoirs naissants de la pensée, attelés au service des sens, font de l'homme une brute infiniment plus dangereuse et plus féroce que n'importe quel animal, et les forces plus profondes et plus subtiles inhérentes à l'esprit-matière mental prêtent à la nature passionnelle une violence et une acuité qu'on ne trouve pas dans les races inférieures. Mais ces excès portent en eux-mêmes, grâce aux souffrances dont ils sont la cause, le germe de leur propre correction. Ces expériences pénibles agissent sur la conscience, et y suscitent des images nouvelles, sur lesquelles l'imagination travaille. La conscience se trouve ainsi poussée à résister à certaines des vibrations qui lui parviennent du monde extérieur par l'entremise de son corps astral. Elle commence à exercer sa volonté en retenant l'élan des passions au lieu de leur donner libre cours. Ces vibrations de résistance, une fois mises en jeu, attirent au corps mental des combinaisons plus subtiles de matière mentale, et tendent en même temps à en expulser les combinaisons plus grossières, qui vibrent en réponse aux notes passionnelles dont retentit le corps astral.

Grâce à cette lutte entre les vibrations provoquées par les images passionnelles, et les vibrations contraires dues à la reproduction imaginative d'expériences pénibles passées, le corps mental se développe. Il commence à acquérir une organisation nette, et à exercer une initiative de plus en plus grande vis-à-vis des activités extérieures. Tandis que la vie terrestre se passe à recueillir des expériences, la vie intermédiaire est employée à les assimiler, comme nous le verrons en détail au chapitre suivant. En sorte qu'à chaque nouveau retour vers la terre, le Penseur est en possession d'un stock plus considérable de facultés pour la construction de son corps mental. Ainsi l'homme non évolué, dont l'intelligence est esclave de ses passions, se transforme en l'homme moyennement évolué, dont l'intelligence est un champ de bataille — champ de bataille où les passions et les puissances mentales luttent avec des fortunes diverses, avec des forces à peu près égales. Pendant ce temps, l'homme évolue graduellement vers la maîtrise de sa nature inférieure.

(b) — Chez l'homme moyennement évolué, le corps mental s'est considérablement agrandi. Il révèle une certaine organisation et renferme une proportion suffisante de matière empruntée aux deuxième, troisième et quatrième subdivisions du plan mental. La loi générale qui gouverne toute la construction du corps mental, ainsi que sa transformation, pourra être étudiée ici non sans profit, bien qu'elle soit encore basée sur le même principe dont les règnes inférieurs nous ont déjà montré les opérations dans le monde physique et dans le monde astral. L'exercice développe ; l'inertie atrophie et finit par détruire. Chaque vibration suscitée dans le corps mental détermine une modification de ses éléments constituants. Dans la région affectée, la matière qui ne peut pas vibrer à l'unisson est rejetée, et remplacée par des matériaux convenables empruntés aux réserves véritablement inépuisables qui se trouvent alentour. Plus un ensemble de vibrations se répète, plus la région du corps mental affectée se développe ; de là, soit dit en passant, le tort que

fait au corps mental la spécialisation exagérée de ses énergies. Cette erreur de méthode dans l'utilisation des forces détermine un développement inégal, déséquilibré, du corps mental. Il y a tendance à la pléthore dans la région continuellement exercée, et tendance à l'atrophie dans d'autres régions peut-être tout aussi importantes. L'idéal à poursuivre est un développement général, harmonieux et proportionné; et pour cela, il faut, une analyse calme de soi-même, ainsi qu'une adaptation précise des moyens aux fins.

La connaissance de cette loi permet d'expliquer certaines expériences bien connues, et fait naître l'espoir d'un progrès assuré. Lorsqu'une étude nouvelle est entreprise, ou qu'un changement dans le sens d'une plus haute moralité est introduit dans l'existence, les premières étapes sont hérissées de difficultés et parfois même l'effort est abandonné parce que les obstacles paraissent insurmontables. Au début d'une entreprise mentale nouvelle, quelle qu'elle puisse être, tout l'automatisme du corps mental se met en travers. Ses matériaux, accoutumés à vibrer d'une certaine manière, ne peuvent s'adapter aux impulsions nouvelles. Le premier stade de l'entreprise consiste donc essentiellement à dépenser des efforts qui échouent en ce sens qu'ils ne réussissent pas à provoquer dans le corps mental des vibrations concordantes. Ces efforts n'en sont pas moins le préliminaire indispensable de toute vibration harmonique, car ils tendent à rejeter du corps les anciens matériaux réfractaires, pour y attirer des combinaisons sympathiques. Pendant ce temps, l'homme n'est conscient d'aucun progrès; il n'a conscience que de la frustration de ses efforts, et de la résistance inerte qu'il rencontre. Mais au bout d'un certain temps, s'il persiste, les matériaux nouvellement attirés commencent à entrer en jeu, et ses efforts sont un peu mieux récompensés. Finalement, lorsque tous les matériaux anciens sont expulsés, et que les nouveaux fonctionnent, il réussit sans le moindre effort, et son dessein est accompli. La période vraiment critique, c'est le premier stade. Mais si nous avons confiance en la loi, — aussi infaillible dans ses opérations que toutes les autres lois de la nature ; — et si nous renouvelons avec persistance nos efforts, nous devons *nécessairement* réussir. La connaissance de ce fait peut nous servir d'encouragement ; au milieu des tribulations qui, autrement, nous laisseraient en proie au désespoir.

Voilà donc comment l'homme moyennement développé peut poursuivre ses efforts, découvrant avec joie qu'à mesure qu'il résiste fermement aux sollicitations de la nature inférieure, elles perdent leur pouvoir sur lui, car il expulse de son corps mental tous les matériaux qui pourraient donner lieu à des vibrations sympathiques. Le corps mental en arrive donc graduellement à ne plus renfermer que les combinaisons les plus subtiles des quatre subdivisions inférieures du plan mental ; il devient alors la forme rayonnante et exquisément belle du stade suivant.

(c) — L'homme spirituellement développé. De ce corps, toutes les combinaisons plus grossières ont été éliminées, en sorte que les objets des sens n'y trouvent plus de matériaux capables de répondre sympathiquement à leurs vibrations (nous avons vu qu'il en est de même du corps astral correspondant). Ce corps mental ne renferme que les combinaisons les plus subtiles appartenant aux quatre subdivisions du monde mental inférieur ; de plus, la substance des troisième et quatrième sous-plans l'emporte de beaucoup, dans sa composition, sur celle des deux premiers. Il est donc sensible à toutes les opérations supérieures de l'intellect, aux impressions délicates des arts élevés, à toutes les pures vibrations des émotions sublimes. Un tel corps permet au Penseur qui en est revêtu de s'exprimer bien plus complètement dans la région mentale inférieure, ainsi que dans les mondes astral et physique. Ses matériaux sont capables de répondre à une échelle de vibrations beaucoup plus étendue, et les impulsions venues d'en haut le façonnent en un organisme plus noble et plus subtil. Le moment approche où ce corps sera prêt à transmettre toutes les vibrations émises par le Penseur, et susceptibles d'expression dans les subdivisions inférieu-

res du plan. L'Égo possèdera alors l'instrument parfait dont il a besoin pour jouer pleinement son rôle dans cette région mentale inférieure.

Une compréhension nette de la nature du corps mental serait apte à modifier grandement l'éducation moderne, et à la rendre beaucoup plus utile au Penseur qu'elle ne l'est actuellement. Les caractéristiques générales de ce corps dépendent des vies antérieures du Penseur sur terre, fait dont nous pourrons nous convaincre intimement lorsque nous aurons étudié la réincarnation et le Karma. Le corps est construit sur le plan mental, et ses matériaux dépendent des qualités que le Penseur a accumulées en lui-même comme résultats de ses expériences passées. Tout ce que l'éducation peut faire, c'est de ménager des stimulations extérieures qui soient de nature à réveiller les facultés utiles que le Penseur possède déjà; en même temps, elle doit tendre à atrophier et à déraciner les tendances mauvaises. Provoquer l'éclosion des facultés innées, et non pas surcharger la mémoire d'une masse de faits, tel est le but d'une éducation véritable. La mémoire n'a pas besoin d'être cultivée comme une faculté distincte; car la mémoire dépend de l'attention, c'est-à-dire de la ferme concentration de la pensée sur le sujet étudié, et de l'affinité naturelle qui existe entre ce sujet et l'intelligence de l'enfant. Si le sujet plaît, c'est-à-dire si l'intelligence a des aptitudes en ce sens, la mémoire ne fera pas défaut, pourvu que l'attention soit soutenue. C'est pourquoi l'éducation devrait cultiver l'habitude d'une ferme concentration, d'une attention soutenue, et être dirigée selon les facultés innées de l'enfant.

Passons maintenant à la division « sans forme » du plan mental, à cette région qui est la patrie réelle de l'homme à travers le cycle entier de ses réincarnations. C'est là qu'il naît âme incipiente, Égo enfant, individualité embryonnaire, au moment où commence son évolution humaine proprement dite[79].

---

79   Voir Chap. VII et VIII, La Réincarnation.

La forme de l'Égo, du Penseur, est ovoïde; c'est pourquoi H. P. Blavatsky mentionne sous le nom d'Œuf Aurique ce corps du Manas qui persiste à travers toutes les incarnations humaines. Formé de la matière des trois subdivisions supérieures du plan mental, il est d'une finesse exquise, voile infiniment ténu dès sa première apparition. À mesure qu'il se développe, il devient un objet rayonnant, d'une gloire et d'une beauté suprême, « l'Être lumineux » comme on l'a fort justement nommé[80].

Qu'est-ce donc que ce Penseur? C'est, ainsi que nous l'avons déjà dit, le Soi divin, limité ou individualisé par une forme subtile empruntée aux matériaux de la région « sans forme » du plan mental[81]. Cette matière, — agglomérée autour d'un rayon du Soi, d'un rayon vivant de la Lumière Une qui est la vie de l'univers, — sépare ce rayon de sa Source en ce qui concerne le monde extérieur. Elle l'entoure comme d'un voile translucide, et le transforme ainsi en « un individu ». La vie qui l'anime, c'est la vie du Logos; mais au début, toutes les puissances de cette vie sont latentes, voilées. Tout est là potentiellement, à l'état germinal, comme l'arbre dans le germe minuscule de la graine. Cette graine est plantée dans le terreau fécond de la vie humaine, afin que ses forces latentes puissent être vivifiées par le soleil de la joie et par la pluie des larmes, afin qu'elles puissent être nourries des sucs de l'engrais vital que nous nommons expérience, — jusqu'à ce que le germe s'épanouisse en un arbre puissant, image du Seigneur qui l'a engendré.

L'évolution humaine est l'évolution du Penseur. Il revêt des corps sur les plans mental inférieur, astral et physique. Puis il use ses corps à travers la vie terrestre, astrale, mentale inférieure, les dépouillant successivement, aux divers stades de ce cycle de vie, à mesure qu'il passe d'un monde à l'autre; mais accumulant tou-

---

80   C'est ici l'Augoeïdes des Néoplatoniciens, ou le « corps spirituel » de Saint Paul.

81   C'est-à-dire le Soi fonctionnant dans le Vignânamayakosha, « l'étui du discernement », selon la classification védantine.

jours en lui-même les fruits qu'il a recueillis par leur usage sur chaque plan. Au début, aussi peu conscient que le corps terrestre d'un nouveau-né, il reste comme endormi de vie en vie, jusqu'à ce que les expériences, agissant sur lui de l'extérieur, aient éveillé à l'activité quelques-unes de ces forces latentes. Puis, graduellement, il joue un rôle de plus en plus important dans la direction de son existence. Finalement, la maturité atteinte, il prend sa vie entre ses propres mains, et acquiert sur sa destinée future un empire sans cesse croissant.

La croissance du corps permanent qui constitue, avec la conscience divine, ce que nous appelons le Penseur, est d'une lenteur extrême. Son nom technique est le « *corps causal* », parce qu'il rassemble en lui les résultats de toutes les expériences, et que ces résultats agissent comme causes, façonnant les existences futures. Le corps causal est le seul corps permanent parmi tous ceux que l'homme emploie pendant son incarnation. Nous savons, en effet, que les corps physique, astral, mental inférieur, sont reconstitués à chaque incarnation nouvelle. Chacun d'entre eux, quand son tour vient de disparaître, transmet sa récolte au corps immédiatement supérieur, et toutes les récoltes sont ainsi mises en réserve dans le corps permanent. Lorsque le Penseur revient en incarnation, il extériorise ses énergies, composées de ces récoltes, sur chaque plan successivement ; il attire par-là autour de lui, l'un après l'autre, de nouveaux corps assortis à son propre passé. Quant à la croissance du corps causal lui-même, elle est, ainsi que nous l'avons dit, extrêmement lente, car ce corps ne peut vibrer qu'en réponse aux impulsions susceptibles d'expression dans la matière si subtile qui le compose. Seules, ces impulsions-là sont assimilées dans la texture même de son être. Les passions, qui jouent un rôle si important dans les premiers stades de l'évolution humaine, ne peuvent donc pas affecter directement la croissance du corps causal. Le Penseur ne s'assimile que les seules expériences capables d'être reproduites par les vibrations du corps causal ; et ces expériences doivent appartenir à la région mentale, et être d'un caractère hautement intellectuel ou moral. Autrement, sa matière subtile n'y peut répondre par aucune vibration sympathique. Avec un tant soit peu de réflexion, chacun pourra sentir combien pauvre est sa vie de chaque jour en matériaux utiles au développement de ce corps sublime. D'où la lenteur de l'évolution, le peu de progrès accompli. Lorsque le Penseur sera devenu assez puissant pour se manifester plus complètement dans chaque vie successive, l'évolution s'achèvera à pas de géant.

La persistance dans l'iniquité réagit cependant d'une manière indirecte sur le corps causal, et fait plus que retarder simplement sa croissance. Il semble en effet qu'une longue persévérance dans le mal détermine une certaine incapacité de répondre aux vibrations contraires du bien. La croissance se trouve donc retardée pendant une période considérable, alors même que la pratique du mal a cessé.

Pour nuire directement au corps causal, il faut une perversité hautement intellectuelle et subtile, le « péché spirituel » que mentionnent les diverses Écritures du monde. Heureusement le cas est rare, aussi rare que le bien spirituel. Tous deux ne se trouvent que chez des êtres hautement évolués, qu'ils suivent le Sentier de la Droite, ou celui de la Gauche[82].

L'habitat du Penseur, de l'Homme Éternel, est le cinquième sous-plan, le niveau le plus bas de la région « sans-forme » du plan mental. Les grandes masses de l'humanité sont là, à peine éveillées encore, dans l'enfance de leur vie. Le Penseur arrive lentement à l'état conscient à mesure que ses énergies, agissant sur les plans inférieurs, y recueillent de l'expérience. Cette expérience est ab-

---

82   Le Sentier de la Droite est celui qui aboutit à l'humanité divine, à l'Adeptat employé au service des mondes. Le Sentier de la Gauche conduit aussi à l'Adeptat, mais à l'Adeptat employé à frustrer le progrès de l'évolution au profit d'intérêts individuels et égoïstes. On les appelle parfois respectivement le Sentier Blanc et le Sentier Noir.

sorbée en même temps que les énergies extériorisées du Penseur, lorsqu'elles reviennent à lui toutes chargées de la moisson d'une vie.

L'Homme Éternel, le Soi individualisé, est l'acteur véritable dans chacun des corps qu'il porte. C'est sa présence qui donne le sentiment du « je » au corps comme à l'intellect, le « je » étant le principe qui possède la soi-conscience et qui s'identifie, par illusion, avec celui des corps dans lequel il déploie le plus activement ses énergies. Pour l'homme sensuel, le « je » c'est le corps physique et le corps du désir; il tire d'eux, sa jouissance et il les considère comme lui-même, car sa vie est en eux. Pour le savant, le « je » est l'intelligence, car c'est dans l'exercice de son intelligence qu'il trouve sa joie, et c'est en elle qu'est concentrée sa vie. Un petit nombre peuvent s'élever jusqu'aux hauteurs abstraites de la philosophie spirituelle, pour sentir comme « je » cet Homme Éternel, dont la mémoire s'étend à travers les vies passées et dont l'espérance embrasse celles qui sont à venir. Les physiologistes nous disent que la douleur d'une coupure au doigt est réellement ressentie, non pas au point où le sang coule, mais dans le cerveau, et que notre imagination la projette ensuite extérieurement vers la partie blessée. La sensation de douleur *dans le doigt* est, disent-ils, une illusion : le phénomène véritable est reporté par l'imagination au point de contact avec l'objet qui occasionne la blessure. C'est ainsi qu'un homme éprouvera de la douleur dans un membre amputé, ou plutôt, dans l'espace que ce membre occupait autrefois. D'une manière analogue, le « je » unique, l'Homme intérieur, éprouve la souffrance ou la joie dans les corps qui l'entourent, aux points de contact avec le monde extérieur; et il considère son enveloppe comme lui-même, ignorant que ce sentiment est une pure illusion, et que lui-même est le seul être qui agisse et recueille de l'expérience dans chaque véhicule.

Considérons maintenant, sous ce jour, les relations entre le mental supérieur et le mental inférieur, et leur action sur le cerveau.

Manas, le Penseur, c'est-à-dire l'intelligence véritable, est unique, et n'est autre que le Soi dans le corps causal. Source d'énergies innombrables, de vibrations infiniment diverses, il les rayonne autour de lui.

Parmi ces vibrations, les plus élevées et les plus subtiles s'expriment dans la matière du corps causal, qui seule est assez délicate pour leur répondre. Elles constituent ce que nous appelons la Raison Pure, dont les pensées sont abstraites, et qui acquiert sa connaissance par la méthode de l'intuition. « Sa nature même est connaissance », et elle reconnaît la vérité à première vue par sa conformité avec elle-même. Les vibrations moins subtiles passent outre, attirant la matière de la région mentale inférieure, et ces vibrations constituent le Manas inférieur, ou mental inférieur. Le mental inférieur est donc constitué par les énergies plus grossières du mental supérieur, s'exprimant dans une matière plus dense. C'est là ce que nous appelons l'intellect, comprenant la raison, le jugement, l'imagination, la comparaison et les autres facultés mentales. Ses pensées sont concrètes, et sa méthode est la logique; il discute, raisonne, déduit. Ces vibrations, agissant à travers la matière astrale sur le cerveau éthérique, et par lui sur le cerveau physique grossier, y donnent naissance à d'autres vibrations, lourdes et lentes reproductions d'elles-mêmes; — lourdes et lentes, parce que les énergies perdent beaucoup de leur activité puisqu'elles doivent mouvoir la matière plus inerte. Cet amortissement de la force, chaque fois qu'une vibration est initiée dans un milieu subtil pour être transmise ensuite à un milieu plus dense, est chose familière pour quiconque a étudié la physique. Frappez un timbre dans l'air, il retentit clairement. Frappez-le dans l'hydrogène, et que les vibrations de l'hydrogène ébranlent à leur tour les ondes atmosphériques, et vous verrez combien le son est amorti. Les opérations du cerveau, en réponse aux chocs rapides et subtils de la pensée, sont également faibles; et malgré cela, elles forment tout ce que l'immense majorité des hommes connaissent en fait « d'état conscient[83] ».

L'importance immense du fonctionnement mental de cette « conscience » physique provient de ce qu'elle est l'unique intermédiaire par où le Penseur puisse récolter la moisson d'expérience, qui le fait croître. Tant qu'elle est gouvernée par les passions, elle vogue à la dérive; et le Penseur, laissé sans nourriture, ne peut se développer. Tant qu'elle est totalement absorbée par des activités mentales relatives au monde extérieur, elle ne peut éveiller que les plus basses énergies du Penseur. Ce n'est qu'au jour où ce dernier peut lui faire sentir le véritable objet de sa vie, qu'elle commence à remplir ses fondions les plus utiles, à recueillir des expériences qui éveillent et nourrissent les énergies plus hautes du Penseur. À mesure que ce dernier se développe, il devient de plus en plus conscient de ses propres pouvoirs inhérents, ainsi que des opérations de ses énergies sur les plans inférieurs, et des corps qu'elles ont rassemblés autour de lui. Il commence enfin à s'efforcer d'influencer ces corps, utilisant sa mémoire du passé afin de guider sa volonté; et il produit alors sur eux des impressions que nous appelons « Conscience[84] » lorsqu'elles se rapportent à la morale, et « éclairs d'intuition » lorsqu'elles illuminent l'intellect. Lorsque ces dernières impressions sont assez fréquentes pour qu'on puisse les considérer comme normales, nous désignons leur ensemble par le terme « génie ».

---

83   *Consciousness.* (Voy. note suivante.) NDT

84   L'anglais possède deux mots correspondant au seul mot français « conscience ». L'un, « *consciousness* », employé un peu plus haut, désigne la conscience au sens d'état conscient (notion que l'on a de son être). L'autre « *conscience* », employé ici, désigne la conscience qui guide la conduite de l'homme moral. Au premier sens, nous trouvons autant de consciences qu'il y a de modes d'activité de l'Égo (conscience physique, astrale, etc.). Au deuxième sens, il n'y a qu'une seule « conscience », influence, plus ou moins vaguement sentie, de l'Égo qui cherche à guider l'activité de ses manifestations inférieures. NDT

L'évolution supérieure du Penseur est marquée par la domination plus complète qu'il exerce sur ses véhicules inférieurs, par leur sensibilité croissante à son influence, et leur contribution toujours plus abondante à son développement. Ceux qui veulent collaborer délibérément à cette évolution peuvent le faire par un entraînement méthodique du mental inférieur et de la nature morale par un effort constant et bien dirigé. L'habitude de la pensée calme, soutenue et conséquente, dirigée vers des objets qui ne sont pas purement extérieurs; l'habitude de la méditation, de l'étude, développe le corps mental et en fait un instrument meilleur. L'effort qui tend à cultiver la pensée abstraite est également utile, car il élève le mental inférieur vers le mental supérieur, et attire à soi les matériaux les plus subtils de sa propre région. Grâce à des méthodes semblables, tout homme peut coopérer activement à l'évolution de son être réel. Chaque progrès accompli accélère les progrès suivants. Aucun effort, pas même le plus petit, n'est perdu chacun produit son plein effet, et toute contribution recueillie et transmise à l'intérieur est mise en réserve dans le trésor du corps causal, pour un usage ultérieur. Ainsi l'évolution, quoique lente et coupée d'arrêts fréquents, marche cependant toujours de l'avant; et dans chaque âme la Vie Divine, qui va s'épanouissant sans cesse, soumet graduellement toutes choses à son empire.

CHAPITRE V

LE DÉVAKHAN

« Dévakhan » est le mot attribué au Ciel dans la nomenclature théosophique. Traduit littéralement, il signifie la Contrée Lumineuse, ou la Contrée des Dieux[85]. C'est une région spécialement protégée du plan mental, d'où la tristesse et le mal sont entièrement exclus par les hautes Intelligences Spirituelles qui président à l'évolution humaine. C'est là que résident, après l'accomplissement de leur séjour en Kâmaloka, les êtres humains dépouillés de leur corps physique et de leur corps astral.

L'existence dévakhanique comprend deux périodes. La première s'écoule dans les quatre subdivisions inférieures du plan mental, où le Penseur conserve son corps mental, et reste conditionné par lui, tant que dure l'assimilation des matériaux rassemblés à l'aide de ce corps pendant la vie terrestre qui vient de s'achever. La deuxième période s'écoule dans le monde « sans forme », où le Penseur, débarrassé de son corps mental, jouit sans entraves de la vie qui lui est propre, dans la pleine mesure de la Soi-conscience et de la connaissance qu'il a atteintes.

La durée totale du séjour en Dévakhan dépend de la quantité de matériaux propres à l'existence dévakhanique, rassemblés par

---

85   Dévasthan, le Séjour des Dieux, est le terme sanscrit équivalent. C'est le Svarga des Indous, le Soukhâvati des Bouddhistes, le Ciel des Zoroastriens et des Chrétiens, ainsi que des moins matérialisés parmi les Musulmans.

l'âme pendant sa vie terrestre. La récolte des fruits destinés à être consommés et assimilés en Dévakhan comprend toutes les pensées et toutes les émotions pures engendrées pendant la vie terrestre, tous les efforts intellectuels et moraux et toutes les aspirations du même ordre, tous les souvenirs de travail utile accompli et de projets formés pour le service de l'humanité ; — en un mot, tout ce qui est susceptible d'être converti en facultés mentales et morales afin d'aider à l'évolution de l'âme. Pas un seul de ces efforts n'est perdu, quelque faible et éphémère qu'il n'ait été. Mais les passions animales égoïstes ne peuvent entrer, car elles ne trouvent point ici de matériaux propres à leur expression. En outre, tout le mal de l'existence passée, alors même qu'il l'emporterait de beaucoup sur le bien, ne pourrait empêcher la pleine récolte de la moisson de bien qui a été semée, quelque maigre qu'elle ait pu être. La pauvreté de la récolte peut rendre la vie céleste très brève ; mais l'homme le plus dépravé, s'il a eu la moindre aspiration au bien, s'il a éprouvé le plus petit mouvement de tendresse, doit avoir, en Dévakhan, une période d'existence où le germe du bien puisse déployer ses tendres pousses, où l'étincelle du bien puisse s'épanouir en minuscule flamme.

Au temps passé, alors que les hommes avaient surtout au cœur le désir du ciel, et organisaient leur vie dans le but d'en goûter les joies, le séjour en Dévakhan était fort long, s'étendant parfois à plusieurs milliers d'années. À l'époque présente, l'esprit humain s'attache avec tant de persistance aux choses terrestres, et si peu de pensées tendent vers la vie d'en haut, que la période dévakhanique est devenue plus brève en proportion. D'une manière analogue, la durée du séjour, dans les régions supérieure et inférieure[86] du plan mental, respectivement, est proportionnelle à la somme de pensée mise en œuvre dans le corps causal et dans le corps mental.

---

86   Séjour désigné par les termes : Dévakhan Roûpa, ou Aroûpa, selon qu'il s'agit des régions Roûpa ou Aroûpa du plan mental.

Toutes les pensées appartenant au « moi » personnel, à la vie qui vient de s'achever, avec ses ambitions, ses intérêts, ses affections, ses espérances et ses craintes; — toutes ces pensées-là s'épanouissent, dans le Dévakhan, là où les formes subsistent encore. Tandis que les pensées qui appartiennent au mental supérieur, aux régions de l'intelligence abstraite, impersonnelle, doivent être vécues et assimilées dans la région dévakhanique « sans forme ». La plupart des hommes ne font qu'entrer dans cette région sublime pour en ressortir immédiatement. Un certain nombre y passent une notable partie de leur existence céleste. Quelques-uns, enfin, y séjournent pendant la presque totalité de cette existence.

Avant d'entrer dans les détails, cherchons à saisir quelques-unes des idées fondamentales qui régissent l'existence dévakhanique; car cette existence diffère à tel point de la vie physique, que toute description risque d'égarer par son étrangeté même. Les hommes se rendent si peu compte de leur vie mentale, même vécue dans le corps physique, qu'en présence d'une description de la vie mentale indépendante du corps physique, ils perdent tout sentiment de la réalité et ont l'impression d'être entrés dans un monde de rêve.

La première idée à saisir, c'est que la vie mentale est infiniment *plus* intense, *plus* active, et *plus* voisine de la réalité que la vie des sens. Tout ce que nous touchons, tout ce que nous entendons, tout ce que nous goûtons, tout ce que nous manions ici-bas est plus irréel de deux degrés que les choses perçues dans le Dévakhan. Même, là, nous ne voyons pas encore les choses telles qu'elles sont; mais il y a deux voiles d'illusion en plus sur tout ce que nous voyons ici-bas.

Notre sentiment de la réalité en ce monde matériel est totalement illusoire. Nous ne connaissons rien des objets, des êtres en eux-mêmes: nous n'en connaissons que les impressions produites par eux sur nos sens, et les conclusions, souvent erronées, que notre raison déduit de l'agrégat de ces impressions. Prenez et mettez côte à côte les idées que se font d'un même homme son père, son ami le plus intime, la jeune fille qui l'adore, son concurrent en affaires, son plus mortel ennemi, et une connaissance de hasard ; et voyez combien ces images sont disparates. Chacun ne peut fournir que l'impression produite sur son propre esprit, et combien ces impressions diffèrent de l'homme réel, vu dans son intégrité par les yeux qui percent tous les voiles ! De chacun de nos amis, nous connaissons l'impression qu'il produit sur nous, et cette impression est strictement limitée par notre faculté de percevoir. Un enfant peut avoir pour père un grand homme d'état aux projets sublimes, aux visées immenses ; mais ce guide des destinées d'une nation n'est pour lui que son plus gai compagnon de jeu, son plus séduisant conteur d'histoires. Nous vivons dans l'illusion, mais nous avons le sentiment de la réalité, et cela suffit à nous contenter. En Dévakhan, nous serons encore entourés d'illusions — plus réelles, néanmoins, de deux degrés, ainsi que nous venons de le dire ; — et là aussi nous aurons un sentiment de réalité qui nous satisfera pleinement.

Les illusions terrestres ne sont donc pas abolies dans le ciel inférieur, bien qu'elles s'y trouvent diminuées, et que le contact des êtres, dans cette région, soit plus réel et plus immédiat. Il ne faut jamais oublier, en effet, que ce ciel fait partie d'un vaste système d'évolution, et que, tant que l'homme n'a pas trouvé son Soi réel, sa propre irréalité le rend sujet aux illusions. Un fait, toutefois, contribue à nous donner le sentiment de la réalité dans la vie présente, et celui d'irréalité lorsque nous étudions le Dévakhan : c'est que nous considérons la vie terrestre du dedans d'elle-même, soumis que nous sommes à toute la puissance de ses illusions, tandis que nous contemplons le Dévakhan de l'extérieur, libres, pour le moment, de son voile de mâyâ.

En Dévakhan, les conditions sont renversées, et ceux qui s'y trouvent sentent que leur vie est seule réelle, et que la vie terrestre n'est qu'un tissu d'illusions et d'aberrations flagrantes. En somme, ils sont moins éloignés de la vérité que ceux qui dénigrent, sur terre, leur céleste séjour.

Remarquons ensuite que le Penseur, revêtu exclusivement de son corps mental dont il peut dès lors utiliser librement les pouvoirs, manifeste la nature créatrice de ces pouvoirs dans une mesure impossible à concevoir ici-bas. Sur terre le peintre, le sculpteur, le musicien, font des rêves d'exquise beauté, créant leurs visions par la puissance de leur pensée ; mais lorsqu'ils cherchent à incarner leur rêve dans les matériaux grossiers de la terre, l'œuvre reste bien au-dessous de la création mentale qu'elle devrait reproduire. Le marbre est trop rigide pour rendre la forme parfaite ; la couleur, trop boueuse pour refléter la parfaite lumière. Mais au ciel, tout ce que l'artiste pense se traduit directement en forme, car la matière délicate et subtile du monde céleste est la substance mentale elle-même, le milieu où travaille normalement l'intelligence pure de toute passion. Et cette matière prend forme au moindre mouvement de la pensée.

Il suit de là qu'en réalité chaque homme crée son propre ciel, et peut accroître indéfiniment la beauté de ce qui l'entoure selon la puissance et la richesse de son intelligence. À mesure que l'âme développe ses pouvoirs, son ciel devient de plus en plus délicat, de plus en plus exquis. Elle-même crée toutes ses limitations, et à mesure qu'elle gagne en profondeur comme en expansion, son ciel aussi devient plus vaste et plus profond. Tant que l'âme est faible et égoïste, étroite et mal développée, la vie céleste participe à son caractère mesquin ; elle représente cependant toujours ce qu'il y a de mieux dans l'âme, quelque médiocre que puisse être ce « mieux ». Mais à mesure que l'homme évolue, sa vie en Dévakhan devient plus pleine, plus riche, plus réelle. Les âmes élevées entrent en rapport plus intime de vie en vie, et leur communion devient sans cesse plus libre et plus profonde. Par contre, une vie terrestre étroite, vaine, insipide, a pour suite, en Dévakhan, une existence relativement étroite, vaine et insipide, les éléments moraux et mentaux y subsistant seuls. Nous ne pouvons *avoir* plus que nous ne *sommes*, et notre récolte est proportionnée à nos semailles. « Ne vous y trompez pas: on ne se moque point de Dieu; car, ce que l'homme aura semé, c'est là aussi, » ni plus, ni moins, « ce qu'il récoltera ». Notre indolence et notre avidité voudraient bien récolter où nous n'avons point semé; mais en cet univers, ce monde de la loi, la Bonne Loi, miséricordieusement juste, apporte à chacun le salaire précis de son travail.

En Dévakhan, nous serons dominés par les impressions mentales, ou les images mentales, que nous formons de nos amis. Autour de chaque âme se pressent ceux qu'elle a aimés sur terre, car l'image d'un être aimé, conservée intacte au fond du cœur, devient un compagnon réel et vivant pour l'âme dans le ciel. Là, point de changements chez ceux que nous aimons. Ils seront pour nous ce qu'ils auront été ici-bas, ni plus ni moins. Par la puissance créatrice de notre Pensée, nous façonnons en substance mentale, dans le Dévakhan, l'apparence extérieure de notre ami, qui seule affectait nos sens ici-bas. Ce qui n'était pour nous sur terre qu'une image mentale subjective devient au ciel une forme objective en substance mentale vivante, résidant dans notre propre atmosphère mentale. En outre, ce qui était terne et vague ici-bas prend un aspect intense et vivant au delà de toute expression. (Notons qu'au fond rien n'est changé, et que ces images mentales étaient tout aussi réelles pendant notre vie terrestre; seulement, nous n'en étions pas conscients.)

Et qu'advient-il alors de la véritable communion, de la communion d'âme à âme? Elle est plus intime, plus proche, plus aimante que tout ce que nous connaissons ici-bas; car, ainsi que nous l'avons vu, il n'y a point de barrières entre les âmes sur le plan mental. La réalité de la communion d'âmes y est proportionnée à la réalité de la *vie* des âmes. L'image mentale de notre ami est notre propre création; sa forme est telle que nous l'avons connue et aimée, et son âme se manifeste à la nôtre, à travers cette forme, selon le degré de sympathie qui existe entre leurs vibrations respectives. Mais nul contact n'est possible avec ceux que nous avons connus sur terre, si nos rapports n'ont été que ceux du corps physique ou du corps astral, ou s'il n'y a pas eu concorde dans la vie intérieure entre eux et nous. C'est pourquoi, dans notre Dévakhan, aucun ennemi ne peut pénétrer, car l'accord sympathique des esprits et des cœurs peut seul y rassembler les hommes. Séparation de cœur et d'intelligence implique séparation dans la vie céleste, car rien d'inférieur au cœur et à l'intelligence n'y peut trouver son expression. Avec ceux qui nous dépassent de loin par leur évolution, nous entrons en contact pour autant que nous sommes à même de les comprendre. D'immenses régions de leur être s'étendent hors de notre portée ; mais tout ce que nous pouvons atteindre est à nous. De plus, ces frères aînés peuvent nous aider, et nous aident effectivement, dans notre vie céleste, sous des conditions que nous étudierons bientôt. Ils nous aident à grandir, à nous élever vers eux, et nous mettent ainsi à même de recevoir de plus en plus. Il n'y a donc pas au ciel séparation de temps ni d'espace, mais il y a séparation par manque d'accord entre les esprits et les cœurs.

Nous vivons donc, au ciel, avec tous ceux que nous aimons et avec tous ceux que nous admirons ; et le degré de notre communion avec eux est déterminé par les limites de notre capacité, — ou de la leur, si nous sommes plus avancés qu'eux. Nous les retrouvons sous les formes que nous avons aimées sur terre, et avec le souvenir parfait de nos rapports terrestres ; car le ciel est la floraison de tout ce qui n'a pu éclore sur terre, et les amours entravées et débiles de cette vie s'y épanouissent en force et en beauté. La communion étant directe, nul malentendu de parole ou de pensée ne peut naître. Chacun voit la pensée que crée son ami, ou du moins tout ce qui, dans cette pensée, lui est accessible.

Le Dévakhan, le monde céleste, est un séjour de félicité, de joie ineffable. Mais il est aussi bien plus que cela, bien plus qu'un simple repos pour le pèlerin fatigué. Car c'est en Dévakhan que se produit l'élaboration, l'assimilation de tout ce qui a une réelle valeur dans les expériences vécues par le Penseur pendant sa vie écoulée.

Toutes ces expériences sont longuement méditées, et transformées graduellement en facultés mentales et morales, en pouvoirs désormais acquis, avec lesquels l'homme reviendra sur terre lors de sa prochaine incarnation. Il n'assimile pas en son corps mental le souvenir même du passé, car le corps mental se dispersera quand son heure sera venue. Le souvenir du passé ne subsiste que pour le Penseur lui-même, qui a traversé ce passé et survit immortel. Mais ces faits d'expérience passée sont transmués en aptitudes mentales ; en sorte que si un homme a étudié profondément une question, l'effet de son travail sera la création d'une faculté spéciale, lui permettant d'approfondir sans effort cette question dès qu'elle se présentera à lui dans une incarnation future. Il naîtra avec des aptitudes spéciales pour ce genre d'études, et sera certain d'y réussir facilement. Tout ce que l'homme a pensé sur terre est ainsi utilisé en Dévakhan : chaque aspiration est transformée en pouvoir, tous les efforts stériles deviennent des facultés et des aptitudes. Les luttes et les défaites sont les matériaux qui servent à forger des instruments de victoire ; les souffrances et les erreurs sont comme de brillants et précieux métaux qui seront façonnés en volontés sages et justes. Les projets de bienfaisance qui ont échoué faute de pouvoir et d'habileté sont élaborés par la pensée en Dévakhan, exécutés, pour ainsi dire, détail par détail ; et le pouvoir et l'habileté nécessaires sont développés sous forme de facultés de l'intelligence. Ces facultés seront utilisées dans une vie future sur terre, où le travailleur sincère renaîtra génie, où le fidèle dévoué renaîtra saint. La vie céleste n'est donc pas un simple rêve, un paradis oriental de paresse et d'abandon. C'est un état où l'intelligence et le cœur se développent, libérés de la matière grossière et des soucis triviaux d'ici-bas, où sont forgées nos armes pour les rudes combats de la terre, où notre progrès futur est assuré.

Lorsque le Penseur, dans son corps mental, a absorbé tous les fruits de sa vie terrestre dus à l'activité de ce corps, il le rejette pour vivre sans entraves dans son propre séjour. Toutes les facultés mentales qui trouvaient leur expression sur les niveaux inférieurs du plan mental sont ramenées à l'intérieur du corps causal (ainsi que les germes de la vie passionnelle, qui furent absorbés dans le corps mental lorsque celui-ci abandonna la coque astrale à sa dissolution en Kâmaloka). Toutes ces énergies mentales et passionnelles s'éclipsent pour un temps dans le corps causal, forces latentes faute de matière où elles puissent se manifester[87]. Le corps mental, le dernier des vêtements temporaires de l'homme véritable, se désagrège alors; et ses matériaux retournent à l'océan commun de la matière mentale d'où ils furent tirés lors de la dernière descente du Penseur en incarnation. Ainsi le corps causal subsiste seul, réceptacle et trésor de tout ce qui a été assimilé de la vie passée. Le Penseur a accompli un cycle de son long pèlerinage, et se repose pour un temps dans sa contrée natale.

À ce moment, son état conscient dépend entièrement du degré d'évolution qu'il a atteint. Dans les premiers stades de sa vie, le Penseur ne peut que dormir, inconscient, lorsqu'il a perdu les corps qui lui servaient de véhicules sur les plans inférieurs. Sa vie palpite doucement en lui, assimilant les quelques résultats, presque insignifiants, de son existence terrestre, qui sont capables d'entrer dans sa substance; et il n'a pas conscience de ce qui l'entoure. Mais à mesure qu'il se développe, cette période de sa vie devient de plus en plus importante, et occupe une plus large part de son existence céleste. Il devient soi-conscient, et, par-là, conscient de ce qui l'entoure, du non-soi; et sa mémoire déroule devant lui le panorama de sa vie qui s'étend, au loin, à travers les âges passés. Il voit les causes qui ont produit leurs effets dans sa dernière exis-

---

87   L'étudiant réfléchi pourra trouver ici une suggestion féconde relative au problème de la continuité de la conscience après l'accomplissement du cycle de l'univers. Qu'il mette Ishvara (le Logos) à la place du Penseur, et que les facultés, fruits d'une existence, soient remplacées par les âmes humaines, fruits d'un univers : l'étudiant pourra entrevoir alors quelle est la condition indispensable à la continuité de l'état conscient pendant l'intervalle qui sépare deux univers.

tence terrestre, et il étudie les causes nouvelles qu'il a engendrées dans cette dernière incarnation. Il absorbe et assimile en la texture du corps causal tout ce qu'il y a de plus noble et de plus sublime dans le chapitre de son existence qui vient d'être achevé ; et, par son activité intérieure, il développe et coordonne les matériaux qui le composent. Il entre en contact direct avec de grandes âmes, qu'elles soient à ce moment incarnées ou non ; et dans sa communion avec elles, il reçoit les enseignements de leur sagesse plus mure et de leur longue expérience. Chaque vie céleste successive est plus riche et plus profonde. À mesure que la puissance réceptive du Penseur se développe, le savoir entre en lui à flots plus riches. De plus en plus pleinement, il apprend à comprendre les opérations de la Loi et les conditions du progrès évolutif. Il retourne chaque fois à la vie terrestre avec un savoir plus grand, un pouvoir plus effectif, une vision plus claire du but de la vie et un discernement plus net du sentier qui y mène.

Pour chaque Penseur, quelque peu évolué qu'il puisse être, il vient un moment de claire vision lorsqu'arrive le temps de son retour à la vie des mondes inférieurs. Pendant un instant il voit son passé avec les causes qu'il renferme, grosses de l'avenir ; et le plan général de son incarnation prochaine se déroule devant lui. Puis, les nuées de la matière inférieure surgissent autour de lui, et sa vision se perd dans les ténèbres. Le cycle d'une incarnation nouvelle commence ; les pouvoirs du mental inférieur s'éveillent, et leurs vibrations rassemblent les matériaux de la région correspondante pour la formation du corps mental, premier stade du cycle nouveau. Mais ces quelques indications doivent suffire ici, car cette partie du sujet sera traitée spécialement dans les chapitres consacrés à la réincarnation.

Nous avons quitté l'âme endormie[88], dépouillée des derniers débris de son corps astral, et prête à passer du Kâmaloka en

---

88   Voir Chap. III, Kâmaloka.

Dévakhan, du purgatoire au ciel. La conscience endormie s'éveille à un sentiment de joie ineffable, d'incommensurable félicité, de paix qui surpasse toute compréhension. Les mélodies les plus douces chantent autour d'elle, les nuances les plus tendres charment sa vision naissante ; l'atmosphère même semble musique et couleur, et l'être tout entier est comme inondé de lumière et d'harmonie. Puis, à travers la brume d'or, apparaissent, doucement souriantes, les figures aimées sur terre, idéalisées en la beauté qui exprime leurs émotions les plus nobles, les plus sublimes, sans une seule trace des soucis et des passions des mondes inférieurs. Qui pourra dire la félicité de ce réveil, la gloire de cette première aurore de l'existence céleste ?...

Nous allons maintenant étudier en détail les conditions qui distinguent entre elles les sept subdivisions du Dévakhan. Rappelons-nous que, dans les quatre subdivisions inférieures, nous sommes dans un monde de formes ; bien plus, dans un monde où toute pensée se présente immédiatement comme forme. Ce monde « formel » appartient à la personnalité, et chaque âme s'y trouve par conséquent entourée de tous les éléments de sa vie passée qui ont pénétré dans son intelligence et peuvent être exprimés en pure substance mentale.

La première région, la plus basse, est le ciel des âmes les moins évoluées, dont la plus haute émotion sur terre fut un amour étroit, sincère et parfois désintéressé, pour leur famille et leurs amis. Il peut encore se faire qu'ils aient éprouvé quelque admiration aimante pour une personne plus pure et meilleure qu'eux-mêmes, rencontrée sur terre ; ou qu'ils aient ressenti quelque désir de mener une vie plus haute, ou quelque aspiration à l'expansion mentale et morale. Il n'y a guère encore chez eux de matériaux pouvant servir à édifier des facultés, et leur vie est en progression fort lente. Leurs affections de famille seront nourries et un peu élargies, et ils renaîtront après un temps avec une nature émotionnelle quelque peu améliorée, et avec une tendance un peu plus accentuée à reconnaître un idéal supérieur et à agir en conséquence. Entre temps, ils jouissent de tout le bonheur qu'ils peuvent contenir. Leur coupe est étroite, mais elle est remplie de félicité jusqu'aux bords, et leur joie céleste atteint tout ce qu'ils sont capables de concevoir. La pureté de cette existence, son harmonie, agissent sur leurs facultés embryonnaires, qu'elles sollicitent doucement à l'activité ; et les premiers tressaillements intérieurs commencent à se faire sentir, prédécesseurs indispensables de toute éclosion manifeste.

Le degré suivant de la vie dévakhanique comprend les fidèles de toute religion, dont le cœur, pendant leur vie terrestre, s'est tourné avec dévotion et amour vers Dieu, quel que soit le nom, quelle que soit la forme qu'ils lui aient donné. Cette forme peut avoir été étroite, mais leur cœur s'est élevé par l'aspiration, et il retrouve ici l'objet de son culte et de son amour. L'Être Divin les attend, tel qu'ils l'ont conçu sur terre, mais revêtu de la gloire radieuse de la substance du Dévakhan, plus beau, plus divin que n'avaient pu le figurer leurs rêves les plus exaltés. L'Être Divin Se limite Lui-même pour être à la portée de Son adorateur. Quelle que soit la forme sous laquelle Il ait été aimé et adoré, c'est sous cette forme même qu'il Se montre aux regards avides du bienheureux, dont le cœur est inondé de douceur par la réponse de l'amour divin. Ici, les âmes sont abîmées dans l'extase religieuse, adorant l'Unique sous les formes que leur piété préféra sur terre, perdues dans le ravissement de la dévotion, en communion avec l'Objet adoré. Dans le séjour céleste, aucun dévot ne se trouve dépaysé, car l'Être Divin se voile toujours sous la forme familière à chacun. Au soleil de cette communion, les âmes croissent en pureté et en dévotion, et lorsqu'elles retournent à la terre, ces qualités se retrouvent largement accrues. Il ne faut pas non plus s'imaginer que toute leur existence céleste s'écoule en cette dévote extase, ils ont d'amples occasions de mûrir toutes les autres qualités du cœur et de l'intelligence qu'ils possèdent.

Passant à la troisième région, nous y trouvons les êtres nobles et sincères qui furent des serviteurs dévoués de l'humanité sur terre et dépensèrent généreusement leur amour pour Dieu sous forme de travail pour l'homme. Ils récoltent le fruit de leurs bonnes œuvres, et développent en même temps leur pouvoir de rendre service et la sagesse avec laquelle ce pouvoir sera utilisé. Des projets d'une bienfaisance élargie se déroulent dans la pensée du philanthrope. Semblable à un architecte, il trace les plans de l'édifice futur qu'il construira à son retour sur terre; il mûrit les desseins qu'il exécutera un jour. Semblable à un Dieu créateur, il conçoit à l'avance un monde de bienfaisance, qui sera manifesté dans la matière grossière de ce bas monde lorsque les temps seront mûrs. Ceux-là seront les grands philanthropes de la terre aux siècles futurs, et s'incarneront avec des dons innés d'amour désintéressé et de puissance réalisatrice.

De tous les cieux, le quatrième est probablement celui qui montre le caractère le plus varié; car c'est ici que s'épanouissent les pouvoirs des âmes les plus avancées, pour autant qu'ils peuvent être exprimés dans le monde des formes. C'est ici qu'on trouve les rois de l'art et des lettres, exerçant tous leurs pouvoirs de forme, de couleur, d'harmonie, édifiant des facultés plus grandes avec lesquelles ils naîtront à leur retour sur terre. Les plus puissants génies musicaux que la terre ait portés déversent des torrents d'harmonie noble et belle au-delà de toute description, et le génie d'un Beethoven, qui désormais n'est plus sourd, rend le ciel même plus harmonieux en arrachant à des sphères plus hautes d'ineffables mélodies qu'il fait retentir, vibrantes, à travers les demeures célestes.

Nous trouvons encore ici les Maîtres de la peinture et de la sculpture, apprenant à connaître des couleurs nouvelles, des lignes d'une harmonie non encore rêvée. Il y en a d'autres, aussi, qui ont échoué malgré de grandes aspirations, et qui sont occupés à transmuer leurs désirs en pouvoirs, leurs rêves en facultés dont ils seront Maîtres dans une autre vie. Les vrais savants, explorateurs de la nature, sont également ici, et ils apprennent les secrets des choses. Devant leurs yeux, des systèmes de mondes se déroulent avec tout leur mécanisme caché, avec la trame infiniment délicate et complexe des lois qui régissent leurs transformations. Ceux-là retourneront sur terre avec des intuitions certaines sur les voies mystérieuses de la nature, et ils seront les auteurs des grandes « découvertes » à venir.

On trouve encore dans ce quatrième ciel des étudiants d'une sagesse plus profonde, néophytes zélés et respectueux qui ont cherché les Instructeurs de la race, qui ont ardemment voulu trouver un Maître, et ont médité avec patience les enseignements de l'un quelconque des grands Maîtres spirituels de l'humanité. C'est ici que leurs aspirations se réalisent, et qu'ils sont instruits par Ceux qu'ils avaient cru chercher en vain. Leurs âmes boivent avidement la sagesse céleste, et, assises aux pieds du Maître, elles croissent et progressent à grands pas. Ceux-là renaîtront sur terre pour instruire et éclairer : ils viendront au monde marqués du sceau de leur fonction sublime d'instructeurs de l'humanité.

Bien des étudiants sur terre, ignorants de ces opérations plus subtiles, se préparent une place dans le quatrième ciel, tandis qu'ils méditent avec une réelle dévotion les pages de quelque Maître génial, les enseignements de quelque âme élevée. Ils forment à leur insu un lien entre eux-mêmes et le Maître qu'ils aiment et vénèrent; et dans le monde céleste, ce lien de l'âme se manifestera, attirant vers une mutuelle communion les âmes qu'il relie entre elles. Semblables au soleil, qui fait pénétrer simultanément ses rayons dans un grand nombre de chambres, chaque chambre étant éclairée selon sa totale capacité de recevoir, ces grandes âmes du monde céleste baignent de leur rayonnement des centaines d'images mentales d'elles-mêmes, créées par leurs fidèles disciples. Ces images sont donc pleines de vie, animées de l'essence même de l'être qu'elles représentent, en sorte que chaque étudiant a son Maître pour instructeur, sans pouvoir néanmoins l'accaparer aux dépens des autres.

L'homme réside donc aux cieux « formels » pendant une période déterminée par l'abondance des matériaux recueillis sur terre. Tout ce que la dernière vie personnelle a pu récolter de bien trouve ici son plein épanouissement, son entière réalisation jusqu'aux moindres détails. Puis, ainsi que nous l'avons vu, lorsque tout est épuisé, lorsque la dernière goutte du calice de joie a été bue, lorsque la dernière miette du céleste festin a été consommée, tout ce qui a été transmué en faculté, tout ce qui possède une valeur permanente est absorbé à l'intérieur du corps causal, et le Penseur se dépouille des derniers débris de ce corps mental au moyen duquel il a manifesté ses énergies dans les régions inférieures du monde céleste. Dépouillé du corps mental, il reste dans son propre monde afin d'assimiler tous les éléments de sa récolte qui peuvent trouver dans cette région élevée des matériaux propres à leur expression.

Les âmes ordinaires, en nombre immense, ne font pour ainsi dire que toucher un instant au niveau le plus bas du monde « sans forme ». Elles doivent s'y réfugier momentanément puisque tous leurs véhicules inférieurs se sont dispersés. Mais elles sont dans un état tellement embryonnaire, qu'elles n'ont encore aucun pouvoir actif capable de fonctionner indépendamment dans cette région. Ces âmes deviennent donc inconscientes dès que le corps mental est abandonné à la dissolution. Puis, pour un instant, leur conscience est ranimée. Comme un éclair, le souvenir illumine leur passé, et ils en voient les causes saillantes. Une lueur de prévision, également brève, illumine leur avenir, et ils voient les effets qui vont se réaliser dans l'existence prochaine. Telle est l'unique expérience du monde « sans forme » dévolue au plus grand nombre. Car ici, comme partout ailleurs, la moisson est proportionnée aux semailles, et lorsqu'on n'a rien semé pour cette région sublime, comment peut-on s'attendre à y faire une récolte ?

Mais beaucoup d'autres âmes ont semé pendant leur vie terrestre, par des pensées profondes et une noble conduite, bien des graines dont la récolte appartient à cette cinquième région céleste. Grande est maintenant leur récompense pour s'être ainsi élevées au-dessus de la servitude de la chair et des passions. Elles commencent à sentir la vie réelle de l'homme, l'existence sublime de l'âme elle-même, dépouillée des vêtements qui appartiennent aux mondes inférieurs. Elles apprennent des vérités par vision directe, et voient les causes fondamentales dont tous les objets concrets ne sont que les effets. Elles étudient les unités sous-jacentes, dont la présence est masquée, dans les mondes inférieurs, par la variété trompeuse des détails apparents. Elles obtiennent ainsi une connaissance profonde de la Loi, et apprennent à reconnaître ses opérations immuables, sous les phénomènes qui semblent les plus disparates. Voilà comment se gravent dans le corps qui subsiste, indestructible, des convictions fermes et inébranlables, qui se révèleront dans la vie terrestre comme des certitudes profondes et intuitives de l'âme, au-dessus et au delà de tout raisonnement. C'est encore ici que l'homme étudie son propre passé, démêlant avec soin le faisceau complexe des causes qu'il a engendrées. Il note leurs mutuelles réactions, les forces résultantes qui en procèdent, et il voit en partie quels seront leurs effets dans les existences que l'avenir lui réserve.

Dans le sixième ciel, nous trouvons des âmes plus avancées, qui, pendant leur vie terrestre, n'ont éprouvé que peu d'attrait pour les choses qui passent, et dont toutes les énergies ont été consacrées à la vie supérieure, intellectuelle et morale. Pour elles, le passé n'a point de voiles, leur souvenir est parfait et ininterrompu; et elles préparent la mise en œuvre, dans leur vie prochaine, d'énergies destinées à neutraliser un grand nombre de forces retardatrices, et à renforcer celles qui travaillent pour le bien. Cette claire mémoire leur permet de prendre des déterminations précises et énergiques au sujet de ce qui est à faire et de ce qui doit être évité. Et elles pourront faire sentir ces décisions à leurs véhicules inférieurs dans l'existence qui se prépare, rendant impossibles certaines fautes incompatibles avec cette nature intime que l'être sent en lui ; et rendant par contre inévitables certaines vertus qui répondent aux exigences irrésistibles d'une voix intérieure qui ne tolère aucune contradiction. Ces âmes-là viennent au monde avec de hautes et nobles qualités qui font qu'une existence vulgaire est impossible, et marquent l'enfant, dès le berceau, comme un des pionniers de la race.

L'homme qui a atteint ce sixième ciel voit se dérouler devant lui les immenses trésors de l'Intelligence Divine dans son activité créatrice ; et il peut étudier les archétypes de toutes les formes qui sont en voie d'évolution graduelle dans les mondes inférieurs. Il peut se baigner dans l'insondable océan de la Sagesse Divine, et démêler les problèmes qui se rapportent à la mise en œuvre progressive de ces archétypes, comprenant enfin ce bien partiel qui semble être un mal aux yeux des hommes, emprisonnés dans la chair. Dans cet horizon agrandi, les phénomènes reprennent leur juste valeur relative, et l'homme voit ici la justification des « voies du Seigneur », qui cessent d'être pour lui « insondables », en tant qu'elles se rapportent, du moins, à l'évolution de nos mondes inférieurs. Les questions qu'il s'est vainement posées sur terre, dont les réponses ont toujours échappé à son intelligence avide, sont ici résolues par une intuition qui perce tous les voiles du phénomène pour voir directement les anneaux cachés de la chaîne ininterrompue des causes. Ici encore, l'âme jouit de la présence immédiate et de la pleine communion des grandes âmes qui ont accompli leur évolution dans notre humanité. Libérée des entraves qui font « le passé » d'ici-bas, elle goûte « l'éternel présent » d'une vie immortelle et continue. Ceux que nous appelons ici-bas « les morts illustres » sont là-haut les vivants glorieux, et l'âme enivrée de leur présence, toute vibrante au contact de leur harmonie puissante, s'épanouit de plus en plus semblable à eux.

Plus sublime, plus admirable encore, brille le septième ciel — patrie intellectuelle des Maîtres et des Initiés. Nulle Âme ne peut y résider si elle n'a franchi sur terre la porte étroite de l'Initiation, la porte « qui conduit à la vie » éternelle[89]. Ce monde est la source des plus puissantes impulsions intellectuelles et morales qui se répandent sur la terre ; de lui sont déversées, en courants réparateurs, les plus sublimes énergies. La vie intellectuelle du monde a sa racine en lui, c'est de lui que le génie reçoit ses plus pures inspirations. Pour les âmes qui ont là leur demeure, peu importe qu'elles soient, ou non, rattachées à des véhicules inférieurs. Leur soi-conscience sublime n'est jamais interrompue, pas plus que leur communion avec ceux qui les entourent. Lorsqu'ils sont « incarnés », ils peuvent communiquer cette conscience à leurs véhicules inférieurs en proportion plus ou moins grande, selon qu'ils le jugent bon : libre à eux de donner ou de retenir. De plus en plus, leurs déterminations sont guidées par la volonté des Grands Êtres, identifiée avec celle du Logos, avec la Volonté qui veut sans cesse le plus grand bien des mondes. Car, ici, les derniers vestiges de la séparativité[90] sont en voie d'élimination chez tous ceux qui n'ont pas atteint l'émancipation finale, — c'est-à-dire qui ne sont pas encore Maîtres ; — et à mesure que ces vestiges disparaissent, la volonté humaine s'harmonise de plus en plus avec la Volonté qui guide l'univers.

Voilà donc une esquisse des sept zones célestes, dans l'une ou l'autre desquelles l'homme passe à son heure, après « le changement que nous appelons : la mort ». Car la mort n'est qu'un changement qui donne à l'âme une libération partielle, la délivrance de ses chaînes les plus lourdes. Elle n'est qu'une naissance à une vie

---

89   Voir Chap. XI, L'Ascension humaine. L'Initié est sorti de la voie ordinaire de l'évolution, et il marche vers la perfection humaine par un sentier plus court et plus ardu.

90   Ahamkâra, le principe donnant naissance au « Je », principe nécessaire à l'évolution de la soi-conscience mais qui doit être éliminé lorsque son œuvre est achevée.

plus large, un retour de l'âme à sa patrie réelle après un bref exil sur terre, un passage de la prison d'ici-bas à la libre atmosphère d'en haut. La mort est la plus grande des illusions terrestres. Il n'y a point de mort : il n'y a que des changements dans les conditions de la vie. La vie est continue, sans rupture, sans possibilité de rupture. « Sans naissance, éternelle, immémoriale, constante », elle ne périt pas lorsque meurent les corps dont elle s'est revêtue. Autant croire que les cieux s'effondrent lorsqu'on brise un vase d'argile, que de croire à la mort de l'âme lorsque le corps tombe en poussière[91].

*
**

Les plans physique, astral et mental forment « les trois mondes » à travers lesquels s'accomplit le pèlerinage de l'âme, mainte et mainte fois répété. C'est dans les trois mondes que tourne la roue de l'existence humaine ; et les âmes, liées à cette roue à travers toute leur évolution, sont portées par elle dans chaque monde tour à tour.

Nous sommes maintenant à même de suivre en son entier l'un des nombreux cycles de vie de l'âme, cycles dont l'ensemble constitue son existence totale. Nous pourrons aussi discerner clairement la différence entre la personnalité et l'individualité.

Lorsque son séjour dans le monde « sans forme » du Dévakhan est achevé, l'âme commence un nouveau cycle de vie en émettant les énergies qui fonctionnent dans la région formelle du plan mental (ces énergies n'étant d'ailleurs elles-mêmes que les résultantes des cycles de vie antérieurs). Ces forces, en s'extériorisant, agissent progressivement sur les quatre régions mentales inférieures, et rassemblent autour d'elles les matériaux qui conviennent à leur expression. Ainsi se forme le nouveau corps mental pour la naissance prochaine. La vibration de ces énergies mentales éveille les éner-

---

91   Comparaison tirée du *Bhagavad Pourâna*.

gies qui appartiennent à la nature du désir. Ces énergies Kâmiques, entrant en vibration, agissent sur le monde astral, et s'entourent de matériaux astraux propres à leur expression, formant ainsi le nouveau corps astral de l'homme pour l'incarnation qui se prépare. Voilà comment le Penseur se revêt de ses enveloppes mentale et astrale, qui expriment exactement les facultés acquises pendant les stades antérieurs de son existence. Il est ensuite attiré, par des forces qui seront étudiées plus tard[92], vers la famille qui doit lui fournir l'enveloppe physique appropriée ; et il entre en rapport avec cette enveloppe par l'intermédiaire de son corps astral. Pendant l'existence prénatale, le corps mental tend à se solidariser graduellement avec les véhicules inférieurs, et dans les premières années d'enfance cette union devient de plus en plus étroite, jusqu'à ce que, vers la septième année, les véhicules inférieurs soient aussi intimement en rapport avec le Penseur que son degré d'évolution le permet. Le Penseur commence alors, s'il est assez développé, à influencer légèrement ses véhicules, et sa voix qui nous avertit est ce que nous appelons notre conscience. Dans tous les cas, il acquiert de l'expérience par l'intermédiaire de ces véhicules, et pendant la durée de sa vie terrestre, il met en réserve l'expérience recueillie dans le véhicule approprié, dans le corps correspondant au plan auquel l'expérience appartient.

Lorsque la vie terrestre est achevée, le corps physique est perdu, et, avec lui, le pouvoir d'entrer en rapport avec le monde physique. Les énergies du Penseur sont donc limitées aux plans astral et mental. À son tour le corps astral se décompose, et l'expansion vitale du Penseur est réduite au plan mental, les facultés astrales ayant été absorbées et mises en réserve dans le corps causal sous forme d'énergies latentes. Enfin le corps mental se désagrège à son heure, lorsqu'il a achevé son travail d'assimilation. Ses énergies, à leur tour, sont devenues latentes, absorbées par le Penseur

---

92   Voir Chap. VII, La Réincarnation.

qui retire dès lors totalement sa vie dans le monde céleste « sans forme », véritable patrie de l'âme humaine. De là, après avoir transmué en facultés et en pouvoirs, contenus en lui-même et dont il est le Maître, toutes les expériences de son cycle de vie dans les trois mondes, le Penseur, devenu plus riche en savoir et en pouvoir, se met en route pour le pèlerinage d'un cycle nouveau.

La personnalité se compose des véhicules temporaires à travers lesquels le Penseur agit dans les mondes physique, astral, et mental inférieur, et de toutes les activités qui s'y rapportent. Ces activités sont reliées entre elles par la mémoire, qui provient de la permanence des impressions faites sur les corps inférieurs ; et le « je » personnel naît de l'identification spontanée du Penseur avec ses véhicules. Dans les stades inférieurs de l'évolution, ce « je » se trouve localisé dans les véhicules physique et passionnel, où la plus grande activité se manifeste. Plus tard, il passe dans le véhicule mental, qui acquiert dès lors la prédominance. La personnalité temporaire, avec ses sentiments, ses désirs, ses passions, forme de la sorte une entité quasi-indépendante, bien qu'elle tire toutes ses énergies du Penseur qu'elle enveloppe. Et comme ses tendances, qui appartiennent au monde inférieur, sont souvent en opposition directe avec les intérêts permanents de « Celui qui réside dans le corps », une lutte s'engage, où la victoire échoit tantôt au plaisir temporaire, tantôt au gain permanent. La vie d'une personnalité commence lorsque le Penseur forme son nouveau corps mental, et elle persiste jusqu'à la dissolution de ce corps mental à la fin de son séjour dans la région formelle du Dévakhan.

L'individualité, c'est le Penseur lui-même, l'arbre immortel dont les personnalités sont comme le feuillage, renouvelé périodiquement pour vivre à travers le printemps, l'été, l'automne de l'âme humaine. Tout ce que les feuilles absorbent et assimilent enrichit la sève qui coule dans leurs vaisseaux ; et quand vient l'automne, cette sève se retire dans le tronc générateur, et la feuille sèche tombe et meurt. Le Penseur seul vit à tout jamais. Il est l'homme pour qui

« l'heure ne sonne jamais », l'éternel adolescent qui, selon la parole de la *Bhagavad Gita* prend ses corps et les quitte ensuite comme des vêtements anciens qu'on dépouille pour en revêtir de nouveaux. Chaque personnalité est un rôle nouveau pour l'immortel Acteur, qui rentre en scène à mainte et mainte reprise. Mais, en ce drame de vie, chacun des personnages qu'il incarne est l'enfant de ceux qui l'ont précédé et le père de ceux qui vont suivre, en sorte que le drame de vie est une histoire continue, l'histoire même de l'Acteur qui joue les rôles successifs.

La vie du Penseur se renferme dans les trois mondes que nous venons d'étudier, tant qu'il parcourt les stades élémentaires de l'évolution. Un temps viendra où cette évolution se poursuivra en des régions plus hautes, un temps où la réincarnation sera chose du passé. Mais tant que tourne la roue des naissances et des morts, et que l'homme y reste lié par ses désirs qui l'attachent aux trois mondes, sa vie ne peut franchir les bornes de cette triple région.

Nous pouvons maintenant diriger nos regards vers les royaumes qui s'étendent par de là les trois mondes, bien qu'il ne soit guère possible d'en donner une conception utile ou même intelligible. Cependant, les quelques mots qu'on en peut dire sont indispensables ; car, sans eux, notre esquisse de la Sagesse Antique resterait incomplète.

CHAPITRE VI

LES PLANS BOUDDHIQUE ET NIRVANIQUE

Nous avons vu que l'homme est un être intelligent et doué de soi-conscience, « le Penseur », revêtu d'enveloppes ou de corps appartenant aux plans mental inférieur, astral et physique. Il nous reste à étudier maintenant l'Esprit qui est son « Soi » le plus intime, la source de laquelle il procède.

Cet Esprit Divin, rayon émané du LOGOS et participant à son Être essentiel, possède la triple nature du LOGOS lui-même. Et l'évolution de l'homme en tant qu'homme consiste en la manifestation graduelle de ces trois aspects qui se développent de l'état latent à l'état actif, répétant en miniature dans l'homme l'évolution de l'univers même. C'est pourquoi l'homme est appelé *microcosme*, l'univers étant le *macrocosme*. C'est pourquoi il est encore appelé le miroir de l'univers, l'image ou le reflet de Dieu[93]. Enfin l'axiome antique : « ce qui est en haut est analogue à ce qui est en bas », exprime la même correspondance. La présence de cette Divinité enveloppée garantit seule le triomphe final de l'homme. Elle est le ressort caché, la puissance motrice qui rend l'évolution en même temps possible et inévitable, la force ascensionnelle qui surmonte lentement tous les obstacles et toutes les difficultés. Elle est la Présence que Matthew Arnold pressentait vaguement lorsqu'il

---

93   « Faisons l'homme à notre image, selon notre ressemblance. » (*Genèse*, I, 26.)

parlait de « cette Puissance qui, en dehors de nous-mêmes, tend vers la perfection ». Mais il se trompait en disant : « ... en dehors de nous-mêmes... », car Elle est en vérité le plus intime « Soi » de tous, — non pas notre « moi » séparé, mais notre « Soi »[94].

Ce « Soi » est l'Unique, c'est pourquoi on le nomme la Monade[95] et il faudra nous rappeler que cette Monade est le souffle vital du LOGOS, contenant en lui-même, germinalement ou à l'état latent, toutes les puissances et tous les attributs divins. Ces puissances sont amenées à se manifester par les chocs provenant du contact avec les objets de l'univers dans lequel la Monade est projetée. Le frottement engendré sollicite en réponse les vibrations de la vie soumise à cette excitation ; et les énergies de cette vie passent, une à une, de l'état latent à l'état actif. La Monade humaine (ainsi nommée afin de la distinguer) présente, comme nous l'avons vu, les trois aspects de l'Être Divin, car elle est l'image parfaite de Dieu ; et dans le cycle d'évolution humaine, ces trois aspects se développent successivement. Ces aspects sont les trois grands attributs de la Vie Divine manifestée dans l'univers : l'*être*, la *béatitude* et l'*intelligence*[96]. Les trois LOGOS manifestent respectivement ces attributs avec toute la perfection que comportent les limites de la manifestation. Chez l'homme, ces aspects se développent dans l'ordre inverse : l'intelligence, la béatitude et l'être, « l'être » impliquant la manifestation des pouvoirs divins.

---

94   Atmâ, le reflet de Paramâtmâ. (Paramâtmâ désigne l'aspect universel du Soi ; Atmâ, son aspect individuel suprême. Sous ces deux aspects, l'Identité subsiste. NDT)

95   On le nomme la Monade, soit qu'il s'agisse de la Monade de l'esprit-matière, Atmâ, ou de la Monade de la forme, Atmâ-Bouddhi, ou de la Monade humaine, Atmâ-Bouddhi-Manas. Dans les trois cas elle reste unité et joue rôle d'unité, que cette unité ait un, deux ou trois aspects.

96   Satchitânanda est fréquemment usité dans les Écritures indoues comme nom abstrait de Brahman, les trois personnes de la Trimoûrti étant les manifestations concrètes de cette triplicité d'attributs.

Jusqu'à présent, dans notre étude de l'évolution humaine, nous avons observé le développement du troisième aspect de la Divinité cachée, le développement de la conscience en tant qu'intelligence. Manas, le Penseur, l'âme humaine, est l'image de l'intelligence universelle, du troisième Logos ; et tout ce long pèlerinage sur les trois plans inférieurs est consacré à l'évolution de ce troisième aspect, le côté intellectuel de la nature divine dans l'homme. Tant que dure cette évolution, nous pouvons considérer les autres énergies divines comme étant, pour ainsi parler, en état d'incubation au-dessus de l'être humain ; elles ne développent pas encore activement leurs forces en lui. Elles sont repliées sur elles-mêmes, non-manifestées. Néanmoins la préparation de ces forces, antérieure à leur manifestation, se poursuit lentement. Elles sont graduellement éveillées de ce sommeil de la non-manifestation, que nous appelons l'état latent, par l'énergie toujours croissante des vibrations de l'intelligence. L'aspect béatifique du Soi commence dès lors à émettre ses premières vibrations, les palpitations naissantes de sa vie manifestée se font vaguement sentir. Cet aspect béatifique est appelé Bouddhi dans la nomenclature théosophique. Ce nom est dérivé du terme sanscrit qui signifie « sagesse », et le principe ainsi désigné appartient au quatrième plan de l'univers, le plan bouddhique, où la dualité subsiste encore, mais où il n'y a plus de séparation. Je cherche en vain des mots pour exprimer cette idée, car les mots appartiennent aux plans inférieurs, où dualité et séparation vont toujours ensemble. Néanmoins on peut en former une conception approximative. C'est un état où chacun est lui-même, avec une netteté et une intensité vivante dont rien n'approche dans les mondes inférieurs, et où chacun sent en même temps qu'il renferme tous les autres, qu'il est un avec eux, uni et inséparable [97]. Ce qui s'en rap-

---

97   Que le lecteur se reporte à l'Introduction, p. 52, et qu'il relise la description de cet état donnée par Plotin, et commençant par ces mots : « Ils voient de même toutes choses... » Qu'il note les phrases suivantes : « chaque chose est également toute chose ; » et « en chacune, néanmoins, une qualité différente prédomine ».

proche le plus sur terre, c'est la condition de deux personnes unies d'un amour pur, intense, qui fait d'elles comme un être unique, en sorte qu'elles pensent, qu'elles sentent, qu'elles agissent, qu'elles vivent à l'unisson, qu'elles ne reconnaissent aucune barrière entre elles, qu'elles ne distinguent ni « mien », ni « tien », ni séparation d'aucune sorte[98]. C'est un lointain écho de cette région qui fait que les hommes cherchent le bonheur par l'union avec l'objet de leur désir, quel que puisse être cet objet. L'isolement parfait, c'est la parfaite misère. Se trouver nu, dépouillé de tout, suspendu dans le vide de l'espace en une solitude totale, sans rien d'autre que sa seule individualité ; se sentir isolé de tout ce qui existe, enfermé à tout jamais dans le « moi » séparé..., nulle horreur plus intense n'est concevable à l'imagination. L'antithèse de cet enfer, c'est l'union, et la parfaite union est aussi la félicité parfaite.

Lorsque cet aspect béatifique du Soi entre en activité, ses vibrations, conformément à ce qui se passe sur les plans inférieurs, attirent autour d'elles la matière du plan sur lequel elles fonctionnent. C'est ainsi que se forme graduellement le corps bouddhique, ou corps de béatitude[99], à juste titre ainsi nommé. La seule manière, pour l'homme, de contribuer à l'édification de cette forme glorieuse, consiste à cultiver l'amour pur, désintéressé, universel, bienfaisant, l'amour « qui ne cherche rien pour soi », qui ne connaît point la partialité, qui se donne sans rien vouloir en retour. Cette effusion spontanée de l'amour est le plus caractéristique des attributs divins, l'amour qui donne tout et ne demande rien. Ce pur amour enfanta l'univers ; ce pur amour le conserve ; ce pur amour l'attire vers la

---

98   C'est pour cette raison que la félicité de l'amour divin a été symbolisée, dans beaucoup d'Écritures sacrées, par l'amour profond de l'époux et de l'épouse, comme dans le *Bhagavad Pourâna* des Indous, et le Cantique de Salomon des Hébreux et des Chrétiens. C'est encore ici l'amour dont parlent les mystiques Soufis, comme tous les mystiques, d'ailleurs.

99   C'est ici l'Anandamayakosha, ou étui de béatitude des Védantins. C'est aussi le corps du soleil, le corps solaire dont il est quelquefois fait mention dans les Upanishads, et ailleurs.

perfection, vers la béatitude. Et chaque fois que l'homme répand son amour sur tous ceux qui en ont besoin, sans faire aucune différence, sans chercher aucun retour, dans la joie pure et spontanée de l'effusion, il développe l'aspect béatifique du Dieu qui est en lui, et prépare ce corps de beauté et d'ineffable joie en lequel s'élèvera le Penseur, délivré des limites de la séparativité, pour se trouver conscient de son identité propre, et en même temps un avec tout ce qui vit. C'est là « la demeure que nulle main n'a construite, la demeure éternelle dans les cieux », dont parle saint Paul, le grand Initié chrétien. Et il exaltait la charité, le pur amour, au-dessus de toute autre vertu, parce que seule elle contribue sur terre à édifier cette demeure glorieuse. Pour une raison analogue, les Bouddhistes nomment la séparativité « la grande hérésie »; et « l'union » est le but que se proposent les Indous. Atteindre la libération, c'est être délivré des limitations qui nous divisent, et l'égoïsme, racine du mal, une fois anéanti, la souffrance disparaît à jamais.

Le cinquième plan, le plan nirvanique, correspond au suprême aspect humain du Dieu qui est en nous. Les Théosophes nomment cet aspect Atmâ, ou le Soi. C'est ici le plan de l'existence pure, des pouvoirs divins manifestés aussi complètement qu'ils peuvent l'être dans notre quintuple univers. Ce qui existe au delà, sur les sixième et septième plans, est caché dans l'inconcevable Lumière de Dieu. Cette conscience atmique, ou nirvanique, est celle qu'ont atteinte les Grands Êtres, prémices de notre humanité, qui ont déjà achevé le cycle de l'évolution humaine, et qu'on nomme les Maîtres[100]. Ils ont résolu en Eux-mêmes le problème qui consiste à allier l'essence de l'individualité à l'absence de toute séparation, et Ils vivent, intelligences immortelles, parfaits en sagesse, en amour et en puissance.

---

100   Ils sont encore appelés Mahâtmâs, ou grands esprits, et Jivanmouktas, ou âmes libérées; et Ils restent unis à des corps physiques afin d'aider au progrès de l'humanité. Beaucoup d'autres grands êtres vivent également sur te plan nirvanique.

Lorsque la Monade humaine émerge du sein du Logos, il semble qu'un mince filament de lumière, isolé par une gaine de substance bouddhique, se détache du lumineux océan d'Atmâ. À ce fil est suspendue une étincelle qui s'entoure d'une enveloppe ovoïde appartenant à la région « sans forme » du plan mental. « L'étincelle est suspendue à la flamme par le fil le plus ténu de Fohat[101]. » À mesure que l'évolution progresse, cet œuf lumineux devient plus grand et plus opalescent, et le fil ténu se transforme en un canal de largeur croissante, à travers lequel se déverse, de plus en plus abondante, la vie atmique. Finalement ces trois éléments se fondent, le troisième dans le deuxième, et les deux ensembles dans le premier ; et ils restent unis comme une flamme à une autre flamme, en sorte qu'il n'est plus possible de les distinguer.

L'évolution humaine sur le quatrième et sur le cinquième plan appartient à une période future de notre race. Mais ceux qui choisissent le sentier ardu du progrès plus rapide peuvent l'accomplir dès maintenant, selon qu'il sera expliqué plus loin[102]. Sur ce sentier, le corps de béatitude est rapidement évolué, l'homme commence à vivre consciemment dans celle région sublime, et il connaît la félicité qu'engendre l'absence des barrières exclusives, la sagesse qui entre à grands flots lorsque sont abolies les bornes de l'intellect. L'âme est alors détachée de la roue qui tourne dans les mondes inférieurs, elle connaît le premier avant-goût de la liberté qu'elle trouvera, parfaite, sur le plan nirvanique.

La conscience nirvanique est l'antithèse de l'annihilation. C'est l'existence élevée à une réalité, à une intensité inconcevables pour qui ne connaît que la vie des sens et de l'intelligence. Comparer la conscience nirvanique à celle de l'homme attaché à la terre, c'est mettre la splendeur du soleil de midi en face de la lueur d'un obscur lumignon. Et vouloir confondre Nirvana et annihilation sous

---

101   *Livre de Dzyân*, stance VII, 5. — *Doctrine Secrète*, vol. I.
102   Voir Chap. XI, L'Ascension humaine.

prétexte qu'en Nirvana les *limites* de la conscience terrestre ont disparu, c'est être de la force de l'homme qui, n'ayant jamais vu que des lumignons, affirmerait que nulle lumière ne peut être sans une mèche immergée dans du suif. Nirvana *est*. Ceux-là qui y sont entrés, et vivent de celle glorieuse vie, en ont témoigné jadis dans les Écritures du monde. D'autres en témoignent aujourd'hui même, enfants de notre race, qui ont escaladé l'échelle sublime de l'humanité parfaite, et restent en rapport avec la terre afin que notre race, en sa longue ascension, puisse gravir les échelons sans trébucher.

En Nirvana résident les Êtres puissants qui ont accompli leur propre évolution humaine dans des univers antérieurs, et qui sont issus du sein du Logos lorsqu'Il S'est manifesté pour amener notre univers à l'existence. Ils sont Ses ministres dans le gouvernement des mondes, les parfaits agents de sa Volonté. Les Seigneurs de toutes les hiérarchies des Dieux et des êtres qui servent sous leurs ordres dans les plans inférieurs ont ici Leur résidence, car Nirvana est le cœur de l'univers, d'où rayonnent tous les courants de la Vie cosmique, le cœur d'où le Grand Souffle émerge, vie de toutes choses, le cœur où ce souffle retourne au jour où l'univers atteint son terme. Nirvana, c'est la Vision Bienheureuse que le mystique poursuit de son ardent désir. Nirvana, c'est la Gloire sans voiles, le But Suprême.

*
**

La Fraternité humaine — que dis-je, la Fraternité de toutes choses — trouve sur les plans spirituels, atmique et bouddhique, sa base certaine. Hors d'eux point d'unité réelle ; hors d'eux, point de sympathie parfaite. L'intellect est, chez l'homme, le principe séparatif, qui distingue le « moi » du « non-moi », qui a conscience de soi-même, et considère toute chose autre comme extérieure et étrangère. C'est le principe combatif qui lutte et s'affirme. En descendant vers le bas à partir du plan de l'intellect, le monde nous présente une scène de conflit, d'autant plus âpre que l'intellect y prend une plus large part. La nature passionnelle n'est spontanément combative que sous l'aiguillon du désir, lorsqu'elle trouve quelque obstacle dressé entre elle et l'objet de son désir. Mais, à mesure que l'intellect inspire son activité, elle devient de plus en plus agressive, car elle cherche alors à pourvoir à la satisfaction de ses désirs futurs, et elle tend à s'approprier une part toujours plus large des réserves de la nature. Quant à l'intellect lui-même, il est spontanément combatif, sa nature essentielle consistant à s'affirmer différent des autres. C'est ici que nous trouvons la racine de la séparativité, la source intarissable des dissensions humaines.

Mais lorsque la conscience atteint le plan bouddhique, l'unité est immédiatement perçue. C'est comme si d'un rayon séparé, divergent par rapport à tous les autres, l'on passait au soleil lui-même, source identique de tous les rayons. Supposez un être vivant dans le soleil, inondé de sa lumière et ayant pour unique mission de répandre cette lumière. Un tel être ne ferait aucune différence entre les divers rayons, et verserait la lumière en toute direction avec une égale complaisance. Il en est de même pour l'homme qui a atteint consciemment le plan bouddhique. Il *sent*, vivante en lui, la fraternité dont les autres parlent comme d'un idéal ; et il se répand lui-même en quiconque a besoin d'assistance, prodiguant le secours mental, moral, astral ou physique selon que le| besoin s'en fait sentir. Il considère tous les êtres comme lui-même ; il sent que tout ce qu'il possède est à eux aussi bien qu'à lui, — mieux qu'à lui, puisque, leur force étant moindre, leurs besoins sont plus grands. C'est ainsi que dans une famille les frères aînés supportent toutes les charges, et protègent les petits contre la souffrance et la privation.

Pour l'esprit de fraternité, la faiblesse donne droit à l'assistance, à la protection aimante ; jamais elle ne peut servir de prétexte à l'oppression. Parce qu'ils ont atteint cet état, et qu'ils sont même montés plus haut, les grands fondateurs des religions ont toujours manifesté une parfaite tendresse, une compassion débordante, guérissant au même titre les misères physiques et les afflictions morales, donnant à chacun selon ses besoins. La conscience de cette unité interne, la perception du Soi Unique qui réside également en tous, telle est la seule base certaine de la fraternité. Toute autre base est caduque.

À cette perception vient s'ajouter la notion que le degré d'évolution de tout être, humain ou non-humain, dépend essentiellement de ce que nous pourrons appeler son âge. Certains ont commencé leur pèlerinage à travers les temps beaucoup plus tard que d'autres ; et bien que les potentialités soient les mêmes chez tous, il y en a qui les ont développées plus complètement parce qu'ils ont eu pour cela plus de temps que leurs jeunes frères. Autant blâmer et mépriser la graine pour n'être point fleur, le bouton pour n'être point fruit, l'enfant pour n'être point homme, que de blâmer et de mépriser les âmes enfantines qui nous entourent pour n'être pas encore évoluées au même point que nous. Nous ne nous blâmons pas nous-mêmes pour n'être point encore semblables aux Dieux ; nous savons bien qu'avec le temps nous parviendrons tous au point qu'occupent aujourd'hui nos Frères Aînés. Alors pourquoi blâmer les âmes plus jeunes qui ne sont pas encore semblables à nous ? Le terme « fraternité » implique, à lui seul, identité de race et inégalité de développement. C'est pourquoi il représente exactement le lien qui existe entre toutes les créatures de l'univers : identité de la Vie essentielle, et différences de degré dans la manifestation de cette Vie. Nous sommes un dans notre origine, un dans notre méthode d'évolution, un dans notre but ; et nos différences d'âge et de taille ne peuvent qu'encourager la formation des liens les plus tendres et les plus intimes. Tout ce que l'homme est prêt à faire pour son frère par la chair, qu'il aime mieux que lui-même, il le doit à chacun de ceux qui partagent avec lui la Vie Une. Les hommes sont séparés du cœur de leurs frères par des différences de race, de classe, de patrie. Mais celui qui possède la vraie sagesse s'élève, par l'amour, au-dessus de ces dissensions mesquines. Il voit tous les hommes tirant leur vie de la même Source, il les considère tous comme membres de sa propre famille.

La reconnaissance intellectuelle de cette fraternité, et l'effort accompli pour la vivre pratiquement, stimulent à tel point la nature supérieure de l'homme, qu'on en a fait le seul but obligatoire de la Société Théosophique, le seul « article de foi » que doivent accepter tous ceux qui veulent s'associer à elle. Vivre cette fraternité, même dans une faible mesure, nettoie le cœur et purifie la vision. La vivre parfaitement, ce serait effacer toute souillure de séparativité, et faire rayonner en nous, comme à travers un cristal sans tache, la pure lumière du Soi.

N'oublions jamais que cette fraternité *est*, que l'homme l'ignore ou qu'il la nie. L'ignorance humaine n'affecte pas les lois de la nature, elle ne peut faire varier d'un cheveu sa marche continue, irrésistible. Ses lois écrasent tout ce qui leur résistent, elles brisent tout ce qui n'est pas en harmonie avec elles. C'est pourquoi nulle nation ne peut subsister si elle outrage la fraternité, nulle civilisation ne peut durer si elle est fondée sur son antithèse. La fraternité n'est pas à faire; elle existe. C'est à nous de mettre nos vies en harmonie avec elle, si nous voulons que nous et nos œuvres ne périssions point.

Il peut sembler étrange à quelques-uns de voir le plan bouddhique, — chose vague à leurs yeux, et irréelle, — briser sans cesse de ses forces irrésistibles tout ce qui, dans ces mondes inférieurs, ne peut s'harmoniser avec elles. Le fait n'en est pas moins réel, car cet univers tout entier n'est qu'une manifestation des forces spirituelles, énergies rectrices qui pénètrent et façonnent le monde, et qui, lentement mais sûrement, soumettent toute chose à leur empire. Il suit de là que cette fraternité, qui est l'unité spirituelle, est une chose infiniment plus réelle que toute organisation extérieure. Elle n'est pas une forme, mais une vie; « avec sagesse et douceur elle organise toutes choses ». Elle peut revêtir d'innombrables formes selon les temps; mais la vie est une. Heureux ceux qui perçoivent sa présence, et se donnent à elle pour être les vaisseaux où coulera la sève de sa force vivante.

L'étudiant a maintenant sous les yeux les principes constituants de la nature humaine, ainsi que les régions de l'univers auxquelles ces principes appartiennent respectivement. Une récapitulation sommaire lui permettra de se faire une idée plus nette de cet ensemble complexe.

La Monade humaine est Atmâ-Bouddhi-Manas, qu'on traduit quelquefois par les termes : Esprit, Âme Spirituelle, et Âme. Le fait que ces trois principes ne sont que les aspects du Soi, rend possible l'existence immortelle de l'homme. En effet, bien que ces trois aspects se manifestent séparément et successivement, leur unité substantielle permet à l'Âme de s'immerger dans l'Âme Spirituelle, lui communiquant l'essence précieuse de l'individualité ; elle permet à cette Âme Spirituelle individualisée de s'immerger à son tour dans l'Esprit, qu'elle colore, si je puis m'exprimer ainsi, des nuances dues à l'individualité, sans porter atteinte à son unité essentielle avec tous les autres rayons du Logos et avec le Logos Lui-même. Ces trois aspects sont les septième, sixième et cinquième principes de l'homme, et les matériaux qui les limitent ou qui les enveloppent, c'est-à-dire qui rendent possibles leur manifestation et leur activité, sont empruntés respectivement aux cinquième, quatrième et troisième plans de notre univers (plans nirvanique, bouddhique et mental). Le cinquième principe s'adjoint en outre, sur le plan mental, un corps d'ordre inférieur, afin de se mettre en rapport avec les mondes phénoméniques. Il s'enchevêtre ainsi avec le quatrième principe, la nature du désir, ou Kâma, appartenant au deuxième plan, le plan astral. Arrivant enfin au premier plan, le plan physique, nous trouvons les troisième, deuxième et premier principes, à savoir : la vie spécialisée, ou Prâna ; son véhicule, le double éthérique ; enfin le corps grossier, qui entre en contact avec les matériaux les plus denses du monde physique. Nous avons déjà vu que Prâna est considéré parfois comme n'étant pas un « principe »; alors les corps mental et kâmique enchevêtrés sont classés ensemble sous le nom de Kâma-Manas, l'intelligence pure est appelée Manas Supérieur, et le mental séparé du désir, Manas Inférieur. La conception la plus commode de l'être humain, et celle peut-être qui représente le plus exactement les faits, distingue d'un côté la Vie Une, permanente, et de l'autre les diverses formes dans lesquelles elle opère, formes qui, en conditionnant ses énergies, déterminent la variété de ses manifestations. Le Soi est alors la Vie Une, source de toutes les énergies, et ses formes sont les corps bouddhique, causal, mental, astral et physique (éthérique et grossier)[103].

Mettant en regard ces deux manières d'envisager la constitution humaine, nous pouvons construire le tableau suivant:

PRINCIPES	VIE	FORMES
(Classification modifiée) [104]		
Atmâ, Esprit	Atmâ	
Bouddhi, âme spirituelle		Corps béatifique
Manas supérieur		Corps causal
Manas inférieur	Âme Humaine	Corps mental
Kâma, âme animale		Corps astral
Linga Sharira [105]		Double éthérique
Sthoûla Sharira		Corps grossier

103
Ceux de nos lecteurs pour qui la classification védantine est plus familière pourront trouver utile ce tableau de l'aspect « forme » de la constitution humaine.

Corps bouddhique		Anandamayakosha
Corps causal		Vignyânamayakosha
Corps mental		Manomayakosha
Corps astral		
Corps physique	Éthérique	Prânamayakosha
	grossier	Annamayokosha

On verra que la différence n'est qu'une question de termes, et que les sixième, cinquième, quatrième et troisième « principes » ne sont que l'opération d'Atmâ dans les corps bouddhique, causal, mental et astral, tandis que les deuxième et premier « principes » sont les deux corps inférieurs eux-mêmes. Ce brusque changement de méthode dans la nomenclature est apte à faire naître la confusion dans l'esprit de l'étudiant. H. P. Blavatsky, notre instructrice vénérée, trouvait cette nomenclature peu satisfaisante; elle la considérait comme obscure et capable d'induire en erreur, et elle nous exprima, à moi-même ainsi qu'à d'autres, le désir de la voir un jour modifiée. C'est pourquoi nous avons adopté la deuxième nomenclature comme étant simple, graphique, et conforme aux faits.

Les divers corps subtils de l'homme, dont nous venons de compléter l'étude, forment dans leur ensemble ce qu'on a coutume d'appeler « l'*aura* » de l'être humain. Cette aura a l'apparence d'une nébulosité lumineuse ovoïde, au milieu de laquelle se trouve le corps physique grossier; et, d'après son aspect, elle a été souvent considérée comme n'étant, par ailleurs, rien d'intéressant. Or elle se compose en réalité de toute la portion des corps subtils qui

---

104   La classification primitive était :

Triade supérieure	7.	Atmâ		Atmâ
	6.	Bouddhi		Bouddhi
	5.	Manas		Manas
Quaternaire inférieur	4.	Kâma	*Ou parfois*	Kâma-Manas
	3.	Prâna		Prâna
	2.	Double éthérique		Double éthérique
	1.	Corps grossier		Corps grossier

D'ailleurs toute classification est relative et doit être modifiée à mesure que les lois sont mieux comprises et les faits mieux connus. (NDT)

105   Linga Sharira est le nom primitivement attribué au double éthérique (dans la nomenclature théosophique). Il ne faut pas le confondre avec le Linga Sharira de la philosophie indoue. Sthoûla Sharira est l'équivalent sanscrit de « corps grossier ».

s'étend au-delà du corps physique, chaque corps étant à lui seul une forme complète et pénétrant ceux qui sont plus grossiers que lui. De plus, la grandeur de chacun de ces corps varie selon le degré de son développement.

L'aura renferme donc toutes les parties du double éthérique, du corps astral, du corps mental et du corps causal qui s'étendent au-delà du corps physique. On y trouve aussi, mais rarement, le corps bouddhique illuminé du rayonnement d'Atmâ. L'aura est tantôt impure, épaisse et terne, tantôt rayonnante, admirable de grandeur, de lumière et de couleur. Son aspect dépend entièrement du degré d'évolution atteint par l'homme, du développement de ses corps divers, du caractère moral et mental qu'il s'est formé. Toutes ses passions changeantes, ses désirs, ses pensées y sont manifestes, symboles lumineux et colorés, hiéroglyphes que « le simple passant peut lire », si toutefois ses yeux sont capables de les percevoir. Les corps subtils portent l'empreinte du caractère, et décèlent aussi les modifications les plus fugaces. Jamais ils ne se prêtent à des fourberies, comme le fait ce masque que nous appelons notre corps physique. La croissance de l'aura en grandeur et en beauté est l'indice certain du progrès de l'homme ; elle témoigne du développement et de la purification du Penseur et de ses véhicules.

CHAPITRE VII

LA RÉINCARNATION

Nous sommes maintenant en état d'étudier avec fruit une des doctrines essentielles de la Sagesse Antique, la doctrine de la *réincarnation*. L'idée que nous nous ferons de cette doctrine sera plus claire et plus conforme à l'ordre naturel, si nous considérons d'abord la réincarnation comme universelle en son principe, pour passer ensuite au cas particulier de la réincarnation de l'âme humaine. Ce cas particulier est généralement détaché de la place qu'il occupe dans l'ordre naturel, et étudié à part comme un fragment isolé, au très grand détriment de cette doctrine. Car *toute* évolution se compose d'une vie évoluante, qui passe de forme en forme en se développant, s'enrichissant sans cesse de toute l'expérience acquise au moyen des formes successives. La réincarnation de l'âme humaine ne constitue donc pas un principe nouveau introduit dans le système universel d'évolution. Elle n'est que l'adaptation du principe général à des conditions nouvelles résultant de l'individualisation de la vie en évolution continue. M. Lafcadio Hearn[106], en

---

[106] M. Hearn a laissé échapper des erreurs d'expression (bien qu'il ait au fond, me semble-t-il, une compréhension exacte des choses) dans une partie de son exposé de cette doctrine au point de vue bouddhiste. Dans le chapitre fort intéressant qu'il consacre à cette question, l'emploi qu'il fait du terme « Égo » pourra induire en erreur si l'on n'a pas constamment présente à l'esprit la distinction entre l'égo réel et l'égo illusoire.

traitant de l'influence exercée par l'idée de la préexistence sur la
pensée scientifique de l'Occident, fait clairement ressortir ce point.
Il dit[107] :

> L'acceptation de la doctrine d'évolution fit crouler mainte
> opinion admise jusque-là. De toutes parts, des idées nouvelles
> surgirent pour prendre la place des dogmes usés ; et nous avons
> maintenant le spectacle d'un mouvement intellectuel général,
> étrangement parallèle, comme direction, à la philosophie orien-
> tale. La rapidité sans précédent, et la diversité du progrès scien-
> tifique pendant les cinquante dernières années, ne pouvaient pas
> manquer de produire, en dehors du domaine scientifique lui-
> même, une fermentation intellectuelle également sans précé-
> dent. — Que les organismes les plus élevés et les plus complexes
> ont été évolués de ceux qui sont les plus élémentaires et les plus
> simples ; qu'un substratum unique de la vie physique fournit la
> substance du monde vivant tout entier ; qu'aucune ligne de dé-
> marcation ne peut être établie entre l'animal et le végétal ; qu'en-
> tre la vie et la non-vie il y a une différence de degré seulement,
> et non pas une différence spécifique ; que la matière, enfin, n'est
> pas moins incompréhensible que la pensée, toutes deux étant
> les manifestations d'une seule et même réalité inconnue ; toutes
> ces notions sont devenues les lieux communs de la philosophie
> nouvelle.
>
> L'évolution physique une fois admise par la théologie elle-
> même, il était facile de prévoir que l'admission d'une évolution
> psychique ne pouvait être longtemps retardée. Car la barrière
> érigée par le dogme d'antan pour empêcher les hommes de re-
> garder en arrière était dès lors abattue. Et aujourd'hui, pour qui
> étudie la psychologie scientifique, l'idée de la préexistence passe

---

107   *Kokoro ; Hints and Echoes of Japanese Inner Life — Kokoro, Échos et Indices
de la Vie Intérieure, au Japon,* — par Lafcadio Hearn, pp. 287-239 (Londres,
1896).

du domaine de la théorie dans celui du fait, montrant que l'explication bouddhiste du mystère universel est tout aussi plausible qu'une autre. « Seul l'esprit superficiel, disait feu le pro-« fesseur Huxley, rejettera cette théorie sous prétexte d'absurdité « inhérente. Comme la doctrine de l'évolution elle-même, celle « de la transmigration a ses racines dans le monde de la réalité ; « et elle peut se réclamer de tout l'appui que le grand argument « de l'analogie est susceptible de fournir. » (HUXLEY, *Evolution and Ethics. — L'Évolution et la Morale,* — p. 61, éd. 1894)

Considérons la Monade de la forme, Atmâ-Bouddhi. Cette Monade, souffle de vie émané du Logos, contient en elle tous les pouvoirs divins. Mais comme nous l'avons vu, au lieu d'être manifestés et actifs, ces pouvoirs sont latents. C'est par le contact des agents extérieurs qu'ils vont être éveillés graduellement ; la vie étant douée, de par sa nature même, de la faculté de vibrer en réponse aux vibrations qui l'affectent.

La Monade contenant en elle-même la possibilité de toute vibration, une vibration quelconque, en l'affectant, éveillera en elle la puissance vibratoire correspondante ; toutes ses forces passeront ainsi, l'une après l'autre, de l'état latent à l'état actif[108]. Voilà le secret de l'évolution. L'ambiance agit sur la *forme* de la créature vivante, — et toute chose vit, qu'on s'en souvienne. — Et cette action, transmise à travers la forme-enveloppe jusqu'à la *vie*, à la Monade qui y est renfermée, éveille, en réponse, des vibrations qui, de la Monade, s'irradient vers l'extérieur à travers l'enveloppe. Ces vibrations, affectant au passage les particules de l'enveloppe, tendent à remanier cette enveloppe en l'*adaptant* à l'impulsion initiale de l'agent extérieur. Tel est le phénomène d'action et de réaction entre l'organisme et l'ambiance, phénomène reconnu par tous les biologistes et considéré, pour certains, comme une explication mé-

---

108   Ou de l'état statique à l'état cinétique, comme dirait un physicien.

canique suffisante de l'évolution. Quoi qu'il en soit, leur observation patiente et méticuleuse de ces actions et réactions n'explique nullement *pourquoi* l'organisme répond ainsi aux impulsions
du dehors. Aussi la Sagesse Antique doit-elle intervenir ici pour
nous dévoiler le secret de l'évolution et nous montrer le « Soi » au
cœur de toute forme, ressort caché de tous les mouvements de la
Nature[109].

Cette idée fondamentale une fois comprise, — l'idée d'une vie
douée de la potentialité de réponse à toute vibration du dehors, la
réponse effective elle-même étant ensuite déterminée par le jeu des
agents extérieurs, — nous aurons à envisager une autre idée fondamentale, celle de la *continuité* de la vie et des formes.

Les formes transmettent leurs caractéristiques à d'autres formes qu'elles engendrent, ces autres formes étant une partie de leur
propre substance, séparée afin de mener une existence indépendante. Par scissiparité, par bourgeonnement, par sporulation, par
développement de la progéniture dans le sein maternel, la continuité physique est maintenue, chaque forme nouvelle étant dérivée
d'une forme précédente, dont elle reproduit les caractéristiques[110].
La science a groupé ces faits sous le nom de « loi d'hérédité » et ses
observations sur la transmission de la forme sont dignes d'attention, car elles mettent en lumière l'opération de la nature dans le
monde phénoménal. Mais il faut se rappeler que cette loi ne s'ap-

---

109   On trouvera sur l'évolution, sur le grand cycle de la descente de
l'étincelle divine dans la matière à travers les trois règnes élémentals, et de sa
remontée vers sa Source, de même que sur les petits cycles réincarnationnels, des
développements étendus dans *l'Évolution de la Vie et de la Forme* et *l'Évolution de
la Conscience;* en outre, des détails du plus haut intérêt et entièrement nouveaux,
résultats d'investigations toutes récentes par la clairvoyance, dans la *Généalogie
de l'Homme et l'Atome Permanent.* Tous ces ouvrages sont traduits de Mme Besant
et se trouvent, soit incorporés dans la Revue Théosophique, soit en volumes
séparés, à la librairie de l'Art Indépendant, 10, rue Saint-Lazare, Paris. (NDC)
110   L'étudiant ferait bien de se familiariser avec les recherches de
Weissmann sur la continuité du protoplasma.

plique qu'à la construction du corps physique, dans lequel entrent les matériaux fournis par les parents.

Les opérations plus secrètes de cette même nature, — opérations de la *vie* sans lesquelles la forme ne pourrait exister, — ont été entièrement négligées, n'étant pas accessibles à l'observation physique. Cette lacune ne peut être comblée que par les enseignements de la Sagesse Antique, enseignements donnés par Ceux qui, dès l'antiquité, employèrent des pouvoirs d'observation hyperphysique, et graduellement vérifiables pour tout disciple capable d'étudier patiemment dans leurs écoles.

Il y a continuité pour la vie comme pour la forme. Et c'est la vie continue — avec une proportion toujours croissante de ces énergies latentes rendue active par les impressions reçues à travers les formes successives ; — c'est la vie continue qui assimile et conserve les expériences acquises dans les formes. En effet, lorsque l'enveloppe meurt, la vie conserve le résultat de ces expériences sous forme de pouvoirs nouveaux qu'elles ont servi à développer. Emportant avec elle cette réserve d'énergie accumulée, la vie est alors prête à se déverser en de nouvelles formes, dérivées des formes anciennes. Au temps où elle occupait une forme antérieure, elle l'avait façonnée par le jeu de ses énergies, l'adaptant à l'expression de chaque puissance nouvellement éveillée. Or la forme a transmis ces adaptations, comme partie intégrante de sa substance, à la portion séparée d'elle-même que nous nommons sa progéniture (et qui, étant de sa substance, doit nécessairement en reproduire les caractéristiques). C'est en cette progéniture que la vie, enfin, se déverse avec tous ses pouvoirs accrus, afin de pousser plus loin l'adaptation de la forme et de développer en elle-même des puissances nouvelles ; et ainsi de suite, indéfiniment.

La science moderne démontre de plus en plus clairement que le rôle de l'hérédité décroît d'une manière continue dans l'évolution des créatures supérieures, et que les qualités mentales et morales ne se transmettent pas de père en fils. Plus les qualités sont élevées, plus le fait devient évident. L'enfant du génie est souvent idiot, et l'on voit des parents très ordinaires donner naissance à un génie. Il doit donc y avoir un substratum continu où les qualités mentales et morales puissent inhérer afin de pouvoir, elles aussi, évoluer ; sans quoi la nature, dans cette partie-là plus importante de son œuvre, montrerait une production disparate, inconséquente, au lieu de la continuité régulière dont elle fait preuve ailleurs. La science est muette à ce sujet, mais la Sagesse Antique nous enseigne que ce substratum continu existe, et qu'il est la Monade, réceptacle de tous les résultats, réserve où toutes les expériences sont accumulées sous forme de pouvoirs actifs sans cesse croissants.

Bref, deux principes fondamentaux :

a) Existence de la Monade, avec ses potentialités qui se transforment en pouvoirs actifs ;

b) Continuité de la vie et de la forme.

Ces deux principes une fois compris et définitivement retenus, nous pourrons passer à l'étude de leur opération détaillée. Nous verrons alors qu'ils donnent la solution de maint problème troublant de la science actuelle, ainsi que des problèmes, plus troublants encore pour le cœur de l'homme, que les philanthropes et les sages ont à résoudre.

Considérons d'abord la Monade au moment où elle subit les premiers contacts des niveaux « aroûpa » du plan mental. C'est ici le début même de l'évolution de la forme. Les premières vibrations, à peine perceptibles, que la Monade émet en réponse à ces contacts, rassemblent autour d'elle un peu de la substance du plan ; et nous avons là l'évolution graduelle du premier règne élémental, déjà mentionné[111].

Il y a sept types fondamentaux de la Monade, types qui sont parfois représentés comme analogues aux sept couleurs du spectre

---

111   Voyez Chap. I : *Le Plan Physique.*

solaire, dérivées des trois couleurs primitives [112]. Chacun de ces sept types a sa propre nuance caractéristique, et cette nuance persiste à travers le cycle « éonien » [113] de l'évolution, affectant toute la série des formes vivantes que la Monade anime.

Ici commence le processus de subdivision dans chacun des types de la Monade, subdivision qui se continuera sans interruption, différenciation qui ne cessera de croître jusqu'à ce que l'individualité soit atteinte. Il nous suffira maintenant de suivre une seule ligne d'évolution : les autres sont semblables en principe.

Les courants établis par le premier éveil des forces d'extériorisation [114] dans la Monade n'ont qu'une brève existence en tant que forme. L'expérience rudimentaire due à ces premiers mouvements se traduit néanmoins, dans la Monade qui est leur source, par l'accroissement de la faculté de réponse aux réactions de l'extérieur, faculté qui constitue la vie. Et comme cette vie-réponse consiste en

---

112   « Ce qui est en haut est analogue à ce qui est en bas. » Nous nous reportons instinctivement au triple Logos et aux sept « Fils du Feu » primordiaux. En symbolisme chrétien, nous avons la Trinité et les « sept Esprits qui se tiennent devant le trône » ; dans la religion de Zoroastre, Ahoura Mazda et les sept Ameshaspentas.

113   C'est-à-dire pendant tout le « Manvantara » ou cycle de manifestation. L'anglais « æonian » est une adaptation directe du grec « αἰώνιος » (aïônios) qui signifie séculaire, cyclique, périodique, et qu'on a souvent traduit à tort, dans l'Occident chrétien, par « éternel » (« repos éternel », « feu éternel », etc., etc.). En consultant un dictionnaire classique (ALEXANDRE, *Dictionn. Grec-Français*), nous trouvons : « αἰών, temps, durée de la vie, génération, siècle ; longueur du temps éternité ; dans *la langue des Gnostiques : Éon.* » Il est intéressant d'observer qu'en métaphysique le terme « éternité » est incompatible avec tous ceux qui le précèdent, puisque l'éternité est précisément la négation du temps, comme l'Absolu est la négation de tout ce qui est relatif. Que de faux dogmes, fruits des siècles obscurs, sont basés sur des malentendus de ce genre ! L'idée de repos cyclique ou périodique nous amènerait d'emblée à la conception théosophique de l'évolution cosmique et de la réincarnation humaine. (NDT)

114   Action exercée par la Monade sur l'ambiance, ou tendance à l'extériorisation (*outward-going energy*), désignée en sanscrit par le terme *Prâna*, pris dans son sens le plus étendu. (NDT)

vibrations souvent incompatibles entre elles (à cause de la diversité des excitations qui les déterminent), une tendance à la séparation prend naissance dans la Monade. Les forces qui vibrent harmoniquement se groupent entre elles pour agir de concert, jusqu'à ce que diverses « sous-monades » — qu'on me passe le terme — soient formées, douées de la même caractéristique fondamentale, mais différant entre elles par les détails, comme des nuances d'une même couleur.

Ces Monades secondaires, sous l'action des vibrations des niveaux inférieurs du plan mental, deviennent les Monades du deuxième règne élémental, appartenant à la région « formelle » (ou « roûpa ») de ce plan. Et le processus se continue, les Monades ajoutant sans cesse à leur pouvoir de réponse. Chaque Monade est la vie animatrice de formes innombrables, à travers lesquelles elle reçoit les vibrations. À mesure que ces formes se désagrègent, elle anime constamment des formes nouvelles. Le processus de subdivision se poursuit également d'une manière continue, pour la raison qu'on a donnée plus haut.

Chaque Monade s'incarne donc constamment en des formes nouvelles. Elle recueille et conserve, sous forme de pouvoirs éveillés, actifs, tous les résultats de l'expérience ainsi obtenue. Nous pouvons, me semble-t-il, considérer chaque Monade comme l'âme d'un groupe de formes. À mesure que l'évolution se poursuit, ces formes révèlent des attributs de plus en plus nombreux et divers, pouvoirs de l'âme-groupe monadique manifestés à travers les formes dans lesquelles cette âme s'incarne.

Les innombrables « sous-monades » du deuxième règne élémental finissent par atteindre un degré d'évolution qui leur permet de répondre aux vibrations de la matière astrale. Elles commencent dès lors à agir sur le plan astral, et deviennent par ce fait les Monades du troisième règne élémental, repassant, dans ce monde plus grossier, par une série de phases analogues à celles de leur évolution sur le plan mental. Les « âmes-groupes » deviennent de plus en plus nombreuses, avec une diversité croissante dans le détail de leurs activités, tandis que le nombre des formes que chacune d'entre elles anime, décroît constamment à mesure que s'accentuent les caractéristiques spéciales. — Et pendant tout ce temps, soit dit en passant, l'éternel courant d'effusion de la Vie du Logos engendre constamment de nouvelles Monades sur les plans supérieurs, en sorte que l'évolution se continue, ininterrompue, les Monades fraîchement émergées sur les plans plus élevés venant remplacer celles qui évoluent au fur et à mesure de leur incarnation, de leur immersion dans les mondes inférieurs.

Par ce processus, continuellement répété, de la réincarnation des Monades — ou, des âmes-groupes monadiques — dans le monde astral, leur évolution se continue, jusqu'à ce qu'elles deviennent capables de répondre aux vibrations de la matière physique.

Si nous nous rappelons que la surface-enveloppe de l'ultime atome de chaque plan se compose de la matière la plus grossière du plan immédiatement supérieur, il sera facile de comprendre comment les Monades, dans leur descente, sont affectées tour à tour par les contacts des plans successifs. Une fois habituée, dans le premier règne élémental, à répondre aux vibrations du plan correspondant, la Monade commencera bientôt à être affectée, à travers les formes les plus grossières de ce plan, par la matière du plan immédiatement inférieur. Ainsi, revêtue de formes où entrent les matériaux les plus grossiers du plan mental, elle deviendra accessible aux vibrations de la matière atomique astrale. De même, plus tard, incarnée dans des formes composées de la matière astrale la plus grossière, elle percevra les mouvements de l'éther atomique du plan physique, dont les surfaces-enveloppes se composent précisément de ces matériaux astraux les plus grossiers.

Ainsi donc la Monade peut être considérée comme atteignant le plan physique. Et là elle commence — ou, plus exactement, toutes les âmes-groupes monadiques commencent — à s'incarner dans des formes physiques diaphanes, doubles éthériques des futurs minéraux du globe physique. C'est dans ces formes éthériques que les « esprits de la nature »[115] viennent disposer les matériaux physiques plus denses. Ainsi se forment les minéraux de toute espèce, véhicules les plus rigides en lesquels s'enferme la vie au cours de son évolution, enveloppes à travers lesquelles ses pouvoirs trouvent leur expression la plus bornée. Chaque âme-groupe monadique se manifeste à travers des formes minérales qui lui sont propres et dans lesquelles elle s'incarne ; et la différenciation, ou spécialisation, est maintenant très avancée. Ces âmes-groupes monadiques sont parfois appelées, collectivement, la « Monade minérale », ou la Monade incarnée dans le « règne minéral ».

À partir de ce moment, les énergies éveillées de la Monade vont jouer dans son évolution un rôle moins passif. Leur activité une fois excitée, ces énergies commencent, dans une certaine mesure, à chercher d'elles-mêmes leur expression et à exercer une influence très nette sur le modelage des formes qui leur servent d'enveloppe. À mesure que leur activité croissante devient incompatible avec la rigidité du minéral, les formes plus plastiques du règne végétal commencent à se manifester. Et constamment, durant toute la traversée des règnes physiques, les esprits de la nature se font les auxiliaires de cette immense évolution. Dans le règne minéral, une tendance très nette à l'organisation définie de la forme s'est déjà montrée ; on y constate la détermination de certaines lignes invariables suivant lesquelles la croissance s'accomplit[116]. Cette tendance régit dès lors toute l'édification des formes ; elle est cause de l'exquise symétrie des objets naturels, familière à tout observateur.

Dans le règne végétal, les âmes-groupes monadiques se divisent et se subdivisent avec une rapidité croissante, à cause de la plus grande variété des réactions subies. L'évolution des familles, des genres, des espèces, est due à ce processus de subdivision invisi-

---

115   Voir Chap. II.
116   Nous voulons parler des axes de développement qui déterminent la forme. Ils apparaissent nettement dans les cristaux.

ble. Lorsqu'un genre quelconque, avec son âme-groupe monadique *générique*, est soumis à des conditions très variables, c'est-à-dire lorsque les formes qui en dépendent subissent des actions fort diverses, une nouvelle tendance à la différenciation est suscitée dans la Monade[117], et différentes espèces sont évoluées ayant chacune son âme-groupe monadique *spécifique*. Tant que la nature est livrée à elle-même, cette opération est relativement lente, bien que les « esprits de la nature » travaillent à produire la différenciation des espèces. Mais lorsque l'homme apparaît sur la scène et qu'il commence à mettre en œuvre les systèmes de culture artificielle, provoquant l'action d'un ensemble de forces, empêchant celle d'un autre, cette différenciation se trouve considérablement accélérée. C'est dès lors avec la plus grande facilité que les espèces nouvelles sont produites. Tant qu'une scission réelle n'est pas effectuée dans l'âme-groupe monadique, le retour des influences primitives peut effacer graduellement la tendance à la séparation. Mais lorsque la scission est complète, les espèces nouvelles sont définitivement établies, et prêtes à se ramifier à leur tour.

Dans les représentants du règne végétal doués d'une longue vie, l'élément personnel commence à se manifester, la grande stabilité de l'organisme rendant seule possible cet avant-goût lointain de l'individualité. Chez l'arbre, qui vit parfois des siècles, la récurrence des conditions analogues donne lieu à des impressions analogues. Le retour annuel des saisons ; les modifications internes qu'elles occasionnent : montée de la sève, poussée des feuilles ; enfin le contact du vent, du soleil, de la pluie, — toutes ces influences extérieures, avec leur progression rythmique, suscitent des vibrations correspondantes dans l'âme-groupe monadique. Et la notion de leur enchaînement une fois établie grâce à leur répétition continuelle, l'arrivée de l'une conduit à une vague prévision de celle

---

117   C'est-à-dire dans l'âme-groupe non encore divisée, qui agit comme une *unité* consciente et est considérée comme telle, bien qu'elle anime des formes multiples. (NDT)

qui l'a si constamment suivie. Dans la nature, aucune qualité n'est évoluée subitement ; nous assistons donc ici à la première ébauche de ce qui sera un jour la mémoire et l'anticipation.

Dans le règne végétal apparaît aussi l'avant-goût de la sensation. Car nous voyons, dans les membres les plus élevés de ce règne, l'évolution de ce que le psychologue occidental pourrait dénommer : sensation « massive » de plaisir ou de gêne [118]. Il faut se rappeler que la Monade a groupé autour d'elle de la matière de chacun des plans à travers lesquels elle est descendue, et qu'elle peut par conséquent prendre contact avec les vibrations de ces plans, les plus fortes et celles qui se rattachent aux formes les plus grossières de la matière du plan étant toujours les premières à se faire sentir. La chaleur du soleil et le froid qu'entraîne son absence finissent par affecter la conscience monadique ; et son enveloppe astrale, en laquelle de faibles vibrations sont par-là évoquées, donne naissance à la vague sensation massive dont nous avons parlé. La sècheresse et la pluie, qui affectent la constitution même de la forme et modifient son pouvoir de transmettre les vibrations à la Monade animatrice, fournissent encore une de ces « paires d'opposés » dont le contact éveille la notion de différence, racine de toute sensation, et, plus tard, de toute pensée. Ainsi, par des incarnations répétées, les âmes-groupes monadiques évoluent à travers le règne végétal jusqu'à ce que celles qui animent les représentants les plus élevés du règne soient prêtes à franchir une étape nouvelle.

Ceci les conduit dans le règne animal, où elles commencent lentement à développer dans leurs véhicules physique et astral une personnalité très nette. L'animal, libre de se mouvoir, se soumet à une bien plus grande variété d'expériences que n'en peut éprouver la plante, toujours fixée en un même point ; et cette diversité, comme toujours, vient hâter la différenciation. Cependant l'âme-

---

118   La sensation « massive » est celle qui se répand dans l'organisme entier et n'est pas sentie plus spécialement sur un point que sur un autre. Elle est l'antithèse de la sensation « aiguë ».

groupe monadique qui anime les animaux sauvages d'une même espèce ou d'une même famille ne se différencie encore qu'avec lenteur, car les expériences acquises, bien que fort diverses, se répètent constamment et sont partagées par tous les membres du groupe.

Ces contacts de l'ambiance aident au développement du corps physique et du corps astral. Grâce à eux l'âme-groupe monadique acquiert beaucoup d'expérience. Lorsque la forme d'un membre du groupe vient à mourir, l'expérience acquise à travers cette forme est accumulée dans l'âme-groupe monadique et lui communique, pour ainsi dire, une certaine coloration. La vie de l'âme-groupe, légèrement accrue par-là, et déversée intégralement dans toutes les formes dont le groupe se compose, partage entre elles toute l'expérience de la forme disparue. De cette manière les expériences continuellement répétées, emmagasinées dans l'âme-groupe monadique, apparaissent dans les formes nouvelles, à leur naissance, sous forme d'instinct, ou « expérience héréditaire accumulée ». Parce que d'innombrables oiseaux sont devenus la proie de l'épervier, le poussin, au sortir de l'œuf, s'enfuira à l'approche de l'ennemi héréditaire. Car la vie incarnée en lui connaît le danger, et l'instinct inné n'est que l'expression de cette connaissance. Tel est le mode de formation des merveilleux instincts qui protègent les animaux contre d'innombrables périls habituels, alors qu'un danger nouveau les trouve dans l'impossibilité de se défendre, et ne peut que les affoler.

Lorsque les animaux subissent l'influence de l'homme, l'évolution de l'âme-groupe monadique est fortement accélérée. Comme dans les plantes sous l'action de la culture, et pour des raisons analogues, la subdivision de la vie incarnée est facilitée. La personnalité se développe et devient de plus en plus marquée. Dans les stades antérieurs, elle pouvait être considérée comme un agglomérat. Un troupeau tout entier de créatures sauvages agira comme mu par une seule personnalité, si complète est la domination des formes par l'âme commune qui, à travers elles, subit les contacts du monde extérieur. Mais les animaux domestiques supérieurs, l'éléphant, le cheval, le chat, le chien, montrent une personnalité plus individualisée. Deux chiens par exemple, peuvent être mus très différemment par les mêmes circonstances. L'âme-groupe monadique s'incarne dans un nombre décroissant de formes à mesure qu'elle tend graduellement vers l'individualisation complète. Le corps du désir, ou véhicule kâmique, prend un développement considérable et persiste pendant un certain temps après la mort du corps physique, menant une existence indépendante en Kâmaloka.

Enfin le nombre décroissant des formes qu'anime une âme-groupe monadique s'abaisse jusqu'à l'unité, et la même vie s'incarne dans une succession de formes uniques, — condition qui ne diffère de la réincarnation humaine que par l'absence du Manas, avec son corps mental et son corps causal. La matière mentale rassemblée antérieurement par l'âme-groupe monadique, dans sa descente à travers le plan mental, commence à redevenir sensible aux vibrations de ce plan. L'animal est alors prêt à accueillir la troisième grande effusion de la Vie du Logos ; — le tabernacle est préparé pour recevoir la Monade humaine.

La Monade humaine est, nous l'avons vu, triple dans sa nature, ses trois aspects étant désignés respectivement par les termes : Esprit, Âme spirituelle et Âme humaine, ou Atmâ, Bouddhi, Manas. Il est certain que la Monade de la Forme, dans sa lente ascension, eût pu, après des âges sans nombre, évoluer Manas par simple développement progressif. Mais pour la race humaine aux temps passés, comme pour les animaux actuels, telle ne fut pas la marche suivie par la nature. La maison une fois prête, celui qui devait l'occuper fut envoyé. Des plans supérieurs, la Vie Atmique descendit, s'enveloppant dans Bouddhi, semblable à un fil d'or ; et dès qu'apparut son troisième aspect, Manas, se manifestant sur les niveaux supérieurs de la région « sans forme » du plan mental, le Manas germinal dans la forme évoluante se trouva fécondé, et de cette union résulta le corps causal embryonnaire. Ainsi fut produite l'individualisation de l'esprit, son involution dans la forme. Cet esprit enveloppé dans le corps causal constitue l'âme, l'individu, l'homme véritable. C'est ici que l'homme naît; car bien que son essence soit éternelle, sans naissance et sans mort, son entrée dans la vie individuelle est déterminée dans le temps.

En outre, cette effusion de vie parvint aux formes évoluantes, non pas directement, mais par des intermédiaires. Lorsque la race humaine eut atteint le degré de réceptivité voulu, de grands Êtres, appelés les Fils de l'Intelligence [119], projetèrent dans la mentalité embryonnaire des formes la triple étincelle monadique, Atmâ-Bouddhi-Manas, nécessaire à la formation de l'âme embryonnaire. Il y en eut même certains, parmi ces Êtres puissants, qui allèrent jusqu'à s'incarner en des formes humaines afin d'être les guides et les instructeurs de l'humanité naissante. Ces Fils de la Pensée avaient achevé Leur propre évolution intellectuelle sur d'autres mondes; et Ils vinrent dans ce monde plus jeune, sur notre terre, afin d'aider à l'évolution de la race humaine. Ils sont vraiment les pères spirituels de la grande masse de notre humanité.

D'autres intelligences, bien inférieures à celles dont nous venons de parler, âmes humaines déjà formées dans les cycles antérieurs, sur un autre monde, s'incarnèrent parmi les descendants de ceux qui venaient, comme il a été dit plus haut, de recevoir leurs âmes naissantes. Car à mesure que progressait l'évolution de la race, les tabernacles humains allaient en se perfectionnant; et des milliers d'âmes qui attendaient l'occasion de s'incarner afin de poursuivre leur évolution prirent naissance parmi les enfants de la terre. Ces âmes, déjà partiellement évoluées, sont aussi mentionnées dans les anciennes traditions comme étant des « Fils de la Pensée »; car elles étaient douées de mentalité, bien qu'à un degré comparativement restreint. Nous pourrons les appeler de jeunes

---

119   Leur nom technique en sanscrit est *Mânasa-poutra*, traduit littéralement par : « Fils de Manas ». (NDT)

âmes, pour les distinguer également des âmes embryonnaires de la masse de l'humanité et des âmes mures des grands Maîtres Ces jeunes âmes, en raison de leur intelligence plus évoluée, formèrent les castes dirigeantes de l'ancien monde, les classes intellectuelles, mieux douées pour acquérir la connaissance. Ces hommes-là dominèrent, dès l'antiquité, la masse de leurs frères moins évolués.

Telle est l'origine des différences énormes de capacité mentale et morale qui séparent les races les plus évoluées de celles qui le sont le moins, et qui, même dans les limites d'une seule race, mettent un abîme entre le philosophe, penseur sublime, et le type presque animal encore des arriérés de sa propre nation. Ce ne sont là que des différences dans le degré d'évolution, dans l'âge des âmes; et leur existence a été reconnue à travers l'histoire tout entière de l'humanité sur notre globe. Quelque loin que nous puissions remonter, au cours de l'histoire connue, nous trouvons côte à côte l'intelligence sublime et la brute ignorante. Et les traditions occultes, remontant bien plus loin encore, nous content une histoire analogue au sujet des premiers âges. Ceci ne doit pas nous alarmer, comme si les uns eussent été indûment favorisés et les autres indûment surchargés dans la lutte pour l'existence. L'âme la plus sublime a eu sa jeunesse et son enfance, dans des mondes antérieurs, alors que d'autres âmes la surpassaient de toute la hauteur dont elle surpasse à son tour ses plus jeunes sœurs. L'être aujourd'hui le plus rudimentaire montera jusqu'aux sommets atteints par le génie, et d'autres âmes, encore à naître, viendront remplir sa place sur l'échelle d'évolution. Les choses nous paraissent injustes parce que nous détachons notre monde de la place qu'il occupe dans l'ensemble de l'évolution, pour le considérer isolément comme s'il n'avait ni prédécesseurs ni successeurs. Notre ignorance seule voit l'injustice. Les voies de la nature sont égales; à chacun de ses fils elle apporte tour à tour l'enfance, la jeunesse et la maturité. Ce n'est pas sa faute à elle, si notre ineptie exige que toutes les âmes occupent au même instant le même degré, et si nous crions à l'injustice dès qu'elle ne s'incline pas devant nos enfantines prétentions.

Nous aurons plus de facilité à comprendre l'évolution de l'âme humaine si nous la prenons au point où nous l'avons laissée, c'est-à-dire au point où l'homme-animal est prêt à recevoir, et reçoit effectivement, son âme embryonnaire. Pour éviter une erreur possible, il semble bon de remarquer qu'il n'y a pas, dès lors, deux Monades dans l'homme : celle qui a édifié le tabernacle humain et celle qui y est descendue, Monade dont l'aspect le plus inférieur a été dénommé par nous : « âme humaine ». Empruntons une fois de plus une comparaison à H. P. Blavatsky. Comme deux rayons de soleil peuvent passer par le trou d'un volet, pour se mêler ensuite et ne faire plus qu'un après avoir été deux, de même, ces deux rayons issus du Soleil suprême, du Seigneur de notre univers, ces deux rayons distincts n'en font plus qu'un. Le deuxième rayon, entrant dans le tabernacle humain, fusionne avec le premier, lui apportant un surcroît d'énergie et un éclat nouveau. Puis la Monade humaine, *unité* nouvelle, commence sa tâche gigantesque : le développement, dans l'homme, des puissances supérieures de cette Vie Divine d'où elle est issue.

L'âme embryonnaire, le Penseur, possède d'abord, comme corps mental embryonnaire, l'enveloppe de substance mentale apportée par la Monade de la forme. Mais ce corps mental est encore loin d'avoir l'organisation qu'exigera son fonctionnement ultérieur. C'est un simple germe de corps mental, rattaché à un simple germe de corps causal. Aussi la puissante nature kâmique va-t-elle gouverner l'âme à sa guise pendant bien des existences, l'entraînant dans le tourbillon de ses passions et de ses appétits, et faisant déferler sur elle les vagues furieuses de son animalité déréglée. Quelque répugnante que puisse sembler à première vue cette vie primitive de l'âme, considérée du niveau plus élevé que nous avons atteint maintenant, elle n'en est pas moins indispensable à la germination des germes mentaux. La notion de différence, la perception d'une chose comme différente d'une autre, constitue une phase préliminaire sans laquelle nulle pensée ne pourrait être.

Et afin d'éveiller cette perception dans l'âme jusqu'alors incapable de penser, il fallait qu'elle reçût le choc de contrastes énergiques, violents, capables de lui faire sentir de force leurs différences. Voilà pourquoi se succèdent, coup sur coup, les plaisirs déréglés et les brutales douleurs. Le monde extérieur vient marteler l'âme à travers la nature kâmique, jusqu'à l'éveil des lentes perceptions qui, après des répétitions sans nombre, finissent par s'enregistrer dans la mémoire. Le Penseur emmagasine, comme nous l'avons vu, sous forme de puissance, le peu de gain rapporté de chaque vie.

Bien lent est le progrès, car presque rien n'est encore *pensé*. Par suite, presque rien n'est encore fait pour l'organisation du corps mental. Tant que de nombreuses perceptions n'ont pas été enregistrées, retenues sous forme d'images mentales, il n'y a pas de matériaux suffisants, pour servir de base à l'activité mentale intérieurement engendrée. Cette activité commence à se manifester lorsque deux ou plusieurs images mentales sont groupées ensemble, et qu'une déduction quelconque, quelle qu'élémentaire qu'elle soit, en est tirée. Cette opération est le début même du raisonnement, le germe de tous les systèmes de logique engendrés ou assimilés depuis, par l'intellect humain. Cette activité initiale du raisonnement est d'abord exclusivement au service de la nature kâmique, pour l'accroissement du plaisir et la diminution de la douleur. Mais chaque opération nouvelle vient accroître l'activité du corps mental et rendre son fonctionnement plus aisé.

On verra facilement que l'homme, en cette période d'enfance, n'a pas la moindre notion du bien ni du mal. Pour lui, le bien et le mal n'existent pas. Le bien, c'est ce qui est d'accord avec la volonté divine, ce qui contribue au progrès de l'âme, ce qui tend en même temps à fortifier la nature supérieure de l'homme et à éduquer sa nature inférieure en la subjuguant. Le mal, c'est ce qui retarde l'évolution, ce qui retient l'âme dans les degrés inférieurs après que les leçons, qu'ils peuvent lui enseigner sont apprises ; c'est ce qui tend à établir la domination de la nature inférieure sur la nature supérieure, ce qui tend à assimiler l'homme à la brute qu'il doit laisser en arrière, et non au Dieu qu'il doit évoluer en lui. Avant que l'homme puisse distinguer le bien du mal, il faut qu'il découvre l'existence d'une *loi*. Et il ne peut la découvrir qu'en suivant tous ceux qui, dans le monde extérieur, l'attire, et en saisissant chaque objet désirable. L'expérience, douce ou amère, se chargera de lui apprendre si son désir était, ou non, d'accord avec la loi.

Prenons un exemple palpable, tel que l'attrait d'un aliment agréable; et voyons comment l'homme enfant peut en déduire l'existence d'une loi naturelle. Au premier essai, l'aliment apaise la faim et flatte le goût. Il n'en résulte que du plaisir, car l'acte s'harmonise avec la loi. En une autre occasion, désirant accroître le plaisir, l'homme mange avec excès et souffre en conséquence, car il a transgressé la loi. Troublante leçon pour l'intelligence naissante, d'apprendre que l'excès du plaisir engendre la douleur. A mainte et mainte reprise le désir conduit à l'excès, et chaque fois l'homme en subit les conséquences pénibles, jusqu'à ce qu'il ait enfin appris la modération, jusqu'à ce qu'il ait appris, en d'autres termes, à mettre ses actes corporels en conformité, sous ce rapport, avec la loi physique.

L'homme découvre donc, par sa propre expérience, que certaines conditions l'affectent sans qu'il puisse les maîtriser, et que leur observation peut seule lui assurer le bonheur physique. Des expériences du même genre lui parviennent incessamment, par la voie de chaque organe corporel, avec une infaillible régularité. Ses désirs extériorisés lui apportent un juste retour de plaisir ou de peine, selon qu'ils opèrent avec ou contre les lois de la nature; et son expérience graduellement accrue commence à guider ses pas, à influer sur sa détermination. Ce n'est pas comme s'il lui fallait renouveler son expérience *ab ovo* dans chaque vie nouvelle; car à chaque renaissance, il apporte avec lui des facultés mentales légèrement accrues, une réserve qui ne cesse de s'accumuler.

J'ai dit qu'en ces premiers jours la croissance était fort lente. En effet l'activité mentale ne fait à peine que de naître, et lorsque l'homme se dévêt de son corps physique, à la mort, il passe la plus grande partie de la période intermédiaire en Kâmaloka, pour somnoler ensuite à travers une brève période dévakhanique, assimilation inconsciente de quelques expériences mentales trop rudimentaires pour servir de base à l'existence céleste active qui lui sera un jour dévolue. Quoi qu'il en soit, le corps causal, indestructible, est là, pour servir de réceptacle aux qualités de l'homme et pour les transmettre à sa vie terrestre suivante, où leur développement se poursuivra.

Le corps causal joue, chez l'homme, le rôle que remplissait l'âme-groupe monadique dans les progrès antérieurs de l'évolution. Dans l'un et l'autre cas, c'est cette entité continue qui rend l'évolution possible. Sans elle, l'accumulation des expériences mentales et morales, base de toutes nos facultés, serait tout aussi impossible à concevoir que l'accumulation, sans la continuité du protoplasma physique, des expériences physiques qui s'expriment par les caractéristiques de race et de famille. Des âmes surgissant brusquement du néant, sans passé derrière elles, mais avec des caractéristiques mentales et morales nettement marquées, formeraient une conception aussi monstrueuse que celle, tout à fait pareille, de bébés surgissant brusquement à l'existence, venus de nulle part, sans attache avec qui que ce soit, mais exhibant néanmoins un type bien marqué de famille et de race.

Ni l'homme ni son véhicule physique ne sont dépourvus de cause, ou engendrés par la puissance créatrice directe du LOGOS. Ici, comme en tant d'autres cas, les choses invisibles peuvent être clairement discernées par leur analogie avec les choses visibles. Le visible n'est rien de plus, en somme, que l'image, la réflexion d'un prototype invisible. Sans la continuité du plasma physique, il n'y aurait point de base à l'évolution des caractéristiques physiques. Sans la continuité de l'intelligence, il n'y aurait point de base à l'évolution des qualités mentales et morales. Dans l'un et l'autre cas, l'évolution, sans continuité, s'arrêterait au premier pas, et l'univers serait un chaos indéfini de commencements isolés, au lieu d'un cosmos en voie de continuel devenir.

Il ne faut pas oublier qu'en ces temps primitifs l'ambiance entre pour beaucoup dans la détermination des types divers ainsi que de la voie suivie par le progrès individuel. Dans la suite des temps, toutes les âmes doivent développer toutes leurs puissances ; mais l'ordre suivant lequel ces puissances se manifestent dépend des circonstances où l'âme se trouve placée. Le climat, la fertilité du sol ou sa stérilité, la vie sur la montagne ou dans la plaine, dans la forêt continentale ou sur les côtes de l'océan ; — ces éléments, et bien d'autres encore, induiront en activité tel ou tel groupe spécial d'énergies mentales naissantes. Une vie d'excessive privation, de lutte incessante contre la nature, développera des puissances très différentes de celles évoluées au sein de l'exubérante richesse de quelque île tropicale. Ces deux groupes de puissances sont également nécessaires, car l'âme doit conquérir toutes les régions de la nature. Mais, en attendant, des différences frappantes peuvent être ainsi produites entre âmes du même âge, et l'une peut sembler plus avancée que l'autre, selon que l'observateur apprécie davantage les facultés « pratiques » de l'âme ou celles qu'on nomme « contemplatives », les énergies d'action extérieure ou les qualités paisibles de rêverie et de réflexion intérieure. L'âme parfaite possède toutes les facultés, mais l'âme en voie de parvenir doit les développer successivement. Voilà donc encore une des causes de l'infinie diversité que présentent entre eux les êtres humains.

Car il faut nous rappeler une fois de plus que l'évolution humaine est individuelle. Lorsqu'un groupe d'êtres est animé par une âme-groupe monadique unique, tous les représentants du groupe ont les mêmes instincts. Cette âme-groupe monadique est le réceptacle de toute expérience acquise, et elle répand sa vie dans toutes les formes qui dépendent d'elle. Mais chaque homme, par contre, occupe un véhicule physique particulier et n'en occupe qu'un à la fois. Le réceptacle de toutes ses expériences est le corps causal, qui déverse sa vie dans son véhicule physique unique et ne peut agir sur aucun autre véhicule physique, car il n'est en rapport qu'avec le sien et avec nul autre. Voilà pourquoi nous trouvons entre les individualités humaines des différences qu'on n'observe jamais entre les animaux étroitement alliés. Voilà pourquoi, aussi, l'évolution des qualités ne peut pas être étudiée dans l'ensemble de l'humanité, mais seulement dans l'individualité continue. La science, n'ayant pas en son pouvoir les moyens nécessaires pour mener à bien une telle étude, est incapable de nous expliquer pourquoi certains hommes planent au-dessus de toute leur race, véritables géants intellectuels et moraux. Elle est incapable de suivre l'évolution intellectuelle d'un Shankarakarya ou d'un Pythagore, l'évolution morale d'un Bouddha ou d'un Christ.

Considérons maintenant les divers facteurs du problème de la réincarnation. Leur compréhension nette est indispensable si l'on veut résoudre les quelques difficultés où vient buter quiconque n'est pas familiarisé avec cette idée; entre autres, l'objection bien connue de la perte du souvenir.

Nous avons vu que l'homme, dans son passage à travers la mort physique, le Kamaloka et le Dévakhan, perd l'un après l'autre ses divers corps, physique, astral et mental. Ils sont tous désagrégés, et leurs particules dispersées se mélangent aux matériaux de leurs plans respectifs. La connexion de l'homme avec son corps physique est entièrement et définitivement rompue, mais le corps astral et le corps mental transmettent à l'homme proprement dit, au Penseur, les germes de facultés et de qualités résultant des activités de la vie terrestre. Ces germes recueillis dans le corps causal fourniront la graine du corps mental et du corps astral de l'incarnation prochaine. Mais à ce moment l'homme proprement dit subsiste seul, tel un laboureur qui a rentré sa récolte et qui s'en est nourri jusqu'à l'avoir assimilée tout entière. Puis l'aube d'une vie nouvelle se lève, et il devra retourner à son labeur jusqu'au soir.

La nouvelle vie débute par la vivification des germes mentaux. Ces germes font appel à la substance des niveaux inférieurs du plan mental, jusqu'à développement d'un corps mental qui représente exactement l'échelon mental atteint par l'homme, et exprime sous forme d'organes toutes ses facultés mentales. Les expériences du passé n'existent pas en tant qu'images dans ce corps nouveau. En tant qu'essence, elles ont été dispersées à la mort de l'ancien corps mental. En tant qu'essence, elles survivent dans l'action qu'elles ont exercée sur l'ensemble des facultés mentales. Elles furent l'aliment de l'intelligence, elles furent les matériaux que la pensée élabora pour en tisser des pouvoirs nouveaux ; et dans le corps en formation elles réapparaissent sous forme de pouvoirs, elles déterminent la qualité de ses matériaux et la perfection de ses organes.

Lorsque l'homme, le Penseur, s'est ainsi revêtu d'un corps nouveau pour sa nouvelle vie dans la région inférieure du plan mental, il se procure, par la vivification des germes astraux, un nouveau corps astral pour sa vie nouvelle sur le plan astral. Et ce corps représente exactement sa « nature du désir » ; il reproduit fidèlement les qualités évoluées dans le corps astral de la vie antérieure. C'est ainsi que, du fruit, se reforme l'arbre dont la graine a condensé l'essence.

Voilà donc l'homme pleinement équipé pour son incarnation prochaine, le souvenir des évènements passés subsistant exclusivement dans son corps causal, dans sa forme individuelle permanente, seul corps qui reste intact de vie en vie.

Entre temps, des mesures sont prises, indépendamment de lui, pour lui procurer un corps physique approprié à l'expression de ses qualités. Dans ces vies passées, il a formé des liaisons avec d'autres êtres humains, il a contracté des dettes envers eux : ces affinités préexistantes détermineront en partie son lieu de naissance et sa famille[120]. Il a été, pour d'autres, une source de bonheur ou de souf-

---

120   Les causes qui déterminent les conditions extérieures de la vie nouvelle seront pleinement expliquées au chapitre IX, « Karma ».

france: encore un facteur servant à fixer les conditions de sa vie nouvelle. Sa nature passionnelle est bien disciplinée, ou turbulente et déréglée: il en sera tenu compte dans l'hérédité physique du corps qu'il occupera. Il a cultivé certaines facultés mentales, des talents artistiques par exemple: ce fait devra entrer aussi en ligne de compte, car ici encore l'hérédité est un facteur important, puisque la délicatesse de l'organisation nerveuse et la sensibilité tactile sont nécessaires à l'expression de ses talents. Et ainsi de suite, dans l'infinie variété des cas individuels.

L'homme peut avoir en lui, il aura même certainement, bien des caractéristiques incompatibles, en sorte qu'il n'y aura point de corps disponible pouvant servir à l'expression de toutes ses facultés. Parmi celles-ci, un groupe susceptible d'expression simultanée devra donc être choisi. Tout ce travail est accompli par des Intelligences spirituelles puissantes [121], souvent appelées les « Seigneur du Karma » parce que leur fonction est de présider à la mise en acte des causes constamment engendrées par les pensées, les désirs et les actions des hommes. Ils tiennent les fils de la destinée que chaque homme s'est tissée, et ils guident l'être en instance de réincarnation vers le milieu déterminé par son propre passé, vers l'entourage inconsciemment choisi par la nature même de ses vies précédentes.

La race, la nation, la famille étant ainsi choisies, ces grands Êtres fournissent ce que nous pourrons appeler le modèle du corps physique, modèle approprié à l'expression des qualités de l'homme et à la mise en œuvre d'effets dont il a jadis engendré les causes. Le nouveau double éthérique, copie exacte de ce modèle, est construit dans le sein maternel par l'opération d'un élémental ayant pour puissance animatrice la pensée des Seigneurs du Karma.

---

121   Êtres mentionnées par H. P Blavatsky dans la *Doctrine Secrète*. Ce sont les *Lipika*, qui tiennent les registres du Karma, et les Régents ou Mahârâjahs, qui président à l'exécution pratique des décrets des Lipika.

C'est dans ce double éthérique que le corps physique se construit, molécule à molécule, suivant exactement le canevas éthérique tracé. C'est ici que l'hérédité physique est en plein dans son rôle, en fournissant les matériaux employés. De plus, les pensées et les passions de l'entourage, surtout du père et de la mère, continuellement présents, influent sur le travail de l'élémental constructeur. Les individualités avec lesquelles l'homme en voie d'incarnation a formé des liens dans le passé affectent par conséquent, dans une large mesure, les conditions physiques qui se préparent pour sa nouvelle existence terrestre. Dès les premiers temps aussi, le nouveau corps astral entre en rapport avec le nouveau double éthérique et exerce sur sa formation une influence considérable. À travers le corps astral, le mental agit sur l'organisation nerveuse, afin de se préparer pour l'avenir un instrument d'expression convenable. Cette influence, commencée dans la vie prénatale (en sorte que, dès la naissance, l'organisation cérébrale de l'enfant révèle déjà l'étendue et l'équilibre de ses facultés mentales et morales), cette influence persiste après la naissance, et l'édification du cerveau et des nerfs ainsi que leur corrélation avec le corps astral et le corps mental se poursuivent jusqu'à la septième année de l'enfance, époque où l'union de l'homme avec son corps physique a atteint sa plénitude. Dès lors il peut être considéré comme agissant *dans* son véhicule physique et non plus *sur* lui.

Avant cet âge, la conscience du Penseur est plutôt sur le plan astral que sur le plan physique. Les facultés psychiques, souvent éveillées chez les jeunes enfants, viennent confirmer ce fait. Ils voient des camarades invisibles et des paysages féeriques, ils empruntent au monde astral toutes sortes d'imaginations délicates et charmantes. Ces phénomènes disparaissent en général lorsque le Penseur commence à travailler efficacement à travers son véhicule physique ; et l'enfant rêveur s'efface dans la banalité de « l'âge ingrat », pour la plus grande tranquillité des parents inquiets de la « bizarrerie » de l'enfant, mais incapables d'en comprendre la raison.

Cette « bizarrerie », la plupart des enfants en subissent plus ou moins l'atteinte, mais ils apprennent vite à dérober visions et fantaisies au peu sympathique accueil de leurs aînés. Le reproche habituel « d'inventer des histoires », et la moquerie, que l'enfant redoute plus encore, ne tardent guère à produire leurs effets. Si les parents pouvaient seulement voir le cerveau de leurs enfants, — palpitant sous un mélange inextricable de vibrations physiques et astrales impossibles à démêler, et recevant parfois même, tant il est plastique, quelque éclair des régions plus hautes, quelque vision de radieuses beautés ou d'exploits héroïques, ils écouteraient avec plus de patience le babillement confus des pauvres petits qui s'efforcent vainement de traduire, en paroles inaccoutumées, pénibles, les lueurs fugitives dont ils ont conscience et qu'ils s'exercent à saisir et à retenir. La réincarnation, acceptée et comprise, ôterait à la vie de l'enfance son caractère le plus pénible. On ne verrait plus cet isolement total de l'âme qui travaille, sans aucune assistance, à acquérir l'empire sur ses nouveaux véhicules. Au moment où elle entre pleinement en rapport avec son enveloppe la plus grossière, il serait de toute importance pour elle de conserver le pouvoir d'impressionner ses corps intermédiaires avec assez de netteté pour qu'ils puissent transmettre au cerveau physique leurs vibrations subtiles. Une sympathie plus intelligente envers l'enfance rendrait plus facile pour l'âme cette tâche délicate.

❦

CHAPITRE VIII

LA RÉINCARNATION (SUITE)

Les degrés ascendants du développement de conscience, franchis par le Penseur à travers les incarnations successives de son long cycle de vie dans les trois mondes inférieurs sont nettement tracés; la nécessité évidente d'un grand nombre de vies où l'homme (si tant est qu'il doive évoluer) puisse parcourir tous ces degrés apportera aux esprits capables de quelque réflexion la plus claire conviction de la vérité de la réincarnation.

Le premier de ces degrés et celui où toutes les expériences sont de l'ordre de la sensation. La seule contribution apportée par l'intelligence consiste à reconnaître que le contact de certains objets est suivi d'une sensation de plaisir, alors que le contact de certains autres objets engendre la douleur. Ces objets forment des images mentales, images qui bientôt commencent à agir, incitant l'homme à rechercher, alors qu'ils sont absents, les objets associés avec la notion de plaisir. Les germes de la mémoire et de l'initiative mentale font ainsi leur apparition. Cette première division sommaire du monde extérieur est suivie par l'application au plaisir et à la douleur de la notion de quantité, notion à laquelle nous avons déjà fait allusion.

À ce degré d'évolution la mémoire est éphémère; en d'autres termes, les images mentales sont très passagères. Jamais encore le Penseur enfant n'a songé à préjuger de l'avenir d'après le passé, fût-ce dans la mesure la plus rudimentaire. Ses actions sont guidées du dehors, par les impulsions qu'il reçoit du monde extérieur, ou tout au plus par la poussée de ses appétits et de ses passions aux exigences impérieuses. Il se défera de n'importe quoi en échange d'une satisfaction immédiate, quelle qu'indispensable que soit, pour son bienêtre futur, la chose abandonnée; le besoin du moment l'emporte sur toute autre considération. On peut trouver, dans les récits de voyages, de nombreux exemples d'âmes humaines en cet état embryonnaire; et la nécessité d'un grand nombre de vies successives s'imposera à l'esprit de quiconque examine côte à côte la condition mentale des sauvages les moins évolués et celle de l'humanité simplement moyenne parmi nous.

Inutile de dire que la capacité morale n'est pas plus évoluée que la capacité mentale. L'idée du bien et du mal n'a pas encore été conçue. Il n'est même pas possible d'inculquer à une intelligence tout à fait primitive la notion la plus rudimentaire soit du bien, soit du mal. « Bien » et « agréable » sont pour elle termes interchangeables, à preuve le cas, d'ailleurs bien connu, du sauvage que mentionne Charles Darwin. Pressé par la faim, cet homme abattit d'un coup de lance la créature vivante la plus proche qui pût lui servir d'aliment, créature qui se trouva être sa propre femme. Un Européen voulut lui reprocher la méchanceté de cet acte, mais ne parvint pas à produire la plus petite impression. Du reproche que manger sa femme était très mauvais, le sauvage induisit simplement que l'étranger la croyait peu appétissante ou indigeste. Aussi s'empressa-t-il de le rassurer d'un sourire paisible, et, son repas fini, tout en se caressant le ventre d'un air satisfait, il déclara : « Elle est excellente ». Mesurez de l'esprit la distance morale qui sépare cet homme d'un saint François d'Assise, et vous verrez qu'il doit y avoir une évolution des âmes comme il y a une évolution des corps, à défaut de quoi, dans le monde de l'âme, tout n'est que miracle continuel et création disparate.

Il existe deux voies suivant chacune desquelles l'homme peut émerger graduellement hors de cette condition mentale embryonnaire. Il peut être gouverné et régi directement par des êtres beaucoup plus évolués que lui, ou bien être abandonné à une croissance lente et sans aide. Ce dernier cas impliquerait le passage d'éternités innombrables; car, sans exemple et sans discipline, soumis aux influences changeantes des objets extérieurs et au contact de ses semblables aussi peu évolués que lui, l'homme développerait les énergies latentes de son être avec une extrême lenteur. En fait, c'est par la voie du précepte et de l'exemple directs, et de la discipline imposée, que l'homme a été développé.

Comme nous l'avons vu, lorsque la masse de l'humanité moyenne reçut l'étincelle divine d'où naquit le Penseur, plusieurs des « Fils de l'Intelligence » le plus élevés s'incarnèrent comme Instructeurs. D'autre part une longue succession de « Fils de l'Intelligence » moins élevés, à différents degrés d'évolution, entrèrent en incarnation pour former dans la marée montante de notre humanité la vague d'avant-garde. Ces derniers, sous l'inspiration bienfaisante des grands Maîtres, gouvernèrent les hommes moins évolués; et l'obéissance, imposée, à des règles de conduite élémentaires, — très élémentaires au début, — hâta grandement le développement des facultés mentales et morales dans les âmes embryonnaires. Indépendamment de tout autre indice, les restes gigantesques de civilisations depuis longtemps disparues (témoignant d'une grande habileté mécanique et de conceptions intellectuelles bien supérieures à toutes les possibilités de la masse humaine alors en son enfance) suffisent à prouver qu'il y avait sur terre, dès cette époque, des intelligences capables de vastes desseins et de grandioses réalisations.

Poursuivons notre étude du premier degré d'évolution de la conscience. La sensation est Maîtresse de l'intelligence, et les premiers efforts mentaux sont stimulés par le désir. Ceci amène l'homme, lentement et maladroitement, à prévoir, à projeter. Il commence à reconnaître une association déterminée entre certaines images mentales, et lorsqu'une d'entre elles apparaît il s'attend à voir surgir celle qui l'a invariablement suivi. Il commence à induire, et même, progrès notable, à faire acte d'initiative sur la foi de ses inductions. Il commence également à hésiter, de temps à autre, avant de céder aux poussées violentes du désir, parce qu'il a observé, à mainte et mainte reprise, que la satisfaction exigée par le désir s'associe dans sa pensée avec la production d'une souffrance subséquente. Ce changement d'attitude est puissamment accéléré par la pression qu'exercent sur l'homme les lois exprimées oralement. On lui défend de saisir certaines satisfactions. On lui dit que toute désobéissance sera suivie de souffrance. Lorsqu'il a saisi l'objet qui fait ses délices, et qu'il voit la souffrance faire suite au plaisir, l'avertissement réalisé produit sur son esprit une impression autrement profonde que n'en eût pu faire le même évènement, non prédit, et par suite, selon lui, attribuable au hasard. Un conflit incessant prend ainsi naissance entre la mémoire et le désir, et l'intelligence devient plus active par ce conflit qui l'oblige à fonctionner avec une vivacité croissante. En fait, ce conflit marque la transition qui nous conduit à la deuxième grande phase d'évolution.

Dans cette deuxième phase, le germe de la volonté commence à paraître. Le désir et la volonté guident les actions de l'homme. La volonté a même été définie comme n'étant qu'un désir qui émerge triomphant du conflit des désirs; mais c'est là une conception primitive et superficielle, qui n'explique rien. Le désir, c'est l'énergie du Penseur, dirigée au-dehors, et déterminée dans sa direction par l'attraction des objets extérieurs. La volonté, c'est l'énergie du Penseur, dirigée au-dehors et déterminée dans sa direction par les conclusions que la raison a tirées des expériences passées, ou par l'intuition directe du Penseur lui-même. En d'autres termes, le désir est guidé du dehors, la volonté, mue du dedans.

Au début de l'évolution humaine, le désir est souverain absolu et entraîne l'homme en tous sens. Dans la phase moyenne, le désir, et la volonté sont en conflit perpétuel, et la victoire échoit, tantôt à l'un, tantôt à l'autre.

À la fin, le désir est mort; la volonté gouverne avec une autorité absolue et incontestée. Jusqu'au jour où le Penseur est assez développé pour voir directement, il dirige sa volonté par l'intermédiaire de la raison. Et comme la raison ne peut tirer ses conclusions que de son stock d'images mentales, — son expérience, — et que ce stock est limité, la volonté commande à tout instant des actions erronées. La souffrance qui résulte de ces actions erronées vient accroître le stock d'images mentales et donner à la raison un fonds plus riche d'où tirer ses conclusions. Ainsi le progrès s'effectue et la sagesse naît.

Le désir se mélange fréquemment à la volonté, en sorte que ce qui apparaît comme mu du dedans est en réalité largement déterminé par la soif de la nature inférieure pour les objets qui lui donnent satisfaction. Au lieu d'un conflit ouvert entre les deux pouvoirs, c'est ici l'inférieur qui s'insinue subitement dans le courant supérieur afin de le faire dévier. Vaincus en bataille rangée, les désirs de la personnalité conspirent contre leur vainqueur et obtiennent souvent par ruse ce qu'ils n'ont pu obtenir par force. Pendant la totalité de cette deuxième grande phase de l'évolution, où les facultés du mental inférieur sont en plein cours de développement, la condition normale de l'homme est le conflit, le conflit entre l'empire des sensations et l'empire de la raison.

Le problème à résoudre pour l'humanité consiste à mettre fin au conflit tout en conservant le libre arbitre; — à déterminer la volonté inévitablement vers le mieux tout en la laissant libre de choisir ce mieux. Le mieux doit être choisi, mais par un acte de volition spontanée qui se produira avec toute l'infaillibilité d'une nécessité préétablie. La garantie que donnerait une loi impérative doit être obtenue au moyen d'innombrables volitions laissées libres de déterminer chacune sa propre trajectoire. La solution de ce problème, une fois connue, est simple, bien que la contradiction paraisse irréductible à première vue. Qu'on laisse l'homme libre de choisir ses propres actions, mais que toute action entraîne un résultat inévitable. Qu'il prenne librement ses ébats parmi tous les objets du désir et qu'il saisisse ce qu'il lui plaira, mais que tous les résultats de son choix, délicieux ou pénibles, lui soient comptés. Un moment viendra où il rejettera librement les objets dont la possession est pour lui la cause d'une souffrance ultérieure. Il ne les désirera plus, une fois l'expérience pleinement acquise que leur possession aboutit à la douleur. Qu'il fasse tous ses efforts pour conserver le plaisir et éviter la souffrance : il n'en sera pas moins broyé sous la meule de la loi, et la leçon se répètera aussi souvent qu'elle sera jugée nécessaire. La réincarnation offre autant de vies qu'il en faut à l'élève le plus indolent. Peu à peu le désir d'un objet qui amène la souffrance à sa suite, s'éteindra. Et lorsque l'objet se présentera dans tout son éclat séduisant, il sera rejeté, non par nécessité, mais par choix. Il n'est plus désirable ; il a perdu son pouvoir. L'une après l'autre, toutes les convoitises subissent le même sort ; de plus en plus le choix s'harmonise avec la loi. « Les routes de l'erreur sont légion ; la voie de la vérité est une. » Lorsque tous les sentiers de l'erreur ont été parcourus, lorsqu'il a été reconnu qu'ils mènent tous à la souffrance, la détermination de marcher dans la voie de la vérité est immuable parce qu'elle est basée sur la connaissance. Les règnes inférieurs fonctionnent harmonieusement, poussés de force par la loi. Le règne humain est un chaos de volontés contraires, luttant avec la loi, s'insurgeant contre elle. Mais bientôt ce chaos s'épanouit en une unité plus noble, en un choix harmonieux d'obéissance volontaire, obéissance qui, par le fait qu'elle est volontaire, basée sur la connaissance et sur le souvenir des fruits de la désobéissance, est stable et ne peut se laisser détourner de son chemin par aucune tentation. Ignorant, dépourvu d'expérience, l'homme eût été sans cesse en danger de tomber. Devenu un Dieu, connaissant par expérience le bien et le mal, son choix du bien est élevé à jamais au-dessus de toute possibilité de changement.

Dans le domaine de la moralité, la volonté reçoit généralement le nom de « conscience »[122]. Ici encore, les mêmes difficultés se présentent. Tant qu'il s'agit d'actions maintes et maintes fois répétées, et dont les conséquences sont familières à la raison ou au Penseur lui-même, la conscience parle vite et ferme. Mais lorsque surviennent des problèmes peu familiers, sur la solution desquels l'expérience reste muette, la conscience ne peut parler avec certitude. De la raison, qui n'a que des conclusions douteuses à formuler, elle reçoit une réponse hésitante; et le Penseur, lui, ne peut rien dire si les circonstances présentes n'entrent pas dans le cadre de son expérience. Il suit de là que la conscience décide souvent à tort. Nous voulons dire par là que la volonté, ne recevant aucune indication nette, soit de la raison, soit de l'intuition, dirige l'action de travers.

Nous ne pouvons pas nous dispenser de faire entrer en ligne de compte les influences qui s'exercent de l'extérieur sur l'intelligence, influences des « formes-pensées » d'autrui : amis, famille, communauté, nation[123]. Toutes ces influences environnent et imprègnent l'esprit de leur atmosphère propre, déformant l'apparence de toute chose et faussant toutes proportions. Souvent la raison, influencée de la sorte, ne parvient même pas à juger avec calme d'après sa propre expérience. Elle arrive à des conclusions fausses parce qu'elle examine les choses à travers un milieu qui les déforme.

L'évolution des facultés morales est largement stimulée par les affections, quelles qu'animales et égoïstes qu'elles soient pendant l'enfance du Penseur. Les décrets de la moralité sont formulés par la raison éclairée, qui discerne les lois par lesquelles la nature se meut et amène la conduite humaine en harmonie avec la volonté divine. Mais l'impulsion qui fait obéir à ces lois lorsque nulle autre force n'y contraint à sa racine dans l'amour, dans cette divinité ca-

---

122   En anglais, *conscience*. (NDT)
123   Voir Chapitre II, « Le Plan Astral ».

chée au sein de l'être humain, et qui cherche à se répandre, à se donner aux autres. La moralité commence, chez le Penseur enfant, du jour où, pour la première fois, il se trouve poussé, par son amour pour femme, enfant, ou ami, à faire quelque action qui serve l'être aimé sans aucune pensée de gain pour lui-même. C'est la première conquête sur la nature inférieure, dont la soumission complète constitue l'accomplissement de la perfection morale. Il est donc essentiel de ne jamais chercher à détruire ou à affaiblir les affections, ainsi qu'on le fait en mainte forme inférieure d'occultisme. Si impures et si grossières que puissent être nos affections, elles offrent des possibilités d'évolution morale dont l'homme au cœur froid s'est privé lui-même en s'isolant. C'est une tâche plus facile de purifier l'amour que de le créer. Voilà pourquoi « les pécheurs » ont été considérés par de grands Maîtres comme étant plus près du royaume des cieux que les Pharisiens et les Scribes.

La troisième grande phase d'évolution de la conscience comporte le développement des facultés intellectuelles supérieures. La pensée cesse de s'appesantir exclusivement sur les images mentales; elle ne raisonne plus sur des objets purement concrets, et ne s'intéresse plus aux attributs qui les différencient.

Ayant appris d'abord à discerner clairement les objets entre eux en portant toute son attention sur leurs différences, le Penseur commence maintenant à les grouper ensemble au moyen de quelque attribut commun, visible dans un certain nombre d'objets dissemblables par ailleurs, et constituant un lien entre eux. Il isole, il abstrait cet attribut commun, et distingue les objets qui le possèdent de ceux qui en sont dépourvus. Par-là, l'homme développe en son esprit le pouvoir de reconnaître l'identité au sein de la diversité. C'est déjà un pas de fait vers la reconnaissance de l'Unique caché au sein de la multiplicité, reconnaissance qui se produira beaucoup plus tard. Le Penseur classe ainsi tout ce qui l'entoure, il acquiert la faculté de synthèse et apprend à construire comme il a appris à analyser.

Bientôt il fait un pas de plus et parvient à se représenter l'attribut commun sous la forme d'une idée, indépendamment de tous les objets dans lesquels cet attribut apparaît. Ainsi le Penseur construit une image mentale d'ordre plus élevé que celle d'un objet concret, — l'image d'une idée qui n'a point d'existence phénoménale dans les mondes de la forme, mais qui existe dans les régions supérieures du monde mental et fournit une base à l'opération du Penseur lui-même. Le mental inférieur se hausse jusqu'à l'idée abstraite par la force du raisonnement; et dans cette envolée, la plus haute dont il soit capable, il parvient au seuil du monde « sans forme » et entrevoit les réalités qui subsistent au-delà. Quant au Penseur, il voit directement ces idées abstraites et vit au milieu d'elles. Aussi, lorsque le pouvoir du raisonnement abstrait est développé et exercé, le Penseur tend à devenir puissant dans son propre monde. Dès lors, l'homme n'a plus guère d'attachement pour la vie des sens, il n'a plus de goût pour l'observation purement extérieure ou pour l'application de sa puissance mentale aux images des objets externes. Ses pouvoirs sont ramenés à l'intérieur et ne sont plus à chercher des satisfactions au dehors. Calme, il réside en lui-même, absorbé par les aspects plus profonds de la vie et de la pensée. Au lieu de s'inquiéter des effets, il cherche à comprendre les causes, et sa pensée sublime s'élève graduellement vers la perception de l'Unique caché sous toutes les diversités de la nature extérieure.

Au quatrième degré d'évolution de la conscience, cet Unique est vu. Les barrières de l'intellect une fois franchies, la conscience s'ouvre pour embrasser l'univers. Elle voit toutes choses en elle-même et comme faisant partie d'elle-même; elle se voit elle-même comme un rayon du Logos, et par suite, comme une avec Lui. Et le Penseur individualisé, qu'est-il devenu? Il est devenu Conscience[124]. À partir de ce moment, l'âme spirituelle peut utiliser à volonté l'un quelconque de ses véhicules inférieurs, mais

---

124   *Consciousness.* (NDT)

n'est plus réduite à s'en servir exclusivement; elle n'a plus besoin d'eux pour sa vie pleine et consciente. C'en est fini, alors, de la réincarnation obligatoire. L'homme a vaincu la mort; il a conquis son immortalité. Il est devenu « une colonne dans le temple de son Dieu, d'où il ne sortira plus ».

Pour compléter cette partie de notre étude, il est nécessaire de comprendre la vivification successive des différents véhicules de notre conscience, de concevoir comment ils sont, l'un après l'autre, éveillés à la vie active pour être les instruments harmonieux de l'âme humaine.

Nous avons vu que le Penseur, dès l'origine de sa vie séparée, a été muni d'enveloppes de matière mentale, astrale, éthérique et physique grossière. Ces enveloppes constituent les milieux à travers lesquels sa vie vibre vers l'extérieur.

Elles forment ce que nous pouvons appeler le « pont » de la conscience humaine, par où les impulsions venant du Penseur peuvent atteindre le corps physique grossier, et, inversement, par lequel les contacts du monde extérieur peuvent se transmettre jusqu'au Penseur. Mais cette utilisation générale des divers corps comme parties d'un ensemble coordonné est chose bien différente de la vivification que chacun d'entre eux reçoit à son tour quand vient pour lui l'heure de servir comme véhicule spécial de l'être conscient, indépendamment des corps inférieurs. C'est cette vivification spéciale des véhicules qu'il nous faut considérer maintenant.

Le véhicule le plus inférieur, le corps physique grossier, est le premier qui soit organisé de manière à fonctionner harmonieusement. Pour cela, le cerveau et le système nerveux doivent être travaillés et rendus délicatement sensibles à toute vibration rentrant dans la gamme de leur puissance vibratoire.

Dans les phases primitives, alors que le corps physique grossier est composé de matière des régions les plus denses, cette gamme est fort restreinte, et l'organe physique de la pensée ne peut répondre qu'aux vibrations les plus basses émises par le Penseur. Ce même organe répond beaucoup plus promptement, comme de juste, aux contacts du monde extérieur provenant d'objets de texture analogue à la sienne. Sa vivification comme véhicule de la conscience consiste à le rendre sensible aux vibrations procédant de l'intérieur; et la rapidité de cette vivification dépend de la coopération de la nature inférieure avec la nature supérieure, de sa subordination loyale et volontaire à son Maître intérieur. Lorsqu'après un nombre immense de cycles de vie, la nature inférieure commence à comprendre qu'elle existe pour les besoins de l'âme, que sa valeur dépend entièrement du secours qu'elle peut apporter à l'âme, et qu'elle ne peut gagner l'immortalité qu'en s'immergeant dans l'âme, — son évolution progresse à pas de géant. Avant ce moment l'évolution du corps physique se fait inconsciemment.

D'abord, la vie a pour but la satisfaction de la nature inférieure; et bien que ce soit là un prélude nécessaire à l'éveil des énergies du Penseur, cette période d'activité purement extérieure ne contribue pas directement à faire du corps un véhicule de la conscience. L'élaboration directe du corps commence lorsque la vie de l'homme établit son centre dans le corps mental, lorsque l'intelligence commence à dominer la sensation. L'exercice des facultés mentales agit sur le cerveau et le système nerveux, et les matériaux plus grossiers sont expulsés graduellement pour faire place à ceux plus subtils, susceptibles de vibrer à l'unisson des vibrations mentales qui leur sont transmises. Le cerveau devient plus délicat comme constitution en même temps que s'accroît, par des circonvolutions de plus en plus complexes, la surface disponible pour le revêtement de substance nerveuse apte à répondre aux vibrations mentales. Le système nerveux devient plus délicatement équilibré, plus sensitif, il répond mieux aux plus légères vibrations de l'activité mentale.

Enfin lorsque l'homme, dans son cerveau physique, vient à reconnaître, ainsi que nous l'avons vu plus haut, sa fonction comme instrument de l'âme, il commence à coopérer activement avec elle. La personnalité commence délibérément à se discipliner et à mettre les intérêts permanents de l'individualité immortelle au-dessus de ses propres satisfactions transitoires. Le temps qu'elle aurait pu employer à la poursuite des plaisirs inférieurs, elle le consacre à l'évolution des facultés mentales. Chaque jour, elle réserve un temps aux études sérieuses. Le cerveau est abandonné spontanément à la direction intérieure, et non plus aux influences externes. Il apprend à vibrer en réponse aux raisonnements suivis, et à ne plus projeter les images incohérentes qu'il renferme, images provenant des impressions passées. Il apprend à demeurer en repos lorsque son Maître n'a pas besoin de lui, à répondre aux vibrations, au lieu d'en être à la source[125].

En outre, le choix des aliments qui fournissent au cerveau sa base matérielle exige un peu de prudence et de discernement. L'usage des aliments plus grossiers, tels que la chair animale, le sang et l'alcool, sera interrompu, et une nourriture pure servira à bâtir un corps pur. Graduellement les vibrations inférieures ne trouveront plus de matériaux pouvant vibrer à l'unisson avec elles; le corps physique deviendra donc de plus en plus exclusivement un véhicule de la conscience, répondant délicatement à toutes les impulsions mentales, et exquisément sensible aux vibrations émises par le Penseur.

Quant au double éthérique, sa constitution suit de si près celle du corps grossier, qu'il n'est pas nécessaire d'étudier séparément sa purification. Dans les conditions normales, il n'est pas employé par l'être conscient comme véhicule séparé, mais fonctionne de concert avec son compagnon plus dense. Lorsqu'il en est séparé accidentellement ou par la mort, il répond très faiblement aux vibrations émises de l'intérieur. À vrai dire, la fonction du double éthérique est de servir non pas comme véhicule de la conscience, mais com-

---

125   Un des signes de cette transformation apparaît lorsque cesse le mélange confus d'images fragmentaires qu'engendre, pendant le sommeil, l'activité propre du cerveau physique (grossier et éthérique). Lorsque le cerveau commence à être dominé, l'on éprouve très rarement des rêves de ce genre.

me véhicule de Prâna, la force-vie spécialisée. Sa séparation d'avec les particules plus denses auxquelles il transmet les courants de vie est donc perturbatrice et pernicieuse.

Le deuxième véhicule de la conscience à organiser est le corps astral, et nous avons déjà vu les modifications qu'il subit au cours de son organisation graduelle [126].

Tant que cette organisation n'est pas achevée, chaque fois qu'il quitte son corps physique endormi pour voguer à la dérive dans le monde astral, l'être conscient reste emprisonné dans son corps astral, incapable d'exercer ses activités au dehors. Mais, une fois ce corps entièrement organisé, la conscience n'en est plus réduite à recevoir à travers lui, des objets astraux, de vagues impressions constituant ce qu'on nomme la conscience à l'état de rêve. Elle commence à percevoir directement les objets astraux au moyen des sens astraux. D'ailleurs il n'est pas abandonné sans assistance en présence de ce monde nouveau. Il est instruit, aidé et protégé, jusqu'à ce qu'il soit en état de se garder lui-même, par ceux qui ont plus d'expérience que lui dans les choses du monde astral. Graduellement, le nouveau véhicule de sa conscience est entièrement sous ses ordres et la vie sur le plan astral lui semble aussi naturelle et aussi familière que sur le plan physique.

Il est bien rare que le troisième véhicule de la conscience, le corps mental, soit vivifié pour un usage indépendant sans l'assistance directe d'un Maître : peut-être même cela n'arrive-t-il jamais. Car le fonctionnement en corps mental, au point où nous en sommes de l'évolution humaine, appartient à la vie du disciple [127]. Comme nous l'avons déjà vu, ce corps subit un remaniement [128] destiné à lui permettre de fonctionner indépendamment sur le plan mental. Ici encore l'expérience et l'entraînement sont indis-

---

126   Voy. Chap. II « Le Plan Astral ».
127   Voy. Chapitre XI, « l'Ascension de l'Homme ».
128   Voy. Chapitre IV, « Le Plan Mental ».

pensables avant que le véhicule puisse être entièrement aux ordres de son possesseur. C'est là ce qu'on oublie souvent, au risque de faire fausse route; car en parlant des corps plus subtils on perd de vue ce fait, évident lorsqu'il s'agit du corps physique, que tous nos véhicules sont soumis à une loi d'évolution, et qu'à mesure que leur développement s'effectue, ils croissent en réceptivité et en pouvoir de répondre aux vibrations. La vue entraînée perçoit bien des nuances qui échappent à l'œil du vulgaire. L'ouïe entraînée saisit maint harmonique, alors que l'oreille vulgaire n'entend que la note fondamentale. À mesure que les sens physiques deviennent plus subtils, l'univers se remplit; et là où le paysan n'a conscience que de sa charrue et de son sillon, l'intelligence cultivée perçoit l'aubépine de la haie et le frémissement du tremble, la ravissante mélodie qui tombe des cieux où plane l'alouette, et le bourdonnement des ailes menues à travers le bois voisin; la fuite apeurée des lapins sous le feuillage dentelé des fougères, et les ébats des écureuils dans les branches du hêtre, et tous les mouvements gracieux des choses sauvages, et toutes les suaves senteurs des champs et des bois, et toutes les splendeurs changeantes du ciel où courent les nuages, et toutes les lumières et les ombres qui se poursuivent au flanc des coteaux. Tous deux, paysan et homme cultivé, ont des yeux, tous deux ont un cerveau, mais combien ils diffèrent en puissance d'observation, combien ils diffèrent en sensibilité aux impressions ! Il en est de même dans les autres mondes. Lorsque le corps astral et le corps mental commencent à fonctionner comme véhicules spéciaux de la conscience, ils sont, pour ainsi parler, au degré de réceptivité du paysan; seuls, des fragments du monde astral et du monde mental, avec leurs phénomènes étranges et fuyants, arrivent à la perception de l'être. Mais ces véhicules évoluent rapidement, embrassant un champ d'observation de plus en plus vaste et apportant à la conscience une image de plus en plus exacte des choses environnantes. Ici comme partout ailleurs, il faut nous rappeler que notre savoir n'est pas la limite des pouvoirs de la nature, et que dans les mondes astral et mental, comme dans le monde physique, nous ne sommes encore que des enfants occupés à ramasser quelques coquillages rejetés par les vagues, tandis qu'au sein de l'océan les trésors gisent encore inexplorés.

La vivification du corps causal comme véhicule de la conscience suit, à son heure, la vivification du corps mental; et l'homme voit s'ouvrir en lui un état de conscience plus merveilleux encore, s'étendant, en arrière, à travers le passé sans limites, en avant, dans les profondeurs de l'avenir. Non seulement, alors, le Penseur possède le souvenir de son passé, non seulement il peut suivre son propre développement à travers toutes ses existences incarnées et désincarnées; mais il peut encore explorer à volonté l'histoire passée de la terre et apprendre les graves leçons de l'expérience du monde. Il peut étudier les lois cachées qui guident l'évolution, et les secrets profonds de la vie cachés au sein de la nature. Dans ce véhicule sublime de sa conscience, il lui est donné d'atteindre l'Isis voilée et de soulever un coin de son voile; car, en cet état, il peut la contempler face à face sans être aveuglé par l'éclair de ses regards. Dans le rayonnement qui se dégage d'elle, il perçoit enfin les causes de la misère du monde, mais il voit aussi la fin de cette misère; et son cœur reste ému de pitié et de compassion, mais n'est plus torturé d'une détresse impuissante. La force, le calme, la sagesse, sont l'apanage de ceux qui emploient le corps causal comme véhicule de leur conscience, et qui contemplent, les yeux ouverts, la splendeur de la Bonne Loi.

Lorsque le corps bouddhique est vivifié au point de servir de véhicule à l'être conscient, l'homme entre dans la béatitude de la non-séparativité, où son unité avec tout ce qui existe lui apparaît comme une intense et vivante réalité. Dans le corps causal, la caractéristique essentielle de l'état conscient était la connaissance, conduisant finalement à la sagesse; dans le corps bouddhique, c'est la béatitude et l'amour. Le premier état se distingue surtout par la sérénité du sage, tandis que l'autre rayonne de compassion tendre et inépuisable. Lorsqu'à tout cela s'ajoute la force divine et inaltérable qui marque le fonctionnement d'Atma, l'humanité est couronnée par la divinité. L'Homme-Dieu se manifeste alors dans toute la plénitude de sa puissance, de sa sagesse et de son amour.

Les véhicules inférieurs ne sont jamais accessibles qu'à une transmission partielle des états de conscience appartenant aux véhicules supérieurs, et cette transmission ne suit pas immédiatement la vivification de ces véhicules. Sous ce rapport, il y a de grandes différences d'un individu à l'autre, selon les circonstances et le travail qu'ils ont à accomplir. Car cette vivification des véhicules supérieurs au corps physique se produit rarement avant que l'homme ait atteint l'état du disciple dans la période d'épreuve [129], et alors les devoirs à remplir varient suivant les besoins de l'époque. Les disciples, ainsi que tous ceux qui aspirent à cette condition, apprennent à mettre leurs pouvoirs entièrement au service du monde; et la participation de la conscience inférieure aux connaissances de la nature supérieure est déterminée en majeure partie par les besoins de l'œuvre à laquelle le disciple se consacre. Il est nécessaire qu'il ait un plein usage des véhicules de sa conscience sur les plans supérieurs, car une grande partie de sa tâche ne peut s'accomplir que là; mais il importe peu que la connaissance de cette tâche soit, ou non, transmise au corps physique, puisque ce dernier n'y participe en rien. Ce qui décide généralement de la transmission ou de la non-transmission, c'est l'influence que l'une ou l'autre méthode pourra exercer sur l'efficacité du travail du disciple dans le monde physique. Au point actuel de son évolution, le corps physique éprouve une très grande fatigue lorsque la conscience l'oblige à vibrer à l'unisson des véhicules subtils; et à moins que les circonstances extérieures ne soient très favorables, cette fatigue risque d'occasionner des troubles nerveux, une surexcitation de la sensibilité, avec tous les maux qui en découlent.

---

129   Voir Chapitre XI « l'Ascension de l'Homme ».

Voilà pourquoi la plupart de ceux qui sont en pleine possession de véhicules supérieurs vivifiés, et dont le travail le plus important se fait en dehors du corps physique, se tiennent à l'écart du tourbillon des villes lorsqu'ils désirent projeter dans leur conscience physique le savoir dont ils font usage sur les plans supérieurs. Ils mettent ainsi leur véhicule physique sensitif à l'abri des brutalités et du tumulte de la vie ordinaire.

Voici d'ailleurs les préparations essentielles pour permettre au corps physique de répondre aux vibrations de la conscience supérieure :

Éliminer les matériaux grossiers que ce corps renferme, par une alimentation pure et une vie pure. Subjuguer entièrement les passions. Cultiver une égalité d'humeur et un équilibre d'esprit, que n'affectent ni le tourbillon ni les vicissitudes de la vie extérieure. S'accoutumer à la méditation paisible sur des sujets élevés, et détourner la pensée des objets des sens ainsi que des images mentales qui en dérivent, pour la fixer sur les choses plus hautes. Éviter toute hâte, et surtout cette précipitation, cette excitation fébrile de la pensée, qui fait travailler continuellement le cerveau en sautant d'un sujet à l'autre. Développer un amour sincère pour les choses du monde d'en haut, amour qui rend ces choses plus attrayantes que celles d'en bas, et fait que l'esprit se plaît en leur compagnie comme en celle d'un ami très cher. En fait, ces préparations sont analogues à celles que nécessite la séparation consciente de « l'âme » et du « corps », préparations que j'ai décrites ailleurs comme suit :

> L'étudiant doit commencer par la pratique d'une extrême pondération en toutes choses, et la recherche constante de l'égalité et de la sérénité d'esprit. Sa vie doit être propre et sa pensée pure, son corps tenu en strictes sujétions à l'âme, et son intelligence entraînée à s'occuper de questions élevées. Il doit amener à l'état d'habitude la compassion, la sympathie, et être toujours

disposé à venir en aide aux autres sans s'attacher aux ennuis ou aux plaisirs qui l'affectent personnellement. Il doit cultiver le courage, la constance et la dévotion spirituelle. En un mot, il doit vivre la religion et la morale dont les autres, en général, se contentent de parler.

Ayant appris, par une application persévérante, à gouverner sa pensée dans une certaine mesure, en sorte qu'il est capable de la maintenir fixée quelque temps sur une même ligne de raisonnement, il devra la soumettre à un entraînement plus rigide encore par une pratique journalière de la concentration sur quelque sujet difficile ou abstrait, ou sur quelque sublime objet de dévotion spirituelle. Par le terme « concentration » j'entends que l'esprit est fermement fixé sur un point unique, sans osciller de part et d'autre et sans se laisser distraire par les objets extérieurs, par l'activité des sens, ou par celle de la pensée elle-même. L'esprit doit être tendu avec une fermeté et une fixité inébranlables, jusqu'à ce qu'enfin il apprenne à retirer si complètement son attention du monde extérieur et du corps lui-même, que les sens puissent rester calmes et tranquilles tandis que la pensée jouit d'une vie intense, avec toutes ses énergies concentrées à l'intérieur pour être lancées sur un point unique, le plus élevé qu'il soit possible d'atteindre. Une fois que l'esprit est capable de se maintenir là avec une certaine aisance, il est prêt à faire un pas de plus : par un effort puissant mais calme de la volonté, il s'élancera au-delà de la pensée la plus élevée qu'il puisse atteindre *alors qu'il fonctionne dans le cerveau physique;* il s'élèvera jusqu'à la conscience supérieure et s'unira avec elle, et il se trouvera libéré de son corps physique.

Lorsque ceci est accompli, l'homme n'éprouve aucune impression de sommeil ou de rêve, pas la moindre perte de connaissance. Il se trouve hors de son corps, avec la sensation d'être soulagé d'un fardeau encombrant, et non pas d'avoir perdu une portion quelconque de son être. Il n'est d'ailleurs pas réellement

« dépourvu de corps »; il n'a fait que s'élever hors de son corps grossier dans un « corps de lumière » qui obéit à sa moindre pensée, instrument admirable et parfait pour l'accomplissement de sa volonté. Revêtu de ce corps, il peut parcourir à volonté les mondes subtils; mais ses facultés nécessiteront une éducation longue et soigneuse avant de pouvoir travailler, dans ces conditions nouvelles, d'une manière tout à fait digne de confiance.

La libération du corps peut encore être obtenue par d'autres méthodes : par le ravissement d'une dévotion intense, ou par des procédés spéciaux qu'un Maître peut communiquer à son disciple. Quelle que soit la méthode, le but est le même : libération de l'âme pleinement consciente, capable d'examiner le milieu nouveau qui l'entoure, en des régions inaccessibles à l'homme de chair. Elle peut à volonté revenir à son corps et y rentrer; et dans ces conditions elle peut imprimer sur le cerveau physique, et retenir par suite à l'état de veille, le souvenir des expériences qu'elle a subies [130].

Ceux qui ont saisi les idées principales esquissées dans les pages qui précèdent sentiront que ces idées sont en elles-mêmes l'argument le plus concluant pour démontrer que la réincarnation est un fait dans la nature. Elle est nécessaire afin que puisse s'effectuer l'immense déploiement qu'implique cette expression, « l'évolution de l'âme ». Si nous écartons pour le moment l'hypothèse matérialiste, à savoir, que l'âme n'est que l'ensemble des vibrations d'un genre particulier de matière physique, la seule autre hypothèse possible, c'est que chaque âme est une création nouvelle, produite lorsque l'enfant naît, est empreinte de tendances vertueuses ou vicieuses, douée d'intelligence ou de stupidité, par l'arbitraire caprice du pouvoir créateur. Comme dirait le mahométan, son destin lui est lié autour du col à sa naissance, car le destin d'un homme dé-

---

130   « Conditions of Life after Death » *Nineteenth Century*, nov. 1896.

pend de son caractère et du milieu qui l'entoure, et une âme nouvellement créée et jetée dans le monde doit être vouée au bonheur
ou à la misère, selon les circonstances environnantes et le caractère
dont elle est empreinte. À défaut de la réincarnation, nous n'avons
d'autre alternative que la prédestination sous sa forme la plus répugnante.

Ou bien nous considérons les hommes comme évoluant lentement, le sauvage brutal d'aujourd'hui devant avec le temps développer les plus nobles qualités du saint et du héros; et le monde est
alors un système d'évolution sagement conçu et sagement dirigé;

Ou bien nous sommes tenus d'y voir un chaos d'êtres sensitifs
traités de la manière la plus injuste, ayant en partage le bonheur ou
la misère, la science ou l'ignorance, la vertu ou le vice, la richesse
ou la pauvreté, de par une volonté arbitraire, extérieure à leur être,
et que ne guident ni la justice ni la compassion; — véritable pan-
démonium, irrationnel et dépourvu de sens. Et l'on voudrait qu'un
tel chaos soit la portion *supérieure* d'un cosmos dans les régions
inférieures duquel se manifestent les opérations admirablement
réglées d'une loi qui transforme incessamment les formes rudimentaires et simples en formes plus élevées et plus complexes, et
qui tend visiblement vers la perfection, l'harmonie et la beauté !

Si l'on admet, d'autre part, que l'âme du sauvage est destinée
à vivre et évoluer, qu'il n'est pas condamné pour toute l'éternité à
l'état d'enfance où il se trouve actuellement, mais que son évolution se poursuivra après sa mort dans d'autres mondes, l'évolution
de l'âme est dès lors admise en principe, et il ne reste plus à résoudre que la question du *lieu* où cette évolution se produira. Si
toutes les âmes sur terre étaient au même degré d'évolution, il y
aurait beaucoup à dire en faveur de la théorie qui veut que d'autres
mondes soient nécessaires à l'évolution de l'âme au-delà de son
stade enfantin. Mais nous avons autour de nous, en même temps
que ces êtres élémentaires, des âmes très développées nées avec
de sublimes qualités mentales et morales. Le même raisonnement

doit nous faire supposer que ces âmes-là ont évolué sur d'autres mondes encore avant leur naissance unique dans celui que nous habitons; et nous ne pouvons que nous étonner de voir une terre qui offre des conditions si diverses, pouvant convenir en même temps à des âmes rudimentaires et à des âmes d'élite, ne recevoir qu'une visite en passant de la part d'âmes à tous les degrés divers de leur développement, âmes qui achèveraient ensuite d'évoluer sur d'autres mondes semblables au nôtre, également capables de fournir toutes les conditions nécessaires aux âmes qui ne sont pas moins diversement évoluées en quittant cette terre qu'au jour où elles y sont nées. La Sagesse Antique enseigne, il est vrai, que l'âme progresse à travers bien des mondes, mais aussi qu'elle renaît à mainte et mainte reprise sur chacun de ces mondes, jusqu'à complet épuisement des possibilités d'évolution qu'elle y trouve. Les mondes eux-mêmes, d'après cet enseignement, forment une chaîne évolutionnaire, chacun d'eux jouant un rôle spécial comme théâtre de l'évolution. Notre propre monde présente un terrain propice au développement des règnes minéral végétal, animal et humain; et par conséquent la réincarnation, collective ou individuelle, s'y produit dans tous ces règnes. Il est vrai que des degrés ultérieurs nous attendent dans d'autres mondes; mais, suivant l'ordre divin, ces mondes ne nous seront accessibles qu'une fois apprises et assimilées toutes les leçons que notre monde actuel peut nous enseigner.

En étudiant l'humanité qui nous entoure, nous serons conduits par maint autre raisonnement à cette même solution unique: la nécessité de la réincarnation. La distance immense qui sépare un homme d'un autre homme a déjà été indiquée comme impliquant derrière chaque âme tout un passé d'évolution; et j'ai attiré l'attention du lecteur sur ces inégalités, qui distinguent la réincarnation individuelle des êtres humains — constituant chacun une espèce distincte — de la réincarnation collective des âmes-groupes monadiques dans les règnes inférieurs. La diversité comparativement insignifiante des corps physiques humains, tous extérieurement reconnaissables comme hommes, offre un contraste frappant avec l'inégalité flagrante des capacités mentales et morales qui distinguent le dernier des sauvages du type humain le plus noble. Le sauvage est souvent splendide comme développement physique, avec un crâne de dimensions considérables; mais combien son intelligence diffère de celle d'un philosophe ou d'un saint!

D'autre part, si l'on veut considérer l'élévation intellectuelle et morale comme n'étant qu'un résultat de la civilisation progressive, on se trouve en présence de ce fait, que les hommes les plus capables d'aujourd'hui sont surpassés par les géants intellectuels du passé, et que nul, de nos jours, n'atteint l'élévation morale de quelques saints historiques. Remarquons en outre que le génie n'a ni parents ni enfants, qu'il apparaît soudainement au lieu d'être comme le point culminant d'une famille graduellement améliorée, et qu'enfin il est généralement stérile, ou que, s'il laisse un enfant c'est l'enfant de son corps, non de son esprit.

Fait plus significatif encore, un génie musical naîtra la plupart du temps dans une famille musicale, parce que cet aspect particulier du génie exige pour sa manifestation une organisation nerveuse spéciale, et que l'organisation nerveuse tombe sous le coup de la loi d'hérédité. Mais combien souvent ne semble-t-il pas qu'une telle famille ait perdu sa raison d'être une fois qu'elle a fourni un corps pour un génie? À partir de ce moment elle vacille comme une lampe prête à s'éteindre, et disparaît en quelques générations dans l'obscurité de l'humanité ordinaire. Quand voit-on les descendants des Bach, des Beethoven, des Mozart, des Mendelssohn, égaler leurs ancêtres? En vérité le génie ne semble guère se transmettre de père en fils, comme le type physique de famille des Stuarts ou des Bourbons.

À défaut de la réincarnation, comment rendre compte des « enfants prodiges »? Prenez comme exemple le cas de l'enfant qui devint le docteur Young, celui qui découvrit la théorie ondulatoire de la lumière, un homme auquel on n'a pas encore rendu

VIII. — LA RÉINCARNATION (SUITE)

justice de nos jours. À l'âge de deux ans il lisait « avec une facilité remarquable », et avant l'âge de quatre ans il avait lu deux fois la Bible d'un bout à l'autre. À sept ans il commença l'arithmétique, et avant d'être parvenu avec son précepteur à la moitié du « Tutor's Assistant » de Walkingham, il possédait l'ouvrage en son entier. Quelques années plus tard, tout en suivant les cours ordinaires de l'école, il apprenait avec succès le latin, le grec, l'hébreu, les mathématiques, la tenue des livres, le français, l'italien, le métier de tourneur et la construction des télescopes, et la littérature orientale faisait ses délices. À quatorze ans, il devait étudier sous la direction d'un précepteur en compagnie d'un enfant plus jeune que lui d'un an et demi; le précepteur engagé n'arrivant pas, ce fut Young qui instruisit l'autre enfant[131].

Sir William Rowan Hamilton se montra plus précoce encore. Il commença d'apprendre l'hébreu lorsqu'il avait trois ans à peine, et

à l'âge de sept ans, un des agrégés de « Trinity collège », à Dublin, déclara qu'il avait fait preuve d'une connaissance plus profonde de la langue que beaucoup de candidats à l'agrégation. À l'âge de treize ans, il avait acquis une connaissance considérable de treize langues au moins, parmi lesquelles nous trouvons, outre les langues classiques et les langues européennes modernes, le persan, l'arabe, le sanscrit, l'hindoustani, et même le malais… À l'âge de quatorze ans il écrivit une lettre de bienvenue à l'ambassadeur de Perse qui se trouvait visiter Dublin; et ce dernier déclara qu'il n'eut jamais pensé trouver dans le Royaume-Uni un seul homme capable d'écrire un tel document en langue persane… Un de ses parents dit: « je le vois encore, petit garçon de six ans, répondant à une question mathématique ardue, puis s'éloignant gaiement au pas de course avec sa petite charrette. À douze ans, il concou-

---

131 *Life of doctor Thomas Young,* par G. Peacock, D. D.

rut avec Colburn, l'« Inaudi » américain d'alors qu'on exhibait à Dublin à titre de curiosité, et il n'eut pas toujours le dessous dans la rencontre. »

A dix-huit ans, en 1823, le docteur Brinkley (astronome royal d'Irlande) dit de lui : « je ne dis pas que ce jeune homme sera, je dis qu'il est le premier mathématicien de son temps. » « À l'Université sa carrière fut peut-être sans précédent. Parmi de nombreux concurrents d'un mérite plus qu'ordinaire, il fut le premier dans chaque sujet, et à chaque examen. » (*North British Review, sept.1866*)[132].

Les ressemblances de famille sont généralement attribuées à la « loi d'hérédité » ; mais des différences de caractère mental et moral se rencontrent à chaque instant dans le cercle de la famille, et reste inexpliquées. La réincarnation explique les ressemblances par le fait qu'une âme, lorsqu'elle renaît, est amenée dans une famille capable de fournir par son hérédité physique le genre de corps dont l'âme a besoin pour l'expression de ses caractéristiques. Elle explique aussi les dissemblances en attribuant le caractère mental et moral à l'individu lui-même. De plus, elle montre que des liaisons contractées dans le passé ont déterminé la naissance de cet individu en rapport avec quelque autre membre de la même famille[133]. Un « fait significatif par rapport aux jumeaux, c'est que souvent, pendant l'enfance, ils sont impossibles à distinguer entre eux, même aux regards scrutateurs de la mère et de la nourrice. Mais plus tard, dans la vie, le Manas travaille sur son enveloppe physique et la modifie à tel point que l'on voit diminuer peu à peu la ressemblance, les différences de caractère s'imprimant sur les traits mobiles du visage »[134]. La ressemblance physique avec dis-

---

132   En France, nous ne pourrions nous abstenir de citer l'exemple de Pascal enfant reconstituant, seuls, une partie de la géométrie. (NDT).

133   Voir Chapitre IX, « Karma ».

134   *Réincarnation*, par Annie Besant, p. 64 (éd. Anglaise)

semblance mentale et morale semble indiquer la rencontre de deux lignes de causalité différentes.

Les différences frappantes des hommes de puissance intellectuelle à peu près égale présentent dès qu'il s'agit d'assimiler certains enseignements spéciaux fournissent un nouvel argument en faveur de la réincarnation. Une vérité est reconnue immédiatement par l'un, tandis que l'autre ne parvient pas à la comprendre, même après une longue et soigneuse considération. Le contraire pourra arriver lorsqu'une autre vérité d'un genre différent leur sera présentée : le second la saisira d'emblée tandis qu'elle échappera au premier. « Deux étudiants se trouvent attirés vers la Théosophie et commencent à l'étudier. Au bout d'une année le premier est familiarisé avec les conceptions fondamentales de la doctrine et peut les appliquer, tandis que le second ne parvient pas à s'y reconnaître. Pour le premier, chaque principe semble familier à première vue; pour le second, tout est nouveau, inintelligible, étrange. Celui qui admet la réincarnation comprend que cet enseignement est ancien pour l'un et nouveau pour l'autre. L'un apprend vite *parce qu'il se souvient;* il ne fait que retrouver des connaissances anciennes. L'autre apprend lentement parce que son expérience passée n'embrasse pas ces vérités de la nature; il les acquiert péniblement pour la première fois [135]. » De même pour l'intuition ordinaire, « simple reconnaissance d'un fait qui a été familier dans quelque vie passée, bien qu'on le rencontre pour la première fois dans l'existence actuelle [136] », encore un indice de la route que l'individualité a suivie dans le passé.

Que l'étudiant capable de quelque réflexion veuille bien comparer de tels enfants à un demi-idiot, ou même à un garçon ordinaire. Qu'il note comment, avec de tels avantages au début de leur carrière, ils exercent une influence dirigeante sur la pensée humaine; et qu'il se demande ensuite si de telles âmes n'ont point un passé derrière elles.

135   *Réincarnation*, par Annie Besant, p. 67 (éd. Anglaise).
136   Ibid., 67.

La principale difficulté qui s'oppose, chez beaucoup de gens, à l'acceptation de cette doctrine, c'est l'absence de tout souvenir de leur propre passé. Et cependant ils s'aperçoivent chaque jour qu'ils ont oublié une grande partie de l'existence passée dans leur corps actuel, que le souvenir de leur enfance est vague et celui des toutes premières années un vide complet. Ils doivent savoir en outre que les évènements du passé, totalement oubliés dans leur conscience normale, restent néanmoins cachés dans les profondeurs obscures de la mémoire et peuvent être rappelés avec une grande netteté par certaines affections spéciales, ou sous l'influence de l'hypnotisme. On connaît le fait du mourant qui parle une langue entendue jadis, de son enfance, et oubliée pendant une longue vie. Dans le délire, des faits longtemps oubliés se sont présentés à l'esprit avec une netteté intense. Rien n'est vraiment oublié; mais il existe maintes choses cachées à la vue bornée de notre conscience « à l'état de veille », forme la plus limitée de notre état conscient, seule forme néanmoins que reconnaisse l'immense majorité des hommes. Tout comme le souvenir de maint fait de l'existence présente, enfoui hors de la portée de cette conscience à l'état de veille, et impossible à retrouver sauf lorsque le cerveau devient hypersensitif, capable, par suite, de répondre à des vibrations qui passent généralement inaperçues, le souvenir des vies passées, lui aussi, est emmagasiné hors de la portée de la conscience physique. Elle est possédée, tout entière, par le Penseur qui seul persiste de vie en vie; le livre entier du souvenir est à sa portée, car il est le seul « moi » qui ait passé par toutes les expériences qui s'y trouvent enregistrées. De plus, il peut transmettre son propre souvenir du passé au cerveau physique, dès que ce dernier est suffisamment purifié pour répondre à ses vibrations rapides et subtiles. L'homme de chair peut dès lors participer à sa connaissance des images historiques du passé. La difficulté de ce souvenir ne gît pas dans le manque de mémoire physique, puisque le véhicule inférieur n'a point traversé les vies antérieures de celui qui l'habite; elle gît dans l'absorption de la personnalité présente par tout ce qui l'entoure, et dans sa grossière insensibilité aux vibrations délicates, seul langage par lequel l'Âme puisse s'exprimer. Ceux qui veulent se souvenir du passé ne doivent pas donner toute leur attention au présent; ils doivent en outre purifier et affiner leur corps jusqu'à ce qu'il devienne capable de recevoir les impressions des sphères plus subtiles.

Quoi qu'il en soit, bon nombre de personnes possèdent actuellement le souvenir de leurs existences passées. Leur organisme physique a atteint la sensibilité voulue, et pour de telles personnes la réincarnation n'est évidemment plus une théorie, mais est devenue un fait de connaissance personnelle. Ceux-là ont appris combien la vie devient plus riche lorsque s'y ajoute la mémoire des existences passées; lorsque les amis de cette journée si brève se trouvent être les amis d'il y a longtemps, et que les souvenirs d'autrefois viennent renforcer les liens du présent éphémère. La vie est empreinte d'une sécurité et d'une dignité nouvelles lorsqu'elle est vue avec une longue perspective derrière elle, lorsque dans les affections d'aujourd'hui réapparaissent les affections d'antan. La mort s'efface et reprend sa place comme un simple incident dans l'existence, un changement de scène, analogue à un voyage qui éloigne les corps, mais ne peut séparer vraiment l'ami d'avec l'ami. Les liaisons du présent sont reconnues comme faisant partie d'une chaîne d'or qui s'étend au loin dans le passé, et l'on peut affronter l'avenir avec une joyeuse sécurité, dans la pensée que ces liens se maintiendront, chaîne ininterrompue, à travers les jours à venir.

De temps à autre nous trouvons des enfants qui ont rapporté le souvenir de leur passé immédiat, le plus souvent lorsqu'ils sont morts dans l'enfance pour renaître presque immédiatement. Dans l'Occident ces cas sont plus rares que dans l'Orient, parce que, dans l'Occident, les premières paroles d'un tel enfant ne rencontrent qu'incrédulité, et qu'il ne tarde pas à perdre confiance en ses propres souvenirs. Dans l'Orient, où la croyance à la réincarnation est presque universelle, les souvenirs de l'enfant sont écoutés, et, les circonstances aidant, ils ont pu être vérifiés.

Une autre considération relative au souvenir mérite d'attirer notre attention. Le souvenir des *évènements* passés subsiste, comme nous l'avons vu, dans la mémoire du Penseur seul; mais les résultats de ces évènements, incorporés dans les *facultés* acquises, sont au service de l'homme inférieur. Si la totalité de ces évènements passés était projetée dans le cerveau physique, vaste amas d'expériences sans classification, sans arrangement, l'homme ne pourrait être guidé par la résultante du passé, il serait incapable d'utiliser cette résultante pour se tirer d'affaire dans le présent. Obligé de choisir entre deux lignes de conduite, il lui faudrait rechercher, parmi les faits non classifiés de son passé, tous les évènements de nature analogue au cas actuel, les suivre jusqu'en leurs conséquences et parvenir enfin, après une étude longue et pénible, à quelque conclusion — conclusion qui pourrait fort bien être viciée par l'oubli de quelque facteur important, et qui serait atteinte bien longtemps après l'heure propice à la décision. Tous les évènements, futiles ou importants, de plusieurs centaines d'existences, formeraient, semble-t-il, un amas informe et chaotique, impossible à consulter dans un cas réclamant une prompte décision. La nature, infiniment plus pratique en ses dispositions, laisse au Penseur le souvenir des évènements, et réserve au corps mental une longue période d'existence désincarnée pendant laquelle les évènements sont triés et comparés, et leurs résultats classés. Ces résultats sont ensuite incorporés sous formes de facultés, facultés qui serviront à former le prochain corps mental du Penseur. De la sorte, les facultés accrues et perfectionnées se prêtent à un usage immédiat, et puisque les résultats du passé s'y trouvent incorporés, une décision conforme à ces résultats peut être prise sans nul délai. L'intuition claire et vive, le jugement prompt, ne sont rien d'autre que les résultats de l'expérience passée, exprimés sous une forme efficace et pratique, instruments plus utiles, certes, que ne le serait un amas d'expériences non assimilées, parmi lesquelles il faudrait en toute occasion, avant de se déterminer, trier et comparer celles qui se rapporteraient au cas présent afin d'en tirer des conclusions.

Quoi qu'il en soit, après avoir suivi toutes ces différentes lignes d'argumentation, notre pensée en revient toujours à la nécessité fondamentale que présente la réincarnation, s'il faut que la vie nous devienne intelligible, et que l'injustice et la cruauté cessent d'outrager l'impuissance humaine. Avec la réincarnation, l'homme est un être noble, immortel, évoluant vers une fin divinement glorieuse. Sans elle il n'est qu'un fétu, ballotté sur un torrent de circonstances hasardeuses, irresponsable de son caractère, de ses actions, de sa destinée. Avec elle il peut regarder l'avenir, plein d'un indomptable espoir, quelque humble que soit aujourd'hui sa place dans l'évolution; car il est sur l'échelle qui mène à la divinité et la conquête du sommet n'est qu'une question de temps. Sans elle, il n'a aucune certitude raisonnable de son progrès dans l'avenir; que dis-je, il n'a aucune certitude raisonnable de l'existence même d'un avenir : pourquoi une créature sans passé s'attendrait-elle à un avenir? Il peut n'être qu'une simple bulle sur l'océan du temps. Jeté du néant dans le monde, avec des qualités, bonnes ou mauvaises, attachées à son être sans raison ni mérite, pourquoi s'efforcerait-il d'en tirer le meilleur parti possible? Son avenir, s'il en a un, ne sera-t-il pas, tout comme son présent, isolé, sans cause ni relation? En excluant la réincarnation du nombre de ses croyances, le monde moderne a ravi à Dieu sa justice et à l'homme sa sécurité. Il peut y avoir « chance » ou « malchance » selon les cas, mais la force et la dignité que donne à l'être humain la confiance en une loi immuable lui sont ravies, et il est abandonné, impuissant, ballotté sur un océan de vie innavigable.

CHAPITRE IX

KARMA

Maintenant que nous avons suivi l'Âme humaine dans son évolution, dans son développement progressif à travers la succession des vies, nous sommes en mesure d'aborder l'étude de la grande loi de causalité qui préside aux renaissances et qu'on nomme « Karma ». Karma est un terme sanscrit qui signifie littéralement « action ». Étant donné que toute action dérive, comme effet, de causes antérieures et que chaque effet devient à son tour la cause d'effets à venir, cette notion de cause et d'effet est un élément essentiel dans l'idée d'action. C'est pourquoi le terme action, ou karma, est employé dans le sens de « causalité » et désigne la série ininterrompue, l'enchaînement des causes et des effets dont se compose toute l'activité humaine. D'où la phrase qu'on emploie parfois en parlant d'un évènement: « c'est mon karma », c'est-à-dire « cet évènement est l'effet d'une cause mise en jeu par moi dans le passé ». Aucune existence n'est isolée; chaque vie est le fruit de toutes celles qui l'ont précédée, le germe de toutes celles qui vont suivre, dans l'agrégat total des vies dont se compose l'existence continue de l'individualité humaine. Point de « hasard » ni d'« accident »; chaque évènement est lié aux causes antécédentes et aux effets subséquents; pensées, actions, circonstances, procèdent du passé et influent sur l'avenir. Parce que notre ignorance nous voile au même titre le passé et l'avenir, les évènements nous paraissent sortir tout à coup du néant, être « accidentels »; mais cette apparence est illusoire et procède exclusivement de notre peu de savoir. De même que le sauvage, ignorant les lois de l'univers physique, considère les évènements physiques comme dépourvus de causes et regarde comme des « miracles » les opérations de lois physiques inconnues, de même un grand nombre d'hommes, ignorant les lois mentales et morales, considèrent les évènements mentaux et moraux comme dépourvus de causes et regardent l'opération de lois inconnues, mentales et morales, comme bonne ou mauvaise « fortune ».

Lorsque pour la première fois surgit à l'horizon de la pensée humaine cette idée d'une loi inviolable, immuable, dans un domaine jusqu'alors vaguement attribué au hasard, il en résulte parfois un sentiment d'impuissance, presque de paralysie mentale et morale. L'homme se sent tenu dans la main de fer d'un destin inflexible, et le « kismet » résigné du musulman semble être la seule formule philosophique possible. Le sauvage peut en éprouver tout autant lorsque son intelligence étonnée conçoit pour la première fois l'idée d'une loi physique, lorsqu'il apprend que chaque mouvement de son corps, chaque mouvement de la nature extérieure, s'accomplit par l'opération de lois immuables. Mais il apprend peu à peu que les lois naturelles ne font que poser les conditions indispensables à toute action, sans pour cela prescrire l'action elle-même; en sorte que l'homme, au milieu d'elles reste toujours libre, tout en étant limité dans ses activités extérieures par les conditions du plan sur lequel il agit. Il apprend de plus que les conditions qui le réduisent à l'impuissance, déjouant ses plus intrépides efforts, tant qu'il les ignore ou tant que, les connaissant, il les combat, deviennent ses esclaves et ses auxiliaires dès qu'il les comprend, dès qu'il sait déterminer leur direction et calculer leur puissance.

En vérité, si la science est possible sur le plan physique, c'est bien *parce que* les lois de ce plan sont inviolables et immuables. S'il n'y avait point de lois naturelles aucune science ne pourrait exister. Un investigateur fait un certain nombre d'expériences afin de savoir comment la nature opère. Cette connaissance une fois acquise, il peut prendre les dispositions voulues pour amener un résultat déterminé. S'il échoue, il sait qu'il doit avoir oublié quelque condition nécessaire : ou bien sa connaissance des lois est encore imparfaite, ou bien il s'est trompé dans ses calculs. Il retourne à ses études, il rectifie sa méthode, il reprend ses calculs en toute sérénité, parfaitement convaincu qu'à toute question bien posée la nature doit répondre avec une invariable précision. L'hydrogène et l'oxygène ne lui donneront pas aujourd'hui de l'eau et demain de l'acide prussique, le feu qui le brûle aujourd'hui ne le glacera pas demain. Si l'eau peut être liquide aujourd'hui et solide demain, c'est que les conditions environnantes ont été changées ; le retour aux conditions originelles rétablira le résultat originel. Chaque nouveau renseignement obtenu à l'égard des lois de la nature engendre non pas une restriction nouvelle, mais un pouvoir nouveau. Car toutes les énergies de la nature deviennent des forces utilisables aux mains de l'homme à mesure qu'il parvient à les comprendre. D'où le proverbe : « savoir c'est pouvoir », car l'usage qu'on peut faire des forces dépend de la connaissance qu'on en a. En choisissant celles dont il veut se servir, en les équilibrant entre elles, en neutralisant les énergies contraires qui entraveraient ses desseins, le savant peut déterminer d'avance le résultat et provoquer la réalisation de ce qu'il a calculé. Comprenant et manipulant les causes, il peut prédire les effets.

Ainsi la rigidité de la nature, qui paraissait d'abord devoir paralyser l'action de l'homme, peut être employée par lui à produire des résultats infiniment variés. La rigidité parfaite de chaque force considérée isolément rend possible la parfaite flexibilité de leurs combinaisons. Car les forces étant de toute espèce, se mouvant en toute direction et étant, chacune, calculable, une sélection peut être opérée, et les forces choisies peuvent être combinées de manière à produire le résultat voulu, quel qu'il puisse être. Le résultat à obtenir une fois déterminé, il peut être infailliblement obtenu par une pondération méthodique des forces dans la combinaison (de forces) choisie comme cause. Mais qu'on se le rappelle, pour guider ainsi les évènements, pour produire le résultat voulu, il faut la connaissance. L'ignorant marche en trébuchant, impuissant, se butant aux lois immuables et voyant échouer tous ses efforts; tandis que l'homme de savoir va méthodiquement de l'avant, prévoyant, provoquant ou empêchant, ajustant toutes choses, réalisant enfin ses desseins non parce qu'il a de la chance, mais parce qu'il comprend. L'un est le jouet, l'esclave de la nature, entraîné au gré des forces immuables; l'autre en est le Maître, utilisant les énergies cosmiques pour se faire porter dans la direction que sa volonté a choisie.

Ce qui est vrai du domaine de la loi physique est également vrai dans le monde moral et dans le monde mental, mondes régis eux aussi par des lois. Ici encore l'ignorant est esclave et le sage roi. Ici encore l'inviolabilité, l'immutabilité considérées à première vue comme devant paralyser tout effort, sont ensuite reconnues comme conditions indispensables d'un progrès sûr et d'une organisation éclairée de l'avenir. Si l'homme peut devenir Maître de sa destinée, c'est uniquement *parce que* cette destinée gît dans un domaine de lois où l'intelligence peut édifier une science de l'âme et mettre entre les mains de l'homme le pouvoir de régir son avenir, de déterminer également son caractère futur et ses circonstances futures. La connaissance du Karma, qui semblait devoir paralyser tout effort, devient une force inspiratrice, un soutien, un levier à l'aide duquel l'homme parvient à s'élever.

Karma, c'est donc la loi de causalité, la loi de cause et d'effet. Elle est formellement énoncée par l'Initié chrétien, saint Paul: « Ne vous y trompez point : on ne se moque pas de Dieu; car ce que l'homme aura semé, c'est là ce qu'il récoltera[137] ». L'homme émet

---

137   Epître aux Galaces, VI, 7.

continuellement des forces sur tous les plans où il fonctionne. Ces forces qui sont elles-mêmes, qualitativement et quantitativement, les effets de ses activités passées, sont en même temps des causes qu'il met en œuvre dans chacun des mondes qu'il habite. Elles produisent certains effets déterminés tant sur lui-même que sur les autres êtres; et à mesure que ces causes, issues de lui comme centre, rayonnent sur tout le champ de son activité, il est responsable des résultats qu'elles engendrent. De même qu'un aimant possède « un champ magnétique », une aire dans laquelle toutes ses forces entrent en jeu, grandes ou petites selon sa puissance, de même chaque homme possède un champ d'influence où agissent les forces qu'il émet. Ces forces se transmettent en lignes courbes qui se retournent vers celui qui les a émises et reviennent au centre d'où elles sont issues.

Le sujet étant d'une complexité extrême nous le subdiviserons, puis nous étudierons les subdivisions une à une.

Dans sa vie ordinaire, l'homme émet trois genres d'énergies appartenant respectivement aux trois mondes qu'il habite. Sur le plan mental, des énergies mentales donnant naissance aux causes que nous nommons pensées. Sur le plan astral, des énergies astrales donnant naissance aux causes que nous nommons désirs. Enfin sur le plan physique, des énergies physiques suscitées par celles qui précèdent et désignées sous le nom d'actions. Il nous faudra étudier successivement ces trois genres d'énergies dans leurs opérations, et comprendre les trois genres d'effets qu'elles engendrent respectivement, si nous voulons nous rendre intelligemment compte du rôle que joue chacune de ces catégories de forces dans les combinaisons si complexes que nous mettons en jeu et qui peuvent être appelées dans leur ensemble « notre karma ». Lorsqu'un homme, devançant ses semblables, obtient le pouvoir de fonctionner sur des plans plus élevés, il devient un centre de forces plus hautes[138].

---

138   Voir Chap. X, « La Loi du Sacrifice ».

Mais pour l'instant nous pouvons laisser de côté ces forces d'ordre spirituel pour nous borner à l'humanité ordinaire qui accomplit son cycle de réincarnation dans les trois mondes.

En étudiant les trois classes d'énergies que nous venons d'énumérer, nous serons amenés à établir une distinction entre leur effet sur l'homme qui les émet et leur effet sur les autres êtres qui se trouvent dans sa sphère d'influence. Faute de bien comprendre ce point, l'étudiant risque de s'enliser dans des difficultés inextricables.

Il faut nous rappeler ensuite que chaque force agit sur son propre plan, et réagit sur les plans inférieurs, proportionnellement à son intensité. Le plan sur lequel elle est engendrée lui donne ses caractéristiques spéciales, et en réagissant sur les plans inférieurs elle provoque des vibrations dans de la matière plus ou moins subtile ou grossière de ces plans selon sa propre nature originelle. C'est le motif générateur de l'activité qui détermine le plan où la force est émise.

Puis il sera nécessaire de distinguer entre le karma mûr, prêt à se manifester dans la vie présente sous forme d'évènements inévitables; le karma du caractère, qui se manifeste par les tendances résultant de l'expérience accumulée et susceptibles, d'être modifiées dans la vie présente par la même puissance (l'Égo) qui les a créées dans le passé; enfin le karma actuellement en voie de formation, destiné à influer sur le caractère futur et sur les évènements futurs[139].

Enfin il faut tenir compte de ce fait que, dans la détermination même de son karma individuel, l'homme se crée des rapports avec d'autres êtres. Il entre dans la composition de groupes divers — race, nation, famille — et participe en tant que membre au karma collectif de chacun de ces groupes.

---

139   L'étudiant connaît ces divisions sous le nom de Prârabdha (commencé, devant être acquitté dans la vie actuelle); *Sanchita* (accumulé), se manifestant en partie dans les tendances de l'individu; *Kriyamâna*, en cours de fabrication.

On conçoit dès lors que le Karma offre un sujet d'étude d'une extrême complexité. Malgré cela les principes fondamentaux de son opération, exposés plus haut, suffisent à nous donner une idée cohérente de sa portée générale. Les détails pourront être étudiés à loisir chaque fois que l'occasion s'en présentera; pour l'instant, il n'est pas besoin de nous en inquiéter. L'essentiel est de n'oublier jamais que l'homme engendre son propre karma, qu'il crée pareillement ses facultés et ses limitations et que, travaillant en tout temps au moyen des facultés qu'il a créées et sous le poids des limitations qu'il s'est imposées, il reste toujours lui-même, âme vivante douée du pouvoir d'accroître ses facultés ou de les amoindrir, d'élargir ses limitations ou de les resserrer.

Lui-même a forgé les chaînes qui le lient; il peut les limer jusqu'à ce qu'elles tombent ou les river plus étroitement encore. Lui-même a construit la maison qu'il habite; il peut à volonté l'embellir, ou la laisser tomber en ruines, ou la reconstruire. Sans cesse nous travaillons dans l'argile plastique que nous pouvons façonner à notre guise; mais l'argile durcit et devient comme du fer, conservant la forme que nous lui avons donnée. C'est là ce qu'exprime un proverbe du *Hitopadesha*, que Sir Edwin Arnold traduit ainsi :

Voyez! L'argile au feu durcit et devient fer, mais le potier a façonné l'argile;

L'homme, hier, était le Maître; — le destin est seul Maître aujourd'hui.

Ainsi nous sommes tous Maîtres de notre avenir, quelque entravés que nous puissions être dans le présent par les résultats de notre passé.

Nous allons maintenant reprendre, dans l'ordre indiqué, les divisions établies plus haut pour faciliter l'étude du Karma.

Trois classes de causes, exerçant leurs effets d'une part sur leur créateur, d'autre part sur tout ce qui subit son influence. La première de ces classes se compose de nos pensées. — La pensée est le facteur le plus puissant dans la création du karma humain, car elle manifeste l'opération des énergies du Soi dans la matière mentale, matière dont les modalités les plus subtiles forment le véhicule même de l'individualité[140], et dont les espèces les plus grossières répondent encore avec promptitude aux moindres vibrations de la soi-conscience.

Les vibrations que nous désignons sous le nom de pensée, conséquence directe de l'activité du Penseur[141], donnent naissance à des formes de substance mentale, ou images mentales, qui modèlent et façonnent, ainsi que nous l'avons déjà vu, le corps mental du Penseur. Chaque pensée modifie ce corps mental, et les facultés mentales innées de chaque vie successive sont les résultats du fonctionnement de la pensée dans les vies antérieures. Nulle puissance de raisonnement, nulle faculté mentale qui n'ait été créée par l'homme lui-même à l'aide de pensées patiemment répétées. D'autre part, pas une seule des images mentales ainsi créées n'est perdue; elles contribuent, toutes, à la formation des facultés. L'agrégat d'un groupe quelconque d'images mentales sert à construire une faculté correspondante, qui se développe par chaque penser additionnel, c'est-à-dire chaque fois qu'une image mentale du même ordre est créée. Connaissant cette loi, l'homme peut graduellement construire pour son usage le caractère mental qu'il désire posséder; en cela il peut opérer avec autant de précision et de certitude qu'un maçon occupé à élever un mur en briques. La mort n'interrompt pas son œuvre; au contraire, en le libérant des entraves du corps, elle facilite le processus d'assimilation des images mentales en l'organe précis que nous nommons faculté. L'homme ramène avec lui cette faculté lorsqu'il revient au plan physique prêt à renaître; une portion du cerveau de son nouveau corps est façon-

---

140   Le corps causal.
141   Le terme « Penseur » désigne le Soi fonctionnant dans son corps causal. (Voir Ch. IV.) (NDT)

née de manière à servir d'organe à cette faculté (on verra plus loin comment les choses se passent à ce moment). Toutes ces facultés, dans leur ensemble, constituent le corps mental avec lequel il commence sa nouvelle vie sur terre; son cerveau et son système nerveux sont conformés de manière à fournir à ce corps mental les moyens d'expression dont il a besoin sur le plan physique. Ainsi les images mentales créées dans une vie apparaissent comme caractéristiques et tendances mentales dans une vie suivante. C'est pourquoi il est écrit dans l'un des Upanishads : « L'homme est une créature de réflexion; ce sur quoi il réfléchit dans cette vie, il le devient par la suite.[142] » Telle est la loi : elle remet totalement entre nos mains l'édification de notre caractère mental. Si nous construisons bien, l'avantage et l'honneur nous en reviennent; si nous construisons mal, le dommage et le blâme sont pour nous. Le caractère mental est donc un exemple frappant du karma individuel dans son action sur l'individu qui le crée.

Mais ce n'est pas tout. Ce même individu que nous considérons agit par sa pensée sur d'autres êtres. Car les images mentales qui construisent son propre corps mental font naître dans l'espace ambiant des vibrations du même ordre, et se reproduisent ainsi elles-mêmes en des formes secondaires. Les pensées étant généralement mélangées de quelque désir, ces formes se revêtent en outre d'une certaine proportion de matière astrale; c'est pourquoi je donne ailleurs[143] à ces formes-pensées secondaires le nom d'images astro-mentales. De telles formes se détachent de l'être qui les a créées pour mener une existence à peu près indépendante, restant néanmoins en rapport avec lui par un lien magnétique. Elles prennent contact avec d'autres individus, qu'elles affectent, établissant par là des liens karmiques entre eux et lui. Elles influent donc dans une large mesure sur l'environnement futur de l'individu consi-

---

142 *Chândogyopanishad*, IV, XIV, 1.
143 *Karma*, p. 25 de l'édition anglaise (Theosophical Manual n°IV). Édit. française, p. 31 et suiv.

déré. Ainsi se nouent les liens qui, dans des vies ultérieures, vont grouper ensemble certaines personnes pour le bien ou pour le mal, les liens qui nous entourent de parents, d'amis et d'ennemis, mettant sur notre chemin ceux qui sont destinés à nous aider ou à nous entraver, nos bienfaiteurs et ceux qui nous cherchent noise. Voilà pourquoi les uns nous aiment sans que dans cette vie nous ayons rien fait pour cela, tandis que d'autres nous haïssent alors que nous n'avons rien fait pour mériter leur haine. L'étude de ces résultats nous permet de formuler un principe fondamental: en même temps que nos pensées, agissant sur nous-mêmes, engendrent notre caractère mental et moral, elles servent à déterminer, par leur action sur autrui, nos futurs associés humains.

La deuxième grande classe d'énergies se dépense à la poursuite des objets qui nous attirent dans le monde extérieur: ce sont nos désirs. Étant donné que, chez l'homme, il entre toujours dans ces désirs un élément mental, nous pouvons étendre le terme « images mentales » jusqu'à les inclure, bien qu'ils s'expriment en majeure partie dans la matière astrale.

Les désirs, agissant sur celui qui leur a donné naissance, construisent et façonnent son corps du désir, ou corps astral; ils sont la cause du destin qu'il subit en Kâmaloka après sa mort; ils déterminent enfin la nature du corps astral de sa prochaine incarnation. Lorsque les désirs sont bestiaux, intempérants, cruels, malpropres, ils sont la cause très féconde des maladies congénitales, des cerveaux faibles et maladifs qui engendrent l'épilepsie, la catalepsie et les désordres nerveux de toute sorte. De là procèdent aussi les malformations et les difformités physiques, et, dans les cas extrêmes, les monstruosités. Les appétits bestiaux de nature ou d'intensité anormale peuvent établir dans l'astral des liens qui attacheront pour un temps [144] l'Égo dont le corps astral est façonné par de tels appétits au corps astral des animaux auxquels ces ap-

---

144   Après la mort, en Kâmaloka.

pétits appartiennent en propre; la réincarnation est ainsi retardée. Lorsque l'individu échappe à un tel sort, son corps astral à forme bestiale met parfois l'empreinte de ses caractéristiques sur le corps physique de l'enfant en formation pendant la période prénatale. Telle est l'origine des monstres semi-humains qui viennent au monde de temps à autre.

Les désirs — forces d'extériorisation qui s'attachent aux objets externes — attirent toujours l'homme vers un milieu où ils pourront trouver satisfaction. Le désir des choses terrestres attache l'âme au monde extérieur et l'attire vers le lieu où les objets convoités seront plus faciles à obtenir. C'est pourquoi on dit que l'homme naît selon ses désirs [145]. Les désirs sont une des causes déterminantes du lieu de la réincarnation.

Les images astro-mentales procédant des désirs exercent sur nos semblables une action analogue à celle des images de même nature produites par nos pensées. Les désirs par conséquent nous lient, eux aussi, aux autres âmes. Ils nous lient souvent par les liens les plus puissants de l'amour et de la haine, car, au degré actuel de l'évolution, les désirs d'un homme ordinaire sont généralement plus forts et plus soutenus que ses pensées. Ils jouent donc un grand rôle dans la détermination de son entourage humain des vies futures et peuvent l'amener en contact avec certaines personnes et certaines influences, sans qu'il puisse soupçonner le rapport qui existe entre elles et lui. Supposez qu'un homme, en émettant une pensée de haine ardente et vengeresse, ait contribué à former chez un autre l'impulsion qui a abouti à un meurtre. Le créateur de cette pensée est lié par son karma à l'auteur du crime, bien qu'ils ne se soient jamais rencontrés sur le plan physique; et le tort qu'il a fait à cet homme en aidant à le pousser au crime lui reviendra sous forme de quelque préjudice dans affliction duquel le criminel d'antan aura son rôle à jouer. Souvent un malheur foudroyant

---

145   Voir *Brihadâranyakopanishad*, IV, IV, 5, 7, et contexte.

et inattendu, totalement immérité en apparence, est l'effet d'une telle cause; et tandis que la conscience inférieure se révolte sous le sentiment d'une injustice, l'âme elle-même apprend une leçon que jamais elle n'oubliera. Rien d'immérité ne peut frapper l'homme; son manque de mémoire ne suffit pas pour mettre la loi en défaut.

Nous apprenons donc que nos désirs, dans leur action sur nous-mêmes, forment notre nature astrale et influent dans une large mesure, à travers elle, sur le corps physique de notre prochaine incarnation; qu'ils jouent un rôle important dans la détermination de notre lieu de naissance; enfin que, par leur action sur autrui, ils aident à attirer autour de nous, dans quelque vie future, les êtres humains auxquels nous serons associés.

La troisième grande classe d'énergies, se manifestant sur le plan physique sous forme d'actions, engendre beaucoup de karma par son effet sur autrui, mais n'affecte que peu l'homme intérieur. Les actions sont les effets des pensées et des désirs du passé, et le karma qu'elles représentent est en majeure partie épuisé par le fait même qu'elles arrivent. Elles peuvent bien affecter l'homme indi-rectement, pour autant qu'elles suscitent en lui des pensées nouvel-les, des désirs, des émotions; mais c'est en ces activités plus hautes que gît la force génératrice, non dans les actions elles-mêmes. Il est également vrai que des actions fréquemment répétées produisent dans le corps physique une *habitude* qui a pour effet de limiter l'expression de l'Égo dans le monde extérieur; mais cette habitude ne survit pas au corps, et le karma de l'action, en ce qui concerne son effet sur l'âme, est ainsi restreint à une seule incarnation. Mais il en est tout autrement lorsque nous en venons à étudier l'effet de nos actions sur autrui, le bonheur et le malheur dont elles sont la cause, et l'influence qu'elles exercent en tant qu'exemples. Elles nous lient à nos semblables grâce à cette influence et constituent par suite un troisième facteur dans la détermination, pour l'avenir, de notre entourage humain. Elles sont en même temps le facteur essentiel dans la détermination de ce que je pourrai appeler notre

entourage non-humain. D'une manière générale, l'entourage matériel favorable ou défavorable dans lequel nous venons au monde
dépend de l'effet que nos actions passées ont exercé en répandant
le bonheur ou la misère parmi les autres êtres. Les effets physiques
produits sur autrui par nos actes physiques se neutralisent dans
l'opération du karma, en nous entourant de conditions matérielles bonnes ou mauvaises pour une existence future. Si nous avons
donné aux hommes le bonheur matériel au prix de nos richesses, de
notre temps ou de nos efforts, cette action nous revient sous forme
de circonstances heureuses tendant à notre bonheur matériel. Si
nous avons été pour nos semblables la cause d'une misère physique
largement répandue, nous recueillerons le karma de circonstances
physiques déplorables, aboutissant à la souffrance physique. Dans
l'un et l'autre cas, les conséquences de l'acte physique sont indépendantes du motif de l'acte, ce qui nous amène à considérer la
deuxième grande loi :

Chaque force opère sur son propre plan. — Si un homme sème
le bonheur pour les autres sur le plan physique, il récoltera des
conditions tendant à son propre bonheur sur ce plan; et le motif
qui a présidé à son action n'interviendra en rien dans le résultat.
Un homme peut semer du blé dans un but de spéculation pour
amener la ruine de son voisin; mais son motif pervers ne fera pas
pousser du chiendent à la place du blé qu'il a semé. Le motif est
une force mentale ou astrale selon qu'il procède de la volonté ou du
désir, et il réagit en conséquence sur le caractère mental et moral ou
sur la nature astrale. La production du bonheur physique par une
action est une force physique qui opère sur le plan physique. « Par
ses actions, l'homme affecte ses semblables sur le plan physique;
il répand autour de lui le bonheur ou la détresse, accroissant ou
diminuant la somme du bienêtre humain. Cet accroissement ou
cette diminution du bienêtre peut procéder de motifs très divers,
bons, mauvais ou mixtes. Un homme peut faire une action qui répand au loin le bonheur par simple bienveillance, par un ardent

désir de faire du bien à ses semblables. Supposons que pour un tel motif il fasse don d'un parc à une ville pour le libre usage de ses habitants. Un autre peut accomplir un acte similaire par désir d'attirer l'attention de ceux qui décernent les distinctions sociales (par exemple en vue d'obtenir un titre de noblesse). Un troisième enfin fera la même action pour un motif mixte, en partie désintéressé, en partie égoïste. Les motifs affecteront respectivement les caractères de ces trois hommes dans leurs incarnations futures, en bien, en mal ou d'une manière mixte. Mais l'effet que cette action produit en donnant de la joie à un grand nombre d'êtres ne dépend pas du motif du donateur. Le peuple jouit également de ce parc quelle qu'ait été la cause du don; cette joie, due à l'action du donateur, donne à celui-ci sur la nature une créance karmique, et la dette lui sera scrupuleusement payée. Il naîtra dans un milieu confortable ou même luxueux, selon la joie répandue par lui, et son sacrifice de biens physiques lui rapportera la récompense due, le fruit karmique de son action. C'est là son droit. Mais l'usage qu'il fera de sa position, le bonheur qu'il trouvera dans sa richesse et dans son entourage, dépendront essentiellement de son caractère; ici encore lui revient la récompense due, car *chaque* graine porte fruit selon son espèce.[146] »

En vérité les voies du Karma sont égales. Il ne refuse pas au méchant le juste retour d'une action bénéfique; mais il lui apporte aussi le caractère avili qu'il a mérité par son motif pervers, en sorte qu'au milieu de sa richesse il reste sombre et mécontent. L'homme bon n'échappera pas davantage à la souffrance physique s'il répand la misère physique par des actions erronées procédant d'un bon motif.

La misère qu'il occasionne lui rapportera de la misère dans son entourage physique futur; mais son motif pur, ennoblissant son caractère, fera jaillir en lui une source d'éternel bonheur, en sorte

---

146   *Karma*, pp. 50, 51, de l'édition anglaise. Édit. française, pp. 64, 65.

qu'il sera patient et satisfait au sein de la détresse même. Mainte énigme pourra être résolue par l'application de ces principes aux faits qui nous entourent.

Cette différence entre l'effet du motif et l'effet de l'action matérielle est due à ce fait, que chaque force possède les caractéristiques du plan où elle est générée. Plus le plan est élevé, plus puissante et plus persistante sera la force. Le motif est donc beaucoup plus important que l'action, et une action regrettable faite avec un bon motif rapporte plus de bien à l'agent qu'une action bienfaisante procédant d'un motif mauvais. Le motif, réagissant sur le caractère, donne naissance à une longue série d'effets, car les actions futures, déterminées par ce caractère, seront toutes influencées par son progrès ou sa détérioration. L'action, au contraire, rapportant à son auteur le bonheur ou le malheur physique selon son effet sur autrui, n'a en elle aucune force génératrice, et est épuisée par son effet même. Lorsqu'un conflit de devoirs apparents fait qu'il est difficile de reconnaître le sentier de la justice, l'homme qui connaît le Karma s'efforce de choisir la meilleure voie en tirant tout le parti possible de sa raison et de son jugement. Il est absolument scrupuleux quant au motif, écartant toute considération égoïste et purifiant son cœur; puis il agit sans crainte, et si son action se trouve être une bévue, il accepte volontiers la souffrance qui en résulte comme une leçon qui portera un jour ses fruits. En attendant, son motif élevé a ennobli son caractère pour tous les temps à venir.

Ce principe général, que la force appartient au plan sur lequel elle est générée, a une portée immense. Si la force émise a pour motif le gain d'objets matériels, elle agit sur le plan physique et attache à ce plan l'être qui agit; si elle vise des objets célestes, elle opère sur le plan dévakhanique et attache l'acteur à ce plan; si elle n'a d'autre mobile que la source de l'amour divin, elle est libérée sur le plan spirituel et ne peut lier en rien l'individu, puisqu'il n'a rien demandé.

Les trois genres de karma. — Le *karma mûr* est celui qui est sur le point d'être récolté; il est par conséquent inévitable. De tout le karma du passé une certaine portion seulement peut être épuisée au cours d'une même existence; car certaines sortes de karma sont tellement incompatibles qu'elles ne pourraient s'accomplir dans un seul corps physique, mais nécessiteraient pour leur réalisation plusieurs corps de type très différent. Il y a des dettes contractées envers d'autres âmes, et toutes ces âmes ne se retrouveront pas simultanément en incarnation. Il y a aussi du karma qui doit être acquitté dans une nation particulière ou dans une position sociale déterminée, alors que le même individu a d'autre karma nécessitant un entourage entièrement différent. En conséquence l'homme ne pourra acquitter, dans une incarnation déterminée, qu'une portion de son karma total. Cette portion est choisie par les grands Seigneurs du Karma (dont nous dirons un mot plus loin); et l'âme est conduite là où elle doit s'incarner, dans une famille, une nation, une situation, un corps, propres à l'épuisement de l'agrégat des causes choisies, destinées à produire de concert leurs effets. Ces causes déterminent la durée de l'incarnation considérée, donnent au corps ses caractéristiques, ses pouvoirs et ses limitations, amènent en contact avec l'individu les âmes incarnées à cette époque envers lesquelles il a contracté des obligations, l'entourant ainsi de parents, d'amis, et d'ennemis. Elles déterminent en outre les conditions sociales au milieu desquelles l'individu naît avec les avantages et les inconvénients qui en résultent; elles fixent les bornes des énergies mentales qu'il pourra manifester, en façonnant l'organisation cérébrale et nerveuse qui lui servira d'instrument; elles combinent enfin tout ce qui, dans son karma, peut lui rapporter joies et peines compatibles entre elles au cours de l'existence présente. Tout ceci est « le karma mûr », et peut-être formulé dans l'horoscope dressé par un astrologue compétent. En tout ceci l'homme n'a plus le choix. Son choix a été fait dans le passé et est désormais fixé; il ne lui reste plus qu'à acquitter ses dettes jusqu'au dernier centime.

Les corps physique, astral et mental dont l'âme se revêt pour sa nouvelle période d'existence terrestre sont, ainsi que nous l'avons vu, le résultat direct de son passé et forment, dans ce karma mûr, une part importante entre toutes. Ils limitent de tous côtés l'âme de l'homme, et son passé se dresse devant lui pour le juger, marquant les bornes qu'il s'est lui-même imposées. Le sage sait qu'il ne peut échapper à ces conditions. Il les accepte joyeusement telles qu'elles sont et fait tous ses efforts pour les améliorer graduellement.

Il y a un autre genre de karma mûr qui est d'une très grande importance : celui des actions inévitables. Toute action est l'expression finale d'une série de pensées. Pour emprunter une comparaison à la chimie, nous obtenons une solution saturée en ajoutant pensée sur pensée de la même espèce, jusqu'à ce qu'enfin une seule pensée nouvelle — ou même une simple impulsion, une vibration du dehors — suffise à produire la cristallisation, c'est-à-dire l'acte qui exprime ces pensées. Si nous réitérons avec persistance des pensées du même genre, de vengeance par exemple, nous atteignons finalement le point de saturation, et la moindre impulsion les fera cristalliser en acte, en crime. Ou bien nous pouvons avoir nourri avec persistance des pensées de secours envers autrui jusqu'au point de saturation, et, sous l'impulsion d'une occasion favorable, elles cristallisent en acte d'héroïsme. Un homme peut amener avec lui en naissant quelque karma mûr de ce genre, et la première vibration venant en contact avec cet amas de pensées prêtes à passer en acte, suffira à le précipiter inconsciemment, sans volition renouvelée dans l'accomplissement de l'acte. Il n'a pas le temps de penser ; il est dans un état où la moindre vibration du mental provoque l'action, dans une position d'équilibre instable que le moindre choc suffit à renverser. En pareille circonstance on verra souvent l'homme s'étonner d'avoir pu commettre un tel crime ou un acte de dévouement aussi sublime : « Je l'ai fait sans y penser », s'écrie-t-il, ignorant qu'il y a pensé tellement souvent que l'acte en est devenu inévitable. Lorsqu'un homme a voulu à mainte reprise faire une action, sa volonté finit par être irrévocablement fixée, et le moment de la réalisation n'est plus qu'une question de circonstance. Tant qu'il lui reste le temps de penser, son choix est libre, car il peut opposer à l'ancienne pensée une pensée nouvelle, et détruire graduellement la tendance première par la réitération de pensées contraires; mais si la toute première vibration de l'âme en réponse à une excitation doit entraîne le fait, alors le pouvoir de choisir n'existe plus.

C'est ici que gît la solution de l'antique problème de la fatalité et du libre arbitre : l'homme, par l'exercice de son libre arbitre, se crée graduellement des fatalités. Entre ces deux extrêmes s'échelonnent toutes les combinaisons de liberté et de nécessité d'où résultent en nous les luttes dont nous avons conscience. Nous créons continuellement des habitudes par la répétition d'actions délibérées mues par la volonté; puis l'habitude devient une limitation et nous accomplissons l'action automatiquement. Il se peut qu'alors nous soyons amenés à conclure que l'habitude en question est mauvaise, et que nous nous mettions laborieusement à la détruire par des pensées de nature opposée. Après mainte rechute inévitable le nouveau courant de pensées prend le dessus, et nous retrouvons notre entière liberté — dont nous profitons trop souvent pour nous forger au plus vite des liens nouveaux. C'est ainsi que des formes-pensées d'autrefois persistent et viennent borner notre capacité mentale, se montrant sous forme de préjugés individuels et nationaux. La plupart des gens ignorent qu'ils sont ainsi bornés et restent sereinement dans leurs entraves, inconscients de leur servitude. Ceux qui apprennent la vérité concernant leur propre nature deviennent libres. La constitution de notre cerveau et de notre système nerveux est une des fatalités les plus marquées de la vie. Rendue inévitable par nos pensées passées, elle nous apparaît maintenant comme un obstacle contre lequel nous nous révoltons. Ces organes peuvent être améliorés lentement et graduellement, les limitations peuvent être élargies, mais il est impossible de s'en défaire brusquement.

Une autre forme de ce karma mûr se présente lorsque les mauvaises pensées du passé ont formé autour de l'homme une cuirasse d'habitudes mauvaises qui l'emprisonnent et lui font une vie perverse. Ces actions sont les conséquences inévitables de son passé, comme nous venons de l'expliquer, et elles ont pu rester suspendues parfois pendant plusieurs vies qui n'ont point fourni d'occasion à leur manifestation. Entre temps l'âme a progressé et a développé de nobles qualités. Dans une certaine existence, cette croûte de méchanceté passée trouve l'occasion de se manifester, et à cause de cela, l'âme ne peut faire prévaloir d'emblée les qualités acquises depuis. Comme un poussin prêt à éclore, elle est cachée dans la coque qui l'emprisonne et qui seule est visible à l'œil extérieur. Après un temps ce karma est épuisé et quelque évènement apparemment dû au hasard — une parole d'un grand Maître, un livre, une conférence — brise la coque d'où l'âme émerge, subitement libre. Ce sont là les rares « conversions » en même temps subites et permanentes, les « miracles de la grâce divine » dont nous entendons parfois parler; toutes choses parfaitement compréhensibles pour qui connaît le Karma, et rentrant d'elles-mêmes dans le domaine de la loi.

Le *karma accumulé*, qui se manifeste par le caractère, est, contrairement au karma mûr, toujours sujet à modification. On peut dire qu'il consiste en tendances, fortes ou faibles selon la force mentale qui a contribué à leur formation. Ces tendances peuvent être renforcées ou affaiblies par de nouveaux courants de force mentale dirigés dans le même sens ou en sens contraire. Si nous trouvons en nous-mêmes des tendances que nous n'approuvons point, nous pouvons nous mettre à l'œuvre afin de les éliminer. Souvent, entraînés par le flot impétueux du désir, nous sommes impuissants à vaincre la tentation; mais plus longtemps nous parvenons à lui tenir tête, alors même qu'en fin de compte nous échouons, plus nous sommes près de la victoire. Chaque échec de cette nature est un pas vers le succès, car la résistance que nous opposons détruit une partie de l'énergie mauvaise, et diminue par conséquent la somme de cette énergie disponible pour l'avenir.

Le karma en voie de formation a déjà été étudié[147].

Karma collectif. — Considérons l'opération du karma sur un groupe de personnes. Les forces karmiques qui agissent sur chaque individu en sa qualité de membre du groupe introduisent un facteur nouveau dans son karma individuel. Nous savons que lorsqu'un certain nombre de forces agissent sur un système ou groupe de points matériels ayant entre eux des liaisons, chaque point (en outre de son mouvement particulier) participe au mouvement d'ensemble du système, qui se fait dans la direction résultant de la combinaison de toutes ces forces. De même le karma d'un groupe d'humains est la résultante des forces karmiques des individus faisant partie du groupe, et tous sont emportés dans la direction de cette résultante. Un Égo est attiré par son karma individuel dans une certaine famille, par suite de liaisons contractées dans les vies passées et qui l'attachent étroitement à certains autres Égos composant cette famille. La famille a hérité d'un grand-père et est riche. Un héritier se présente, descendant d'un frère aîné du grand-père, frère qu'on croyait mort sans enfant : la fortune passe entre ses mains et laisse le père de famille lourdement chargé de dettes. Il est fort possible que notre Égo n'ait jamais eu le moindre rapport avec cet héritier (envers qui le père de famille a contracté dans le passé certaines obligations qui ont amené la catastrophe). Malgré cela, il est menacé d'en souffrir parce qu'il se trouve compromis dans le karma de la famille. S'il existe dans son propre passé individuel quelque méfait susceptible d'être effacé par la souffrance qu'occasionne ce karma de famille, il y reste engagé; à défaut de quoi il en est retiré par quelque « circonstance imprévue », peut-être par un étranger

---

147   Voir plus haut, dans ce chapitre, l'étude du karma de la pensée, du désir et de l'action. (NDT)

bienveillant qui se sent poussé à l'adopter et à l'élever. Cet étranger a d'ailleurs été son débiteur dans le passé.

Ce fait ressort plus clairement encore dans l'opération des catastrophes telles que : accidents de chemin de fer, naufrages, inondations, cyclones, etc... Un train est anéanti, la catastrophe ayant pour cause immédiate le mécontentement des mécaniciens, des conducteurs, des directeurs, des constructeurs ou des employés de la ligne qui, se croyant mal lotis, dirigent sur toute l'organisation en bloc des pensées d'insatisfaction ou de haine. Ceux qui ont dans leur karma accumulé (mais pas nécessairement dans leur karma mûr) la dette d'une vie brusquement tranchée peuvent être laissés libres de s'engager dans cette catastrophe afin de payer leur dette ; un autre, ayant l'intention de prendre le train fatal, mais n'ayant dans son passé aucune dette de ce genre, sera « providentiellement » sauvé en arrivant trop tard.

Le karma collectif peut englober un individu dans les malheurs résultant d'une guerre déclarée par son pays. Ici encore il peut acquitter certaines dettes de son passé qui ne font pas nécessairement partie du karma mûr de sa vie présente. En aucun cas l'homme ne peut souffrir pour ce qu'il n'a point mérité ; mais s'il surgit une occasion imprévue de s'acquitter d'une obligation passée, il est bon qu'il le fasse, et qu'il en soit quitte à tout jamais.

Les « Seigneurs du Karma » sont les grandes Intelligences spirituelles qui tiennent les comptes du karma, agencent les opérations complexes de la loi karmique. Ils sont mentionnés par H. P. Blavatsky dans *La Doctrine Secrète*. Elle distingue d'une part les Lipika, ou Enregistreurs du Karma, et de l'autre les Mahârâjas [148], qui sont, avec leurs cohortes, « les agents du Karma sur terre » [149]. Les Lipika connaissent le compte karmique de tout être humain ; avec une sagesse à laquelle rien n'échappe, ils choisissent et combi-

---

148   Les Mahâdévas ou les Chatourdévas (les quatre grands dieux) des Indous.
149   *Op. cit.* Vol. I., pp. 153 de l'éd. Anglaise. Traduction française, vol. I, pp. 110-111, 118 (Voy. aussi p. 87.)

nent une portion de ce compte pour tracer le plan d'une existence terrestre déterminée. Ils fournissent « l'idée » du corps physique qui sera le vêtement de l'âme incarnée, devant servir à l'expression de ses capacités et de ses limitations. Cette « idée », reprise par les Maharajas, sert de base à un modèle détaillé qu'Ils transmettent, après l'avoir élaboré, à un de Leurs agents inférieurs [150]. Ce dernier en construit une reproduction exacte qui est le double éthérique, matrice du corps grossier; les matériaux de l'un et de l'autre sont empruntés à la mère et sujets à l'hérédité physique. La race, le pays, les parents sont choisis selon leur aptitude à fournir au corps physique de l'Égo réincarnateur les matériaux voulus, et à donner à son jeune âge l'environnement qui lui convient. L'hérédité physique de la famille produit certains types de physionomie et a servi à évoluer certaines combinaisons matérielles spéciales : les maladies héréditaires, la sensibilité héréditaire de l'appareil nerveux, tout cela implique des combinaisons déterminées de matière physique, susceptibles de transmission. L'Égo qui a développé dans son corps mental et dans son corps astral certaines particularités demandant, pour leur expression sur le plan physique, des particularités spéciales du corps physique sera amené chez des parents dont l'hérédité physique répond aux conditions voulues. Ainsi un Égo doué de facultés artistiques musicales d'ordre élevé sera amené à s'incarner dans une famille de musiciens, où les matériaux servant à la construction du double éthérique et du corps grossier ont été élaborés d'avance et peuvent se prêter à ses besoins; en outre le type héréditaire du système nerveux lui fournira l'appareil délicat nécessaire à l'expression de ses facultés. Un Égo à caractère très pervers sera conduit dans une famille grossière et vicieuse, où les corps renferment les combinaisons les plus viles, capables de répondre aux impulsions de sa nature mentale et astrale. Un Égo qui

---

150   Cet « agent » est l'élémental constructeur, opérant dans le sein de la mère. (NDT)

se sera laissé entraînera des excès par son corps astral et son mental inférieur, qui se sera, par exemple, abandonné à l'ivrognerie, sera conduit à s'incarner dans une famille où le système nerveux est affaibli par les excès; des parents ivres lui fourniront pour son enveloppe physique des matériaux malsains. C'est ainsi que la direction des Seigneurs du Karma ajuste les moyens aux fins et assure l'accomplissement de la justice. L'Égo apporte avec lui ses trésors karmiques, ses facultés et ses désirs, et il reçoit le corps physique qui convient à l'expression de ces caractéristiques individuelles.

La Cessation du Karma. — Étant donné que l'âme doit revenir sur terre jusqu'à ce qu'elle ait acquitté toutes ses dettes, épuisé tout son karma individuel, et que d'autre part, dans chaque existence, ses pensées et ses désirs engendrent du karma nouveau, la question suivante peut se présenter à l'esprit: « Comment mettre fin à ces entraves constamment renouvelées ? Comment l'âme peut-elle obtenir sa libération ? » Ceci nous conduit à la « cessation du karma », et à l'étude des conditions nécessaires à la délivrance.

Avant toute chose il faut comprendre clairement quel est, dans le karma, l'élément qui nous lie. L'âme, dirigeant ses énergies vers l'extérieur, s'attache elle-même à quelque objet, et c'est par ce lien qu'elle se trouve un jour ramenée au lieu où son désir pourra se réaliser par l'union avec l'objet désiré. Tant que l'âme s'attachera à un objet quelconque, il faudra qu'elle revienne au lieu où elle pourra jouir de cet objet. Le bon karma lie l'âme tout autant que le mauvais, car tout désir, qu'il ait pour objet les choses d'ici-bas ou les joies célestes, doit attirer l'âme vers le lieu de la satisfaction.

L'action est mue par le désir; un acte est accompli non pour lui-même, mais dans le but d'obtenir, grâce à lui, quelque objet désiré, dans le but d'en acquérir les résultats, ou, en termes techniques, afin de jouir du « fruit de l'action ». Les hommes travaillent, non parce qu'ils veulent bêcher, ou construire, ou lisser, mais parce qu'ils désirent les fruits de la culture — ou de la construction, ou du tissage, sous forme d'argent ou de biens. L'avocat plaide, non parce qu'il veut exposer les détails arides d'une affaire, mais parce qu'il est avide de richesse, de renommée et de distinctions. De toutes parts autour de nous, les gens travaillent *pour* quelque chose et l'aiguillon de leur activité gît dans le fruit qu'elle leur rapporte et non dans le travail lui-même. Le désir du fruit les pousse à l'action, et la jouissance de ce fruit vient tout naturellement récompenser leur effort.

L'élément qui nous lie, dans le karma, c'est donc le désir, et lorsque l'âme ne désire plus aucun objet sur la terre ou aux cieux, elle a rompu le lien qui l'attachait à la roue de la réincarnation qui accomplit ses révolutions à travers les trois mondes. Seule, l'action n'a plus aucun pouvoir sur l'âme, car une fois accomplie elle glisse et se perd dans le passé. Mais le désir du fruit, sans cesse renouvelé, suscite à nouveau l'activité de l'âme, forgeant à tout moment des chaînes nouvelles.

D'ailleurs, nous aurions tort d'éprouver du regret en voyant les hommes constamment poussés à l'action par le fouet du désir, car le désir sert à surmonter la négligence, la paresse, l'inertie[151], il incite l'homme à l'activité qui seule lui procure l'expérience. Voyez le sauvage qui sommeille étendu paresseusement sur l'herbe. Il est poussé à l'activité par le désir de la nourriture; afin de pouvoir satisfaire son désir, il se voit obligé de cultiver la patience, l'habileté, l'endurance. C'est ainsi qu'il développe ses qualités mentales. Dès que sa faim est apaisée, il retombe à l'état de brute assoupie. L'on conçoit quel rôle prépondérant l'aiguillon du désir a dû jouer dans l'évolution des qualités mentales, et quels services les désirs de la renommée et de la gloire posthume ont rendus à l'humanité. Jusqu'aux approches de la divinité, l'homme a besoin des excitations du désir; ses désirs ne font que devenir plus purs et moins

---

151   L'étudiant se rappellera que ces vices indiquent la prédominance de la « gouna » tamasique, et que, tant que cette prédominance subsiste, l'homme ne peut émerger du premier des trois stades de son évolution.

égoïstes à mesure qu'il s'élève. Malgré cela ils rattachent toujours à la roue de la renaissance, et pour se libérer il doit les détruire.

Lorsque l'homme commence à aspirer à la libération, on lui enseigne la pratique du « renoncement aux fruits de l'action ». Par-là, il apprend à supprimer graduellement en lui-même le désir de la possession. D'abord il se prive d'un objet délibérément et volontairement; il prend ainsi l'habitude de s'en passer sans en éprouver de mécontentement. Après un certain temps l'objet ne lui fait plus défaut et il s'aperçoit que le désir même s'efface en son esprit. À ce degré, il doit prendre grand soin de ne négliger aucun devoir sous prétexte d'indifférence aux résultats. Il s'entraînera, au contraire, à remplir tous ses devoirs avec une attention soutenue, tout en restant pleinement indifférent à l'égard des fruits que son activité peut lui rapporter. La perfection en cela une fois atteinte, lorsqu'il n'a plus ni désir ni antipathie pour aucun objet, il n'engendre plus de karma. Ayant cessé de demander quoi que ce soit à la terre ou au ciel (Dévakhan), il n'est attiré ni vers l'un ni vers l'autre. Il ne désire plus rien de ce qu'ils peuvent lui rapporter, il a donc brisé tout lien entre elles et lui. Telle est la cessation du karma individuel, du moins en ce qui concerne la production du karma nouveau.

Mais l'âme ne doit pas seulement cesser de se forger de nouvelles chaînes, elle doit aussi se débarrasser des chaînes anciennes, soit en leur permettant de s'user graduellement, soit en les brisant systématiquement. Pour cette rupture des chaînes la connaissance est nécessaire, connaissance capable de regarder en arrière dans le passé afin de voir les causes qui y ont été mises en jeu et qui produisent leurs effets dans le présent. Supposons qu'une personne, regardant ainsi en arrière à travers ses vies antérieures, y trouve certaines causes destinées à amener un évènement encore à venir; supposons de plus que ces causes soient des pensées de haine envers quelqu'un qui lui a fait du tort, et qu'elles doivent, dans un an d'ici, occasionner de la souffrance à l'auteur de ce tort. La personne que nous considérons pourra faire entrer en ligne de compte une cause nouvelle, qu'elle combinera avec les causes du passé dont elle veut modifier l'action; elle pourra par exemple les balancer par de fortes pensées d'amour et de bonne volonté qui les neutraliseront, empêchant par-là l'évènement, sans cela inévitable, qui eût à son tour engendré de nouveaux ennuis karmiques. Ainsi l'homme qui sait peut neutraliser les forces procédant du passé en leur opposant des forces égales et contraires; il peut « brûler son karma par la connaissance ». D'une manière analogue, il peut mettre fin au karma engendré dans cette vie, et destiné à produire ses effets dans des existences futures.

L'homme qui cherche à se libérer peut encore être entravé par des obligations contractées envers d'autres âmes dans le passé, par des torts qu'il leur a faits, par des devoirs qui le lient à elles. En utilisant sa connaissance, il peut retrouver ces âmes, qu'elles soient dans ce monde physique ou dans l'un des deux autres, et chercher l'occasion de leur être utile. Une âme peut être incarnée en même temps que lui, envers qui il a contracté quelque dette karmique; il peut rejoindre cette âme et payer sa dette, se délivrant ainsi d'un lien qui, abandonné au cours des évènements, aurait pu nécessiter sa propre réincarnation ou entraver son action dans une vie future. Ceci permet d'expliquer la ligne de conduite étrange et inexplicable qu'adopte parfois un occultiste. Si par exemple l'homme de savoir se lie étroitement avec quelque personne considérée par les spectateurs ignorants comme tout à fait indigne de sa compagnie, c'est qu'il est tout bonnement occupé à acquitter une dette karmique qui, sans cela, eût entravé et retardé son progrès.

Ceux qui ne possèdent pas les connaissances voulues pour passer en revue leurs vies passées peuvent néanmoins épuiser les nombreuses causes qu'ils ont mises en jeu dans leur existence actuelle. Ils peuvent examiner avec soin tout ce dont ils se souviennent et noter toutes les circonstances où ils ont exercé ou subi des torts; ils neutraliseront les causes de la première catégorie en prodiguant des pensées d'amour et de service, et en accomplissant aussi sur le plan physique des actes de service envers la personne lésée toutes les fois que la chose sera possible; celles de la deuxième catégorie seront neutralisées par des pensées de pardon et de bonne volonté. C'est ainsi que tous peuvent alléger leur dette karmique et hâter le jour de la délivrance.

Les gens pieux qui rendent le bien pour le mal, selon le précepte de tous les grands Instructeurs religieux, épuisent inconsciemment le karma engendré dans le présent et destiné, faute de cela, à produire ses effets dans l'avenir. Nul ne peut tisser avec eux un lien de haine s'ils se refusent à fournir au tissage des fils de haine, et s'ils persistent à neutraliser chaque pensée de haine par une pensée d'amour. Qu'une âme fasse rayonner en tous sens l'amour et la compassion, les pensées de haine ne trouveront pas où s'attacher. « Le prince de ce monde vient, et il ne trouve rien en moi qui lui appartienne. » Tous les grands Instructeurs connurent la Loi et basèrent sur elle Leurs enseignements; et ceux qui par vénération, par dévotion envers Eux, obéissent à Leurs préceptes, ceux-là bénéficient de l'application de la loi bien qu'ils ne connaissent point les détails de son opération. Un homme ignorant, qui suit les instructions données par un savant, peut obtenir des résultats en se servant des lois de la nature, bien que ces lois elles-mêmes lui soient inconnues. Le même principe tient bon dans les mondes hyperphysiques. Bien des hommes qui n'ont point le temps d'étudier, et ne peuvent qu'accepter sur l'autorité des experts les règles qui doivent guider leur conduite journalière, acquittent inconsciemment de la sorte leurs dettes karmiques.

Dans les contrées où la réincarnation et le karma sont admis par le simple paysan, par le moindre laboureur, cette croyance répand une certaine acceptation calme des maux inévitables, et contribue largement à assurer, dans la vie de chaque jour, la tranquillité et le contentement. L'homme accablé d'infortunes ne s'emporte ni contre Dieu ni contre ses semblables, mais considère ses malheurs comme les résultats de ses propres méfaits passés. Il les accepte avec résignation et en tire le meilleur parti possible, s'épargnant ainsi les inquiétudes et les soucis qui, chez l'homme ignorant de la loi, viennent aggraver une situation déjà bien assez pénible par elle-même. Il comprend que ses existences futures dépendent de ses propres efforts, et que la loi qui lui apporte la souffrance lui donnera le bonheur avec une certitude égale, s'il veut semer la graine du bien. D'où une certaine patience large et une conception philosophique de l'existence, tendant directement à assurer la stabilité sociale et le contentement général. Le pauvre et l'ignorant n'étudient pas la métaphysique profonde et subtile, mais ils comprennent à fond ces principes si simples : que chaque homme renaît sur terre à mainte et mainte reprise, et que chaque vie successive est façonnée par celles qui l'ont précédée.

Pour eux la renaissance est aussi certaine et aussi inévitable que le lever et le coucher du soleil ; elle fait partie de l'ordre naturel des choses, contre lequel il est oiseux de récriminer ou de se révolter. Lorsque la Théosophie aura rendu à ces antiques vérités la place qui leur revient dans la pensée occidentale, elles feront peu à peu leur chemin dans le christianisme, s'infiltrant graduellement à travers toutes les classes de la société et répandant partout la compréhension de la vie et l'acceptation des résultats du passé. Alors disparaîtra aussi l'insatisfaction inquiète, procédant surtout de l'impatience et du manque d'espoir de l'homme qui sent que la vie est inintelligible, injuste, et qu'il n'en peut tirer aucun parti. Et cette insatisfaction fera place à la force calme et patiente, fruit d'une intelligence illuminée par la connaissance de la loi, force qui caractérise l'activité raisonnée et équilibrée de ceux qui sentent qu'ils bâtissent pour l'éternité.

CHAPITRE X

LA LOI DU SACRIFICE

L'étude de la Loi du Sacrifice fait suite, naturellement, à l'étude de la Loi Karmique; et comme le faisait observer un Maître, il est également nécessaire pour le monde de les connaître l'une et l'autre. C'est par un acte de sacrifice spontané que le Logos s'est manifesté pour émaner l'univers, c'est par le sacrifice que cet univers subsiste, c'est enfin par le sacrifice que l'homme atteint sa perfection [152]. Il suit de là que toute religion issue de l'Antique Sagesse a comme enseignement fondamental le sacrifice, et que dans la loi du sacrifice prennent racine quelques-unes des plus profondes vérités de l'occultisme.

En cherchant à comprendre même imparfaitement ce qu'est, en sa nature, le sacrifice du Logos, nous pourrons éviter l'erreur très générale qui fait considérer le sacrifice comme chose essentiellement pénible, alors que l'essence même du sacrifice est une effusion spontanée et joyeuse de la vie afin que d'autres y puissent participer. La douleur ne survient que s'il y a discorde, chez l'être qui sacrifie, entre la nature supérieure dont la joie consiste à don-

---

[152] L'Indou se souviendra des premières paroles du *Brihadâranyakopanishad*, proclamant que l'aube universelle prend naissance dans le sacrifice; le disciple de Zoroastre se rappellera que Ahura-Mazdâo procède, Lui aussi, d'un acte de sacrifice; le Chrétien enfin songera à l'Agneau (symbole du Logos) immolé dès l'origine du monde.

ner, et la nature inférieure dont la satisfaction est de saisir et de garder. Cette discorde seule introduit l'élément douleur, et dans la Perfection suprême, dans le Logos, aucune discorde ne pouvait naître. L'Unique est l'accord parfait de l'Être, synthèse d'infinies concordances mélodieuses, où Vie, Sagesse, Béatitude se fondent en la tonique une de l'Existence.

Le Logos, afin d'être manifesté, impose volontairement une limite à Sa Vie infinie. C'est là ce qu'on nomme Son sacrifice. *Symboliquement*, dans l'océan de Lumière infinie dont le centre est partout et la circonférence nulle part, surgit une sphère immense, pleine de Lumière vivante, un Logos. Et la surface de cette sphère, c'est la volonté qu'il a de Se limiter Lui-même afin de produire Sa manifestation; elle est Son voile, dans lequel il s'enveloppe afin qu'à l'intérieur un univers puisse prendre forme.

Cet univers pour qui le sacrifice est accompli n'existe pas encore; son être futur gît dans la « Pensée » du seul Logos. C'est à lui qu'il doit sa conception, c'est à Lui qu'il devra sa vie multiple. La diversité ne pouvait s'élever dans « l'indivisible Brahman » que par ce sacrifice volontaire de l'Être Divin s'imposant à Lui-même une forme afin d'émaner des myriades de formes, dotées chacune d'une étincelle dc Sa Vie, et susceptibles par-là d'évoluer jusqu'en Son image parfaite.

Il est dit: « Le sacrifice primordial d'où procède la naissance des êtres est appelé action (karma) »; et ce passage à l'activité, hors du repos parfait de l'Existence en Soi, a toujours été reconnu comme le sacrifice du Logos. Ce sacrifice se perpétue à travers toute la durée de l'univers, car la Vie du Logos est l'unique soutien de chaque « vie » séparée. Lui-même circonscrit Sa vie en chacune des formes myriadaires qu'Il engendre, supportant toutes les restrictions, toutes les limitations que chaque forme implique. De l'une quelconque d'entre elles, Il pourrait surgir, à n'importe quel moment, le Seigneur infini, remplissant de Sa gloire l'univers; mais ce n'est que par une sublime patience, par une expansion lente et graduelle, que chaque forme peut être développée jusqu'à devenir, comme Lui-même, un centre indépendant de puissance illimitée. C'est pourquoi Il s'enferme dans les formes, supportant toutes leurs imperfections jusqu'à ce que la perfection soit atteinte, jusqu'à ce que Sa créature soit devenue semblable à Lui, et une avec Lui, tout en conservant intact le fil de sa mémoire individuelle. Ainsi, cette effusion de la Vie du Logos dans les formes fait partie du sacrifice originel, et porte en elle la joie du Père suprême envoyant ses enfants dans le monde sous forme de vies séparées, afin que chacune de ces vies puisse évoluer une identité impérissable et fournir enfin sa note, en harmonie avec toutes les autres, pour renforcer l'hymne éternel de la Béatitude, de l'Intelligence et de la Vie.

Ceci nous marque la nature essentielle du sacrifice, quels que puissent être les autres éléments qui sont venus masquer par la suite cette notion fondamentale :

Le sacrifice est l'effusion spontanée de la Vie divine, répandue afin d'y faire participer d'autres êtres, afin d'amener d'autres êtres à l'existence et de les y maintenir jusqu'à ce qu'ils puissent subsister par eux-mêmes. Ce n'est là qu'une des expressions de la divine joie. Toujours il y a joie dans l'exercice de l'activité, expression de la puissance de l'être qui agit. L'oiseau fait avec joie ruisseler son chant dans les airs, et vibre du seul ravissement de sa chanson. Le peintre trouve sa joie dans l'acte créateur de son génie, dans la mise en forme de son idée. L'activité essentielle de la Vie divine, enfin, ne peut s'exercer qu'en donnant, puisqu'au-dessus d'elle il n'existe rien d'où recevoir. S'il lui faut être active en quelque manière — et toute vie manifestée *est* mouvement actif — elle doit nécessairement se répandre elle-même. D'où le signe de l'esprit, *donner*, car l'esprit est la Vie divine active en toute forme.

D'autre part, l'activité essentielle de la matière consiste à recevoir. C'est en recevant l'influx vital qu'elle est organisée en formes. C'est par la continuation de cet influx que les formes sont maintenues. Lorsqu'il cesse, elles tombent en poussière. Toute l'activité de la matière a ce caractère réceptif, et ce n'est qu'en recevant qu'elle peut subsister en tant que forme. C'est pourquoi toujours elle saisit, s'attache et peut retenir. La persistance de la forme dépend de son pouvoir d'embrasser et de conserver; elle cherchera donc à attirer en elle tout ce qu'elle pourra attirer, et cèdera de mauvais gré tout ce dont elle devra se départir. Saisir et garder font toute sa joie; pour elle, donner, c'est appeler la mort.

Il devient très facile maintenant de voir comment se forma la notion que sacrifice implique souffrance. Tandis que la Vie Divine trouvait ses délices à donner, exerçant ainsi son activité; tandis que, incorporée dans une forme, elle s'inquiétait peu de la voir périr sacrifiée, la tenant à bon droit pour n'être que son expression passagère et le moyen de sa croissance séparée, — la forme, au contraire, sentant ses forces vitales lui échapper, clamait d'angoisse, et cherchait à exercer son activité en retenant la vie, résistant par là au courant d'effusion. Le sacrifice diminuait les énergies vitales que la forme prétendait s'approprier, ou les épuisait totalement, abandonnant la forme à sa perte. Dans le monde inférieur, c'était là le seul aspect connaissable du sacrifice; et la forme, se voyant conduire au supplice, criait de peur et d'agonie. Qu'y a-t-il de surprenant, alors, à ce que les hommes, aveuglés par la forme, aient identifié le sacrifice avec la forme agonisante plutôt qu'avec la libre vie qui se donnait en chantant au ciel sa joie : « Me voici, ô Dieu! Venue pour faire Ta volonté, je l'accomplis avec bonheur. » Bien plus, qu'y a-t-il de surprenant à ce que les hommes, — ayant conscience en eux-mêmes d'une nature supérieure et d'une nature inférieure, et identifiant pourtant leur soi-conscience plutôt avec la seconde qu'avec la première, — aient senti les angoisses de la nature inférieure, de la forme, comme leurs propres angoisses, aient senti qu'*eux-mêmes* acceptaient la souffrance en résignation à une volonté plus haute, considérant dès lors le sacrifice comme cette acceptation dévote et résignée de la douleur? Tant que l'homme, au lieu de s'identifier avec la vie, se confond avec la forme, il ne peut éliminer dans le sacrifice l'élément douleur. Mais dans un être parfaitement harmonisé la douleur ne peut subsister, car la forme est alors le véhicule parfait de la vie qu'elle reçoit ou abandonne avec une égale complaisance. La douleur cesse lorsque cesse la lutte. Car la souffrance procède des cahots, des frottements, des mouvements antagonistes, et là où la nature entière travaille en parfaite harmonie, les conditions qui donnent naissance à la douleur sont absentes.

La loi du sacrifice étant ainsi la loi d'évolution de la Vie dans l'univers, nous trouvons que chaque degré de l'échelle est franchi par le sacrifice : la vie se déverse pour renaître en une forme plus haute, tandis que meurt la forme qui la contenait. Ceux dont le regard s'arrête aux formes périssables ne voient dans la nature qu'un immense charnier; mais ceux qui voient l'Âme immortelle s'échapper pour animer des formes nouvelles et plus élevées, ceux-là entendent à tout moment l'hymne joyeux de la vie renaissante.

Dans le règne minéral, la Monade évolue par la rupture de ses formes pour la production et l'entretien des plantes. Les minéraux sont désagrégés afin que, de leurs matériaux, les formes végétales puissent être construites. La plante puise dans le sol ses éléments constituants nutritifs, elle les dissocie et les assimile en sa propre substance. Ainsi les formes minérales périssent afin que les formes végétales puissent croître et cette loi du sacrifice, dont le règne minéral porte l'empreinte, est la loi d'évolution de toute vie et de toute forme. La vie passe outre, et la Monade évolue pour produire le règne végétal, la destruction des formes inférieures étant la condition indispensable de l'apparition et de l'entretien des formes supérieures.

Le processus se répète dans le règne végétal, dont les formes sont à leur tour sacrifiées afin que les formes animales puissent être produites, et qu'elles puissent croître. De toutes parts, herbes, graines, arbres périssent pour l'entretien des corps animaux; leurs tissus sont désagrégés afin que les matériaux qui les composent puissent être assimilés par l'animal et bâtir son corps. Une fois de plus le monde porte l'empreinte de la loi du sacrifice, cette fois sur son règne végétal. La vie évolue et les formes périssent. La Monade évolue pour produire le règne animal, tandis que les formes sont sacrifiées afin que les formes animales puissent être engendrées et entretenues.

Jusqu'ici l'idée de la souffrance s'est à peine associée à celle du sacrifice, car, ainsi que nous l'avons vu au cours de nos études, les corps astraux des plantes ne sont pas suffisamment organisés pour donner naissance à des sensations aiguës de plaisir ou de douleur. Mais lorsque nous considérons la loi du sacrifice dans son opération sur le règne animal, nous ne pouvons nous empêcher de reconnaître que la douleur s'associe à la rupture des formes. On peut dire que la somme de douleur occasionnée lorsque, dans « l'état de nature », un animal fait d'un autre sa proie, est comparativement insignifiante dans chaque cas particulier; cependant il y a douleur. On peut dire aussi, non sans raison, que l'homme, dans le rôle qu'il a joué en aidant à l'évolution des animaux, a considérablement accru cette douleur, et qu'il a fortifié les instincts de proie des animaux carnivores au lieu de les diminuer. Néanmoins, ce n'est pas lui qui a implanté ces instincts dans l'animal, bien qu'il les ait employés à servir ses desseins; et d'innombrables variétés d'animaux, sur l'évolution desquelles l'homme n'a exercé aucune influence directe, font leur proie les unes des autres, les formes étant sacrifiées pour l'entretien d'autres formes comme dans les règnes minéral et végétal. La lutte pour l'existence suivait son cours bien avant que l'homme n'apparût sur la scène, et elle accélérait l'évolution de la vie comme de la forme, tandis que la douleur accompagnant la destruction des formes commençait sa longue tâche : faire sentir à la Monade évoluante le caractère transitoire de toutes les formes, et la différence entre les formes périssables et l'immortelle vie.

La nature inférieure de l'homme fut évoluée sous cette même loi du sacrifice qui gouverne les autres règnes. Mais avec l'effusion de Vie divine qui forma la Monade humaine, un changement survint dans le mode d'opération de la loi du sacrifice comme loi de la vie. Chez l'homme, il fallait développer la volonté, l'énergie auto-motrice, l'initiative. La nécessité rigide, qui poussait de force les rè-gnes inférieurs sur la voie d'évolution, ne pouvait être employée ici sans paralyser la croissance de ce pouvoir nouveau et essentiel. L'on ne demandait ni au minéral, ni à la plante, ni à l'animal, d'accepter la loi du sacrifice comme loi de la vie, volontairement choisie. Elle leur était imposée de l'extérieur, et elle forçait leur croissance par une inéluctable nécessité. Mais l'homme devait avoir la liberté de choisir, indispensable au développement d'une intelligence douée de soi-conscience et de discernement. Alors surgit le problème suivant : « Comment cette créature peut-elle être laissée libre de choisir, et apprendre cependant à choisir la loi du sacrifice, alors qu'elle est encore à l'état d'organisme sensitif, redoutant la douleur, et que la douleur est inévitable dans la rupture des formes ? »

L'expérience de plusieurs éternités, analysée par une créature à l'intelligence continuellement croissante, aurait sans doute pu conduire l'homme à découvrir enfin que le sacrifice est la loi fon-damentale de la vie. Mais en ceci comme en tant d'autres choses, il ne fut pas abandonné, sans aide à ses propres efforts. De divins Instructeurs étaient là, aux côtés de l'homme en son enfance. Ils proclamèrent avec autorité la loi du sacrifice, et elle fut incorporée, sous une forme rudimentaire, dans les religions qui Leur servirent à éduquer l'intelligence naissante des hommes. Inutile d'exiger de ces Ames enfantines un abandon sans compensation des objets qui leur paraissaient les plus désirables, objets dont la possession garantissait leur existence formelle. Il fallait leur faire suivre une voie destinée à les élever sûrement, mais par degrés, jusqu'aux hau-teurs sublimes du sacrifice volontaire. Dans ce but on leur enseigna d'abord qu'ils n'étaient point des unités isolées, mais que, formant partie d'un ensemble plus vaste, leur vie était liée à d'autres vies, tant supérieures qu'inférieures. Leur vie physique était entretenue par des vies inférieures, par la terre, par les plantes, dont la consommation constituait envers la nature une dette qu'ils étaient tenus de payer. Vivant de la vie sacrifiée d'autres êtres, il leur fallait sacrifier en échange quelque chose qui pût entretenir d'autres vies. Nourris, ils devaient nourrir. Puisqu'ils cueillaient les fruits produits par l'activité des entités astrales présidant à la nature physique, il leur fallait compenser par des offrandes convenables les forces ainsi dépensées à leur profit.

De là tous les sacrifices offerts à ces forces, comme la science les nomme, ou, selon l'enseignement constant des religions, à ces intelligences rectrices de la nature physique. Le feu désagrège rapidement la matière physique grossière, et restitue à l'éther les particules éthériques de l'offrande consumée. Les particules astrales sont donc aisément libérées pour être assimilées par les entités astrales chargées d'entretenir la fertilité de la terre et d'assurer la croissance des plantes. Ainsi le mouvement cyclique de la production est entretenu, et l'homme apprend qu'il contracte continuellement envers la nature des dettes qu'il lui faut, continuellement aussi, acquitter.

Le sentiment de l'obligation est par là implanté et nourri dans son esprit, et sa pensée reçoit l'empreinte du devoir envers le tout, envers la mère nature nourricière. Le sentiment de l'obligation, il est vrai, s'allie étroitement à l'idée que l'accomplissement du sacrifice est nécessaire au bienêtre de l'homme; le désir d'une prospérité continue le pousse donc à payer sa dette. C'est qu'il n'est encore qu'une âme en enfance, bégayant ses premières leçons: et cette leçon de l'interdépendance des vies, — la vie de chaque être dépendant du sacrifice d'autres êtres, — cette leçon est d'une importance capitale pour son développement. Il ne peut encore éprouver la divine joie de donner: la répugnance de la forme à abandonner tout ce qui la nourrit devra d'abord être surmontée. Le sacrifice s'identifie donc, pour l'homme primitif, avec cet abandon d'une chose appréciée, abandon provoqué par le sentiment d'obligation d'une part, de l'autre, par le désir d'un nouveau bail de prospérité.

La leçon suivante vient reculer la récompense du sacrifice jusqu'en une région sise au delà du monde physique. D'abord le sacrifice de biens matériels devait assurer le bienêtre matériel. Ensuite, le sacrifice de ces mêmes biens matériels doit rapporter le bonheur au ciel, de l'autre côté de la mort. La récompense offerte au sacrifice est de nature plus élevée, et l'homme apprend qu'un bien relativement permanent peut être acquis par le sacrifice d'un bien relativement transitoire, — leçon importante, car elle conduit au discernement. L'attachement de la forme pour les objets physiques est échangé contre un attachement pour les joies célestes. Dans toutes les religions exotériques, nous voyons ce procédé d'éducation employé par les Sages. Trop sages pour vouloir imposer à l'enfance des âmes la vertu d'un héroïsme sans récompense, ils se contentent, avec une sublime patience, d'encourager doucement, sur une voie épineuse pour la nature inférieure, les enfants indisciplinés confiés à leurs soins.

Graduellement les hommes sont amenés à subjuguer leur corps. Son inertie est combattue par l'accomplissement méthodique de rites religieux quotidiens, d'un caractère souvent très ardu; et ses activités sont règlementées, canalisées suivant des directions utiles. L'âme est entraînée à vaincre la forme et à la maintenir soumise à la vie, et le corps prend l'habitude de se prêter à des œuvres de bonté et de charité en obéissance aux exigences de la volonté, quand bien même cette volonté n'est encore stimulée principalement que par le désir d'une récompense au ciel. Nous pouvons voir chez les Indous, les Persans, les Chinois, comment les hommes apprennent à reconnaître leurs obligations multiples, à faire offrir par le corps son sacrifice d'obéissance et de révérence envers les ancêtres, les parents, les vieillards, à faire la charité avec courtoisie et à être bons envers tous. Peu à peu, l'homme, est amené à développer au plus haut point l'héroïsme et l'abnégation, témoins les martyrs qui livrent avec joie leur corps aux tortures et à la mort, plutôt que de renier leur croyance ou de trahir leur foi. Ils attendent, il est vrai, une « couronne de gloire » dans le ciel en récompense du sacrifice de leur forme physique; mais n'est-ce pas déjà beaucoup que d'avoir surmonté l'attachement pour cette forme physique et d'avoir rendu le monde invisible tellement réel, qu'il puisse l'emporter sur le visible?

L'étape suivante est franchie lorsque le sentiment du devoir est nettement établi, lorsque le sacrifice de l'inférieur au supérieur est considéré comme étant « bien » en soi, indépendamment de toute question de récompense à recevoir dans un autre monde; lorsque l'obligation de la partie envers le tout est reconnue; lorsqu'enfin l'homme sent que la forme qui existe par le service des autres doit en toute justice servir à son tour, sans avoir pour cela aucun droit à des gages. L'homme commence alors à percevoir la loi du sacrifice comme la loi de la vie, et à s'y associer volontairement. Il commence également à se distinguer lui-même, en sa pensée de la forme qu'il habite, pour s'identifier avec la vie évoluante. Ceci l'amène graduellement à éprouver une certaine indifférence envers toutes les activités de la forme, sauf en tant qu'elles consistent en « devoirs à accomplir »; et il finit par les considérer toutes comme de simples instruments pour l'utilisation des énergies vitales dues au monde, et non plus comme des actions ayant pour mobile l'obtention d'un résultat quelconque. L'homme s'élève par là jusqu'au point déjà noté au cours de cette étude, — point où le karma qui l'attache aux trois mondes cesse d'être engendré, et où il s'attelle à la roue de l'existence parce qu'il faut qu'elle tourne, et non plus à cause des objets désirables que sa révolution peut lui procurer.

Mais la pleine reconnaissance de la loi du sacrifice élève l'homme au-delà du plan mental où le devoir est considéré comme devoir, comme « Ce qui doit être fait parce que cela est dû ». Elle le transporte en ce plan plus élevé de Bouddhi, où l'unité de tous les « Soi » est sentie, et où toutes les énergies sont répandues pour l'usage de tous et non pour l'avantage d'un « Soi » séparé. Sur ce plan-là seulement, la loi du sacrifice est *sentie* comme un joyeux privilège, au lieu d'être seulement reconnue par l'intellect comme vraie et juste. Sur le plan bouddhique, l'homme voit clairement que la vie est une, qu'elle se déverse perpétuellement, libre effusion de l'amour du Logos, et que l'existence qui se tient isolée ne peut être que chose pauvre et mesquine, sans parler de l'ingratitude qu'elle comporte. Là, le cœur entier s'élance vers le Logos en un puissant élan d'amour et d'adoration, et se donne en joyeux renoncement afin d'être une des voies par où Sa vie et Son amour pourront descendre et rayonner dans le monde. Être un porteur de Sa lumière, un messager de Sa compassion, un ouvrier dans Son royaume, — nulle autre vie ne parait digne d'être vécue. Hâter l'évolution humaine, servir la Bonne Loi, soulever une part du lourd fardeau du monde, — ceci apparaît comme l'unique joie du Seigneur Lui-même.

De ce plan seulement, l'homme peut agir comme l'un des Sauveurs du monde, parce qu'ici il est un avec les « Soi » de tous. Identifié avec l'humanité là où elle est une, sa force, son amour, sa vie, peuvent se déverser vers le bas en l'un quelconque des « moi » séparés, ou en tous. Il est devenu une force spirituelle et l'énergie spirituelle disponible dans le système du monde est accrue parce qu'il y ajoute sa propre vie. Les forces qu'il dépensait jadis dans les mondes physique, astral et mental, à la recherche de satisfactions pour son « moi » séparé, sont rassemblées, toutes, en un acte unique de sacrifice; transformées par là en énergie spirituelle, elles se répandent sur le monde entier comme un îlot de vie spirituelle.

Cette transmutation est effectuée par le motif, qui détermine le plan sur lequel l'énergie est libérée. Si l'homme a pour motif le gain d'objets physiques, l'énergie libérée opère sur le seul plan physique. S'il désire des objets astraux, il libère de l'énergie sur le plan astral. S'il recherche des joies mentales, son énergie fonctionne sur le plan mental. Mais s'il se sacrifie pour être un canal de la vie du Logos, il libère de l'énergie sur le plan spirituel, et cette énergie opère en tous lieux avec la puissance et la subtilité d'une force spirituelle.

Pour un tel homme l'action et l'inaction reviennent au même, car il fait tout en ne faisant rien, et il ne fait rien en accomplissant toute chose. Pour lui haut et bas, grand et petit sont un. Il occupe avec joie la place qui s'offre à lui, car le Logos est identique en tout lieu, et en toute action. Il peut se déverser en toute forme, il peut œuvrer selon toute direction, il ne connaît plus ni choix ni différence. Sa vie, par le sacrifice, a été faite une avec la vie du Logos, il voit Dieu en tout et tout en Dieu. Qu'importent alors pour lui place ou forme, il *est* lui-même la Vie soi-consciente. « N'ayant rien, il possède toutes choses » ; ne demandant rien, l'univers entre en lui. Sa vie est bonheur, car il est un avec son Seigneur qui est Béatitude ; utilisant la forme pour le service sans plus s'y attacher, « il a mis fin à la douleur ».

Ceux qui commencent à comprendre les possibilités merveilleuses offertes à quiconque s'associe volontairement à la loi du sacrifice, ceux-là éprouveront sans doute le désir de commencer cette association volontaire bien avant de pouvoir s'élever aux hauteurs dont une vague description vient d'être tentée. Comme toute profonde vérité spirituelle, le sacrifice est éminemment pratique dans son application à la vie quotidienne, et quiconque en comprend la beauté peut se mettre à l'œuvre sans hésiter.

La résolution une fois prise de commencer la pratique du sacrifice, l'homme doit entraîne à marquer d'un acte de sacrifice le début de chaque journée. Lui-même sera l'offrande faite, avant que ne commence le labeur du jour, à Celui à qui sa vie est consacrée. Sa première pensée sera, dès le réveil, cette consécration de toutes ses forces à son Seigneur. Puis chaque pensée, chaque parole, chaque action de la vie quotidienne sera offerte en sacrifice, accomplie non pour le fruit qu'elle rapporte, non pas même comme un devoir, mais comme étant à ce moment pour l'homme la meilleure manière de servir son Dieu. Tout ce qui arrive sera accepté comme l'expression de Sa volonté. Joie, peine, inquiétude, succès, défaite, toute chose est la bienvenue comme indiquant à l'âme la voie de son service. Elle reçoit avec joie les choses qui lui viennent, et les offre en sacrifice; les choses qui s'en vont, elle les perd avec joie — puisqu'elles s'en vont, c'est que son Seigneur n'en a plus besoin. Toutes les puissances dont l'être dispose sont consacrées avec joie au service; dès qu'elles lui font défaut, il en accepte la privation avec une heureuse équanimité; puisqu'elles ont cessé d'être disponibles; il n'aura plus à les dépenser. Même la souffrance inévitable, fruit d'un passé non encore racheté, peut être transformée par l'acceptation en sacrifice volontaire. L'homme qui s'empare de cette souffrance en l'acceptant volontairement peut l'offrir en don, la transformant par ce motif en force spirituelle.

Chaque vie humaine offre des occasions innombrables à celle mise en œuvre de la loi du sacrifice, et chaque vie humaine devient une puissance à mesure que ces occasions sont saisies et utilisées. Sans aucune expansion de sa conscience à l'état de veille, l'homme peut devenir ainsi un travailleur sur les plans spirituels, car il libère sur ces plans des énergies qui, de là, se répandent à profusion dans les mondes inférieurs. Son renoncement ici-bas, dans sa conscience inférieure, emprisonnée qu'elle est dans le corps, éveille en réponse des frémissements de vie dans l'aspect bouddhique de la Monade qui est son véritable « Soi », et vient hâter l'époque où cette Monade deviendra l'Égo Spirituel, se mouvant de sa propre initiative, Maître de tous ses véhicules, et employant à volonté l'un quelconque d'entre eux selon l'œuvre à accomplir.

Aucune autre méthode n'assure un progrès si rapide, une si prompte manifestation de toutes les puissances latentes dans la Monade, que la compréhension et la pratique de la loi du sacrifice. C'est pourquoi elle a été appelée par un Maître : « La loi d'évolution pour l'homme. » Elle comporte, en vérité, des aspects plus profonds et plus mystiques que tous ceux dont il a été question ici; mais ces aspects se révèleront, sans paroles, au cœur patient et aimant dont la vie tout entière n'est qu'offrande et sacrifice. Il est des choses qui ne sont entendues que dans le calme intérieur; il est des enseignements que, seule, la « Voix du Silence » peut proférer. Parmi ces enseignements se trouvent les vérités plus profondes qui prennent racine dans la Loi du Sacrifice.

CHAPITRE XI

L'ASCENSION HUMAINE

Si formidable est la pente gravie par quelques-uns et que d'autres, à leur tour, gravissent aujourd'hui, qu'en cherchant à l'embrasser du regard par un effort de l'imagination notre pensée retombe sans force, épuisée par la seule idée de ce voyage interminable. Depuis l'Âme embryonnaire du dernier des sauvages jusqu'à l'Âme spirituelle parfaite, libre et triomphante de l'homme divin, la longue procession s'achemine; et il semble à peine croyable que l'une puisse contenir en germe tout ce que l'autre manifeste, et que la différence entre elle ne soit qu'une différence d'évolution, l'une étant encore au début de cette « Ascension de l'Homme » qui pour l'autre est désormais achevée. Mais si l'on pense qu'au-dessous du sauvage s'étendent les longues théories des races infrahumaines, animaux, végétaux, minéraux, essences élémentales; et qu'au-dessus de l'homme parfait s'élève en gradations infinies la Hiérarchie surhumaine, Chohans, Manous, Bouddhas, Constructeurs, Lipikas, cohortes puissantes, que nul mortel ne peut nommer ni dénombrer; — alors l'évolution humaine avec ses degrés pourtant si divers, considérée comme un simple échelon d'une échelle plus vaste encore, semble réduite à des proportions plus modestes; et l'ascension humaine n'est plus qu'un degré unique dans l'évolution des vies qui s'étendent, chaîne ininterrompue, depuis l'essence élémentale jusqu'à la splendeur du Dieu manifesté.

Nous avons déjà suivi l'ascension de l'homme depuis la naissance de l'Âme embryonnaire jusqu'à l'épanouissement de la spiritualité; nous avons étudié les degrés franchis par la conscience à mesure qu'elle passe, en se développant, du règne de la sensation au règne de la pensée. Nous avons vu l'homme parcourant incessamment le cycle de la naissance et de la mort dans les trois mondes, récoltant dans chacun une moisson appropriée et trouvant dans chacun mainte occasion de progrès. Nous sommes à même de le suivre maintenant à travers les stades qui terminent son évolution humaine, stades qui sont encore l'avenir pour la vaste masse de notre humanité, mais que les aînés, parmi ses enfants, ont déjà franchis, et qu'un nombre restreint d'hommes et de femmes gravissent aujourd'hui même.

Ces stades ont été subdivisés en deux catégories, la première constituant ce qu'on nomme « le Sentier de l'Épreuve », la deuxième formant le « Sentier » proprement dit ou le « Sentier du Disciple ». Nous les étudierons dans l'ordre indiqué.

À mesure que se développe la nature intellectuelle, morale et spirituelle de l'homme, à mesure qu'il devient conscient du but de la vie, il éprouve un désir croissant d'assurer en sa propre personne la réalisation de ce but. La soif répétée des joies terrestres, suivie de leur possession complète et de l'inévitable lassitude qui en découle, lui a graduellement fait sentir la nature éphémère et décevante des meilleurs dons de la terre. Tant de fois se sont succédé pour lui l'effort, le succès, la jouissance, la satiété, l'écœurement, qu'il se détourne, blasé, de tout ce que la terre peut lui offrir. « À quoi bon ? » soupire l'Âme lasse. « Tout est vanité, tout est ennui. Des centaines, des milliers de fois j'ai possédé, pour ne trouver enfin que déception au sein de la possession même. Ces joies ne sont qu'illusion, semblables à des bulles d'air voguant au fil de l'eau, bulles aux couleurs féeriques, aux tons d'arc-en-ciel, mais qui se brisent au moindre contact. Je suis lasse des ombres, j'ai soif de réalités; haletante d'angoisse, je cherche l'éternel et le vrai, je veux être délivrée des chaînes qui m'entravent et me retiennent prisonnière dans ce monde d'apparences changeantes. »

Concevez cette terre aussi belle que l'ont rêvée les poètes, effacez-en tous les maux, faites cesser toute souffrance, faites grandir toute joie, donnez à toute beauté un éclat nouveau, élevez toute chose à sa perfection, — l'âme sent intimement qu'elle n'en serait pas moins lasse, elle sait qu'elle se détournerait, vide de tout désir, de ce paradis terrestre. Voilà le sentiment intime qui provoque au fond de l'âme ce premier appel à la libération. Pour elle, la terre n'est plus qu'une prison, à quoi bon la décorer ? Ce que l'Âme veut, c'est l'espace libre, sans limites, qui s'étend par-delà les murs de son cachot. Le ciel même ne l'attire pas plus que la terre. Elle en est lasse comme de tout le reste; les joies célestes ont perdu leur attrait, les joies intellectuelles et sentimentales du paradis n'ont plus le don de satisfaire. Elles aussi « viennent et s'en vont, éphémères », tout comme les contacts des sens; comme eux, elles sont bornées, passagères, il n'y a point en elles de satisfaction définitive. L'âme est lasse de tout ce qui change; de lassitude même elle crie, réclamant enfin sa liberté.

Parfois cette conception de la vanité des choses terrestres et célestes, semblable à un éclair fugitif, ne fait qu'illuminer un instant la conscience de l'homme. Puis les mondes extérieurs affirment à nouveau leur empire, et là caresse trompeuse de leurs joies illusoires vient bercer l'âme contente pour quelque temps encore. Plusieurs vies même peuvent passer, pleines de nobles travaux et d'œuvres désintéressées, de pensées pures et d'actions sublimes, avant que ce sentiment du néant de toute chose phénoménale ne devienne l'attitude permanente de l'Âme. Mais enfin, tôt ou tard, l'âme se décide à rompre avec ciel et terre, les sentant inaptes à satisfaire ses besoins; et cet instant, où elle se détourne une fois pour toutes de ce qui passe, où elle affirme sa volonté nette d'atteindre l'éternel, marque son entrée dans le Sentier de l'Épreuve. L'âme quitte dès lors la route large et facile de l'évolution normale pour affronter la

pente ardue qui conduit au sommet du mont, décidée à se soustraire à la servitude des vies terrestres et célestes pour atteindre
l'atmosphère libre d'en haut.

La tâche qui s'impose à l'homme sur le Sentier de l'Épreuve est
entièrement mentale et morale. Il doit se préparer graduellement
à « rencontrer son Maître face à face », — Mais il faut expliquer
d'abord ce que signifie le terme « son Maître ».

Il existe des Êtres élevés appartenant à notre race, Êtres qui
ont parachevé leur évolution humaine et auxquels nous avons déjà
fait allusion comme constituant une Confrérie dont le rôle consiste à activer et à guider l'évolution humaine. Ces grands Êtres, les
Maîtres, continuent à s'incarner volontairement dans des corps
humains afin de constituer le trait d'union entre notre humanité
et ce qui est au-dessus d'elle. Ils permettent à quiconque remplit
certaines conditions de devenir Leur disciple. Sous Leur influence
directe, l'évolution s'achève rapidement; le disciple entre à son tour
dans la grande Confrérie et peut librement participer au glorieux
et bienfaisant travail qu'elle accomplit pour l'homme.

Les Maîtres veillent toujours sur la race et remarquent tous
ceux qui, par la pratique des vertus, par un travail désintéressé ou un
effort intellectuel consacré au service des hommes, par la dévotion
sincère, la piété et la pureté, devancent la masse de leurs semblables
et deviennent capables de recevoir une assistance plus spéciale que
celle donnée à l'humanité dans son ensemble. Avant de recevoir
un secours spécial, l'individu doit faire preuve d'une réceptivité
spéciale. Car les Maîtres président à la distribution des énergies
spirituelles qui doivent activer l'évolution globale de l'humanité
et l'utilisation de ces énergies pour la croissance hâtive d'une âme
particulière n'est permise que si cette âme est réellement capable
d'un progrès rapide; car, alors, elle deviendra bientôt à son tour un
des serviteurs de la race et s'empressera de rendre à ses semblables
le secours qu'elle-même aura reçu.

Aussi lorsqu'un homme, utilisant pleinement assistance générale obtenue par l'intermédiaire de la religion et de la philosophie, s'est élevé par ses propres efforts jusqu'à la crête de la vague humaine qui s'avance, et lorsqu'il fait preuve d'une nature aimante, désintéressée, secourable, il devient l'objet d'une attention toute particulière de la part des Gardiens de la race, toujours en éveil. Des occasions spéciales sont suscitées sur son chemin afin d'éprouver sa force et de provoquer l'éveil de son intuition. Plus il profite de ces occasions, plus il est aidé; des lueurs de la vie réelle sont projetées en sa conscience, jusqu'à lui faire percevoir enfin, de plus en plus clairement, la nature décevante et irréelle de l'existence terrestre. De là découle cette lassitude déjà mentionnée, qui ne laisse plus à l'homme d'autre désir que celui de la libération, et le conduit à l'entrée du Sentier de l'Épreuve. Son entrée dans ce Sentier fait de lui un disciple — ou « chélâ » — au stade d'épreuve; et l'un des Maîtres le prend sous sa garde, le reconnaissant par là comme un homme qui a quitté la voie ordinaire de l'évolution pour chercher l'Instructeur destiné à guider ses pas au long du sentier étroit et ardu. Dès l'entrée même du Sentier cet Instructeur l'attend. Le néophyte, il est vrai, ne connaît point son Maître; mais le Maître, lui, connaît son néophyte, observe ses efforts, guide ses pas, le place dans les conditions les plus propres à favoriser son progrès, et veille sur lui avec la tendre sollicitude d'une mère, avec la sagesse qui naît de l'intuition parfaite. La route peut sembler déserte et sombre, mais « un ami plus intime que le meilleur des frères » est toujours là, et l'assistance que les sens ne perçoivent pas est reçue directement par l'âme.

Il existe un ensemble de quatre qualités morales, nettement déterminées, que le chélâ au stade d'épreuve doit se mettre en mesure d'acquérir. Telle est la condition imposée par la sagesse de la grande Confrérie à quiconque veut devenir un disciple proprement dit. Il n'est pas encore nécessaire que ces qualités soient développées dans toute leur perfection, mais le disciple doit avoir travaillé à les acquérir, il doit les posséder en partie avant que l'Initiation ne soit permise.

La première de ces qualités est le discernement du réel et de l'irréel, qualité qui a déjà fait son apparition dans l'âme du disciple, puisque c'est elle qui l'a conduit à l'entrée du sentier qu'il va suivre désormais. La distinction s'accentue maintenant de plus en plus nette dans son esprit, et parvient graduellement à le délivrer dans une large mesure des entraves qui le lient, car la deuxième qualité, l'indifférence aux choses extérieures, est la conséquence naturelle du discernement qui fait clairement ressortir leur peu de valeur. Le néophyte apprend que cette lassitude, qui enlevait à l'existence toute sa saveur, était due aux déceptions constantes provenant de ce qu'il cherchait sa satisfaction dans l'irréel alors que, seul, le réel peut Contenter l'âme. Il apprend que toutes les formes sont irréelles et dépourvues de stabilité, qu'elles se transforment incessamment sous l'aiguillon de la vie, et qu'il n'y a rien de réel au monde si ce n'est la Vie Une inconsciemment cherchée et aimée sous les voiles multiples qui la dérobent à notre vue. La croissance du discernement est d'ailleurs fortement stimulée par les vicissitudes multiples, par le torrent de circonstances brusquement changeantes au milieu desquelles le disciple se trouve jeté d'ordinaire. Ces contrastes ont pour but de faire sentir plus vivement à l'âme l'instabilité des choses extérieures. Les existences successives d'un disciple sont ordinairement des vies orageuses et tourmentées. Car les mêmes qualités qui, chez l'homme ordinaire, se développeront à travers une longue succession de vies dans les trois mondes, doivent s'épanouir sans retard chez le disciple et être amenées à la perfection par une croissance rapide. À force de passer brusquement de la joie à la tristesse, du calme à la tourmente, du repos au labeur, le disciple en arrive à ne voir dans ces vicissitudes que des formes irréelles, et à sentir à travers elles toutes un courant de vie continue et qui ne change point. Il devient indifférent à la présence de ces choses instables comme à leur absence, et son regard se fixe de plus en plus sur l'immuable et toujours présente réalité.

Tout en cultivant de la sorte l'intuition et la stabilité, le néophyte travaille à acquérir la troisième des qualités requises, — ensemble de six attributs mentaux qu'on exige de lui avant qu'il ne soit admis à suivre le Sentier proprement dit. Il n'est pas tenu de les posséder tous à la perfection, mais tous doivent être au moins partiellement acquis avant qu'il ne lui soit permis d'aller plus loin.

En premier lieu, le néophyte doit acquérir l'empire sur les pensées qu'enfante sans cesse son intelligence agitée, turbulente, « aussi difficile à dompter que le vent »[153]. La pratique soutenue, journalière de la méditation, de la concentration, a déjà commencé à faire rentrer dans l'ordre, dès avant l'entrée du Sentier de l'Épreuve, cette mentalité rebelle; et c'est avec une énergie concentrée que le disciple travaille à compléter la tâche. Car il sait que l'immense accroissement de puissance mentale, qui accompagnera sa croissance rapide, constituera un danger pour ses semblables et pour lui-même, à moins que la force grandissante ne soit entièrement maîtrisée. Autant mettre de la dynamite comme jouet aux mains d'un enfant, que de confier les puissances créatrices de la pensée aux mains de l'égoïste et de l'ambitieux.

En second lieu, le chélâ novice doit joindre à la maîtrise intérieure la possession extérieure; il doit gouverner ses paroles et ses actions aussi rigidement que ses pensées. La nature inférieure doit obéir à l'intelligence comme l'intelligence obéit à l'âme. Les services que le disciple peut rendre dans le monde extérieur dépendent du pur et noble exemple que sa conduite donne aux hommes, de même que ceux qu'il peut rendre dans le monde intérieur dépendent de la stabilité et de la force de ses pensées. La négligence à l'égard de ces régions inférieures de l'activité humaine suffit parfois à faire échouer une belle œuvre. Aussi l'aspirant devra-t-il s'efforcer

---

153 *Bhagavad Gîtâ*, VI, 34.

vers un idéal parfait sous tous rapports, de crainte qu'il ne vienne à trébucher, plus tard, sur le Sentier, donnant prise aux blasphèmes de l'ennemi. — Comme nous l'avons dit, à ce degré la perfection n'est encore exigée sur aucun point; mais l'aspirant, s'il est sage, vise toujours à la perfection, car il sait que, même en faisant de son mieux, il restera encore infiniment au-dessous de son idéal.

La troisième vertu que le candidat à l'Initiation doit faire entrer dans la construction de son édifice mental, c'est la sublime et large vertu de la tolérance, — l'acceptation paisible de tout homme; de tout être, tel qu'il est, sans prétendre qu'il devienne autre, sans vouloir qu'il se plie aux exigences de notre goût particulier, L'aspirant commence à comprendre que la Vie Une revêt des apparences innombrables qui sont, toutes, bonnes en temps et lieu; et il accepte chaque manifestation limitée de cette Vie sans vouloir toujours la transformer en quelque chose d'autre. Il apprend à vénérer la Sagesse qui a conçu le plan de cet univers et qui en dirige l'exécution, et il considère avec sérénité les fragments encore imparfaits qui déroulent lentement la trame de leur existence partielle. L'ivrogne, en voie d'épeler l'alphabet des souffrances qu'engendre la domination de la nature inférieure, fait, pour son niveau, œuvre utile, tout comme le saint qui achève d'apprendre les plus hautes leçons que la terre puisse donner, et il serait injuste d'exiger de l'un ou de l'autre plus qu'il ne peut accomplir. L'un est au degré du « kindergarten », assimilant, grâce à des leçons de choses, une instruction encore toute rudimentaire; l'autre, prêt à quitter l'université, passe ses derniers examens. Tous deux agissent comme il convient à leur Age et à leur situation, et nous devons nous mettre *à leur niveau* pour leur apporter aide et sympathie. Voilà une des leçons qu'enseigne ce qu'en occultisme on nomme « la tolérance ».

En quatrième lieu, l'aspirant doit devenir endurant, il doit cultiver la patience qui supporte tout sans jamais faiblir, et poursuit droit vers le but sa marche ininterrompue. Rien n'arrive que par la Loi, et il sait que la Loi est bonne. Il comprend que le sentier rocailleux qui mène tout droit au sommet, gravissant les pentes ardues, ne peut être aussi aisé à suivre que la route large et fréquentée qui déroule aux flancs du mont ses lacets interminables. Il comprend qu'il va acquitter en quelques brèves vies toutes les obligations karmiques accumulées dans son passé, et que l'importance des versements effectués doit croître avec la rapidité du payement.

Les luttes continuelles au sein desquelles l'aspirant se trouve jeté développent graduellement en lui le cinquième attribut, la foi, — la foi en son Maître et en lui-même, une confiance sereine et forte que rien ne peut ébranler. Il apprend à se fier à la sagesse, à l'amour, à la puissance de son Maître, et il commence à sentir — non plus seulement à affirmer verbalement — le Dieu qui réside en son cœur el qui doit étendre peu à peu Son empire sur toutes choses.

Le dernier attribut mental, l'équilibre, se développe dans une certaine mesure, sans nécessiter d'effort conscient, pendant que l'aspirant travaille à acquérir les cinq autres. Le seul fait de *vouloir* suivre le Sentier montre que la nature supérieure commence à s'épanouir et que le monde extérieur est définitivement relégué au second plan. Puis, les efforts soutenus faits en vue de mener la vie qui convient au disciple viennent dégager peu à peu l'Âme de tous les liens qui l'attachent encore à la vie des sens. À mesure que l'Âme retire son attention des objets inférieurs, l'attraction que ces objets exercent sur elle s'épuise. « Devant la sobriété de l'être qui réside dans le corps, ils s'écartent[154] », impuissants, et perdent bientôt tout pouvoir de troubler son équilibre. Il apprend donc à se mouvoir, sereinement impassible, parmi les objets des sens, n'ayant plus pour eux désir ni aversion. Les soucis intellectuels de toute espèce, les alternatives de joie et de souffrance mentale, les brusques changements amenés en sa vie par les soins de son Maître toujours vigilant, — toutes ces vicissitudes viennent fortifier encore chez l'aspirant la précieuse vertu de l'équilibre.

---

154   *Bhagavad Gita*, II, 59.

Ces six attributs mentaux une fois acquis dans une mesure suffisante par le chélâ au stade d'épreuve, il ne lui manque plus que la quatrième des qualités requises, — le désir profond et intense de la libération, soif ardente de l'âme qui veut s'unir à Dieu, désir qui porte en lui la promesse de sa propre réalisation. Voici l'aspirant prêt à entrer désormais dans l'état du disciple véritable, car, une fois ce désir nettement affirmé, jamais il ne pourra être détruit. L'âme qui l'a ressenti ne pourra plus apaiser sa soif aux sources terrestres. Leurs eaux lui sembleront toujours insipides, et il se détournera d'elles avec une soif toujours plus intense pour l'onde vivifiante de la Vie réelle. À ce degré il est « l'homme prêt à recevoir l'Initiation », prêt à « entrer dans le courant » qui le séparera à tout jamais des intérêts de la vie terrestre, sauf en tant qu'il y pourra servir son Maître et aidera l'évolution de la race. Pour lui, la séparativité désormais n'existe plus; sa vie doit être offerte sur l'autel de l'humanité, joyeux sacrifice de tout ce qu'il est, afin d'être utilisée en vue du bien commun [155].

Pendant les années employées à acquérir les quatre qualités fondamentales, le chélâ au stade d'épreuve aura réalisé, sous d'autres rapports, des progrès considérables. Il aura reçu de son Maître bien des enseignements, enseignements donnés habituellement pendant le sommeil profond du corps. L'âme, vêtue de son corps astral bien organisé, se sera graduellement accoutumée à utiliser ce corps comme véhicule de sa conscience, et aura été attirée fréquemment vers son Maître pour recevoir de Lui l'instruction et l'illumination spirituelle. En outre, elle aura été entraînée à la méditation, et cette pratique effective en dehors du corps physique aura vivifié et amené à l'état de fonction active plus d'un pouvoir supérieur. Pendant ces heures de méditation sur le plan astral, la

---

155 L'étudiant aimera sans doute à connaître les noms techniques qui désignent, en Sanscrit et en Pâli, ces degrés du Sentier d'Épreuve. Ceci lui permettra dans les ouvrages plus spéciaux:

conscience aura atteint des régions plus hautes de l'être, apprenant à mieux connaître la vie du plan mental. Le néophyte aura appris à employer au service de l'homme ses pouvoirs grandissants, et une grande part des heures de liberté que lui procure le sommeil du corps aura été consacrée à secourir les âmes jetées dans le monde astral par la mort, à rassurer les victimes d'accidents, à instruire ses frères moins avancés que lui-même, et à aider en mainte manière tous ceux qui ont besoin d'être aidés. Ainsi l'âme collabore, selon ses humbles moyens, au travail bienfaisant des Maîtres, et se voit associée, dans la mesure de son effort, à l'œuvre de Leur sublime Confrérie.

SANSCRIT (employé par les Indous)	PALI (employé par les Bouddhistes)
1. VIVÉKA; discernement du réel et de l'irréel.	1. MANODVARAVADJJANA; ou vertu des portes de l'intelligence — conviction acquise de la fragilité des choses terrestres.
2. VAIRAGYA; indifférence envers ce qui est irréel et transitoire.	2. PARIKAMMA; préparation à l'action; indifférence envers les fruits de l'action.
3. SHATSAMPATTI { Shama; *maîtrise de la pensée.* Dama; maîtrise de la conduite Ouparali; *tolérance.* Tiliksha; patience. Shraddhâ; *foi.* Samâdhâna; *équilibre.*	3. OUPACHARO; attention ou conduite : mêmes subdivisions que chez les Indous.
4. MOUMOUKSHA; désir de la libération.	4. ANOULOMA; l'ordre ou la succession directe, vertu qui découle des trois précédentes.
L'homme est alors l'ADHIKARI.	L'homme est alors le GOTRA-BHOU.

Pendant qu'il suit le Sentier de l'Épreuve, ou à une époque ultérieure, le privilège est offert au chèlâ d'accomplir un de ces actes
de renoncement qui marquent l'ascension plus rapide de l'homme.
On lui permet de « renoncer au Dévakhan », c'est-à-dire d'abandonner l'existence glorieuse qui l'attend dans les régions célestes
après sa libération du monde physique, — existence qui, dans son
cas, se passerait en majeure partie dans la région moyenne du monde « aroûpà », en compagnie des Maîtres et au milieu des pures et
sublimes joies de la sagesse et de l'amour. Si le chélâ abandonne
cette récompense d'une vie noble et dévouée, les forces spirituelles
qu'il aurait consommées en Dévakhan sont libérées et peuvent être
employées au service du monde, tandis que lui-même demeure sur
le plan astral en attendant une renaissance presque immédiate sur
terre. Dans ce cas, c'est son Maître qui choisit le lieu de son retour
et préside à sa réincarnation. Le chélâ est ainsi conduit en un milieu propre à assurer son utilité dans le monde, parmi des conditions favorables à son progrès et au travail qu'on attend de lui. Il a
atteint un point où tous les intérêts individuels sont subordonnés
à l'œuvre divine, et où sa volonté est immuablement fixée dans le
service, sans plus s'inquiéter du lieu de son service, ni du genre
de travail qui lui incombera. Aussi s'abandonne-t-il joyeusement
aux mains qui lui inspirent confiance, acceptant de plein gré la
place où il pourra rendre au monde les meilleurs services et jouer
son rôle dans l'œuvre glorieuse de Ceux qui assistent l'évolution
humaine. Heureuse la famille où naît un enfant habité par une
telle âme ! Cet enfant apporte avec lui la bénédiction du Maître
qui le surveille et le guide constamment, et qui lui donne toute
Son assistance pour l'aider à acquérir promptement l'empire sur
ses véhicules inférieurs.

Il arrive parfois, mais rarement, qu'un chélâ se réincarne dans
un corps qui a déjà traversé la période d'enfance et de première jeunesse comme tabernacle d'un « Égo » moins développé.
Lorsqu'une âme vient sur terre pour une brève période d'existence,

pour quinze ou vingt ans par exemple, elle se voit obligée de quitter son corps au moment de l'adolescence, alors qu'il a subi tout le travail de première formation et est en voie de devenir rapidement pour l'intelligence un véhicule vraiment utile. Si un tel corps se trouve être très bon, et qu'il puisse convenir à quelque chélâ prêt à se réincarner, il sera surveillé, pendant la vie même du premier occupant, en vue d'une utilisation possible lorsque celui-ci n'en aura plus besoin. Lorsque l'Égo, sa période vitale finie, se désincarne pour passer en Kâmaloka et de là en Dévakhan, le chélâ en instance d'incarnation s'empare de l'enveloppe abandonnée, et le corps apparemment mort revit sous l'action du nouvel occupant. De tels cas, bien que rares, ne sont pas inconnus des occultistes, et l'on peut trouver dans les ouvrages occultes certains passages qui s'y rapportent.

D'ailleurs, que sa réincarnation soit normale ou anormale, le progrès de l'âme du chélâ lui-même continue; et le moment arrive, ainsi qu'on l'a déjà vu, où l'homme est « prêt à recevoir l'Initiation ». Par cette porte de l'initiation il entre, chélâ définitivement accepté, dans le Sentier proprement dit.

Le Sentier comporte quatre degrés distincts, et l'entrée de chaque degré est gardée par une initiation. Chaque initiation est accompagnée d'une expansion de la conscience individuelle, et donne ainsi la « clef du savoir » qui appartient au degré correspondant. Elle donne aussi, en même temps, la clef du pouvoir, car, dans tous les règnes de la nature, savoir et pouvoir marchent de pair.

Une fois entré dans le Sentier, le chélâ devient « l'homme qui n'a plus de maison »[156], car il ne considère plus la terre comme sa demeure. Il n'a plus de résidence spéciale, et la seule patrie qu'il connaisse, c'est l'endroit où il peut servir son Maître. Pendant qu'il franchit ce premier degré du Sentier, trois obstacles à son progrès,

---

156   L'Indou appelle ce degré *Parivradjaka*, « l'homme errant »; le Bouddhiste le nomme *Solâpalli*, « celui qui est entré dans le courant ». Ces noms servent à désigner le chélâ entre la première et la deuxième initiation.

obstacles appelés techniquement « entraves » ou « liens », devront être écartés. — Et maintenant que l'homme marche à grands pas vers la perfection, il s'agit d'éliminer radicalement les défauts de caractère et de mener jusqu'au bout chacune des tâches imposées.

Les trois entraves dont le disciple doit se libérer avant d'être admis à recevoir la deuxième initiation sont : l'illusion du « moi » personnel, le doute et la superstition. Le « moi » personnel doit être consciemment senti comme une illusion, et doit perdre à tout jamais le pouvoir de s'imposer à l'âme comme une réalité. Le disciple doit se sentir un avec tous ; tous les êtres doivent vivre et respirer en lui comme il vit et respire en eux. Le doute doit disparaître de son cœur, aboli par la connaissance, et non par l'effort d'une volonté aveugle. Il doit connaître la réincarnation, le karma, l'existence des Maîtres, comme des faits, — faits non plus seulement acceptés comme intellectuellement nécessaires, mais connus comme des phénomènes de la nature vérifiés par lui-même ; en sorte qu'aucun doute sur ces points ne puisse désormais trouver place dans son esprit. La superstition, enfin, tombe d'elle-même à mesure que l'homme s'élève dans la connaissance des réalités, à mesure qu'il comprend le rôle dévolu, dans l'économie de la nature, aux rites et aux cérémonies. Il apprend alors à utiliser ces divers moyens sans être lié par aucun.

Lorsque le chélâ a rejeté ces trois liens, — tâche qui nécessite parfois le labeur de plusieurs incarnations, mais peut se réduire, pour certains, à une portion d'une seule vie, — il voit s'ouvrir devant lui la deuxième initiation, avec sa nouvelle « clef du savoir » et ses horizons plus larges. Le disciple voit diminuer rapidement la période d'existence obligatoire qui l'attend encore sur terre ; car, parvenu à ce point, il franchira la troisième et la quatrième initiation dans son incarnation actuelle ou dans celle qui va suivre[157].

---

157   Le chélâ au deuxième degré du Sentier est pour l'Indou le *Koulilchaka*, « l'homme qui construit une cabane » : il n'atteint un séjour de paix. Le Bouddhiste le nomme *Sakadâgâmin*, « celui qui ne renaîtra qu'une fois ».

À ce degré le disciple doit développer et rendre pleinement actives les facultés intérieures, celles qui appartiennent aux corps subtils; car il a désormais besoin d'elles pour son service dans les régions plus hautes de l'univers. S'il les a développées antérieurement, ce stade pourra être très bref. Néanmoins l'âme peut se voir obligée de franchir une fois de plus les portes de la mort avant de passer au degré suivant.

La troisième initiation fait du disciple le « Cygne », l'être qui prend son essor dans l'empyrée, le merveilleux Oiseau de Vie au sujet duquel existent tant de légendes[158]. À ce troisième degré du Sentier, l'homme doit rejeter encore deux entraves, la quatrième et la cinquième, — le désir et l'aversion. Il voit en tous le Soi unique, et le voile extérieur, qu'il soit agréable ou repoussant, ne peut plus l'aveugler. Il considère du même œil tous les êtres; le germe précieux de la tolérance, déjà cultivé sur le Sentier de l'Épreuve, s'épanouit maintenant en un amour universel dont la tendresse rayonne sur tout ce qui existe. Le disciple est « l'ami de toutes les créatures », il « aime tout ce qui a vie » en un monde où toute chose est vivante.

Incarnation vivante de l'amour divin, l'homme franchit bientôt la porte de la quatrième initiation, qui l'admet au quatrième degré du Sentier. Il est alors le Saint, le Vénérable, celui qui est « au-delà de l'individualité »[159]. À ce degré le disciple reste aussi longtemps qu'il le désire, éliminant les derniers liens qui l'attache encore aux régions inférieures et interceptent de leur réseau subtil la voie de la libération finale. Il rejette tout attachement envers l'existence « formelle »[160], puis tout attachement envers la vie « sans forme ». Quelque subtils qu'ils puissent sembler, ces attachements n'en

---

158   En termes indous, le *Hamsa*, celui qui conçoit le « Je suis CELA ». Pour les Bouddhistes, l'*Anâgâmin*, « celui qui ne renaîtra plus ».

159   L'Indou le nomme *Paramahamsa*, « celui qui est au-delà du *Je* ». Le Bouddhiste l'appelle *Arhat*, le vénérable.

160   Voir chapitre IV, « Le Plan Mental ».

constituent pas moins des entraves, et l'homme doit être entièrement libre. Il doit être à même de se mouvoir à travers les trois
mondes sans que *rien* en eux puisse le retenir. Les splendeurs du
« monde sans forme » doivent être aussi impuissantes à le séduire
que les beautés concrètes des mondes de la forme.

Puis, exploit difficile entre tous, l'Arhat rejette le dernier lien de
la séparativité, la « faculté qui crée le *Je* »[161], tendance appartenant
à la nature même de l'âme individuelle, et qui fait que l'individu
se considère instinctivement comme un être à part, distinct des
autres êtres. Les dernières ombres de cette tendance doivent achever de disparaître, car la conscience de l'homme réside désormais
toujours, même à l'état de veille, sur le plan bouddhique où le Soi
de tous est connu et senti comme Un. Cette tendance (ahamkâra),
née avec l'âme, est l'essence même de l'individualité, et elle persiste
jusqu'au jour où tout ce qui, dans l'âme individuelle, a une valeur
quelconque, a été absorbé par la Monade. Au seuil de la libération,
la séparativité, son œuvre accomplie, doit être abandonnée. Elle
laisse à la Monade son résultat inestimable, sentiment d'identité
individuelle qui est si pur et si subtil qu'il ne masque plus, dans
l'Être, la conscience de l'Unité. Alors tous les éléments susceptibles de répondre aux contacts irritants de l'extérieur disparaissent
facilement, et le chélâ reste vêtu de ce glorieux vêtement de paix
immuable que rien ne peut troubler. Enfin la destruction complète
de la séparativité a balayé du champ de la vision spirituelle les derniers nuages capables de voiler son intuition perçante, et, dans la
contemplation de l'Unité, l'ignorance[162], — la limitation qui donne naissance à la séparativité, — disparaît pour toujours. L'homme

---

161   *Ahamkâra*, généralement donnée sous le nom de *Mâna*, l'orgueil, parce
que l'orgueil est la plus subtile manifestation du « Je » individuel se distinguant
des autres êtres.

162   *Avidyâ* le premier des *Nidânas*, la première et la dernière des illusions,
qui crée les mondes séparés; — celle aussi qui ne disparaît qu'une fois la
libération atteinte.

est maintenant parfait, il a conquis sa liberté. Voici venue la fin du
Sentier, et la fin du Sentier c'est le seuil du Nirvana. Déjà, pendant
le dernier stade du Sentier, le chélâ connaissait ce merveilleux état
de conscience, qui lui était accessible pendant le sommeil du corps
physique. Maintenant, le seuil franchi, la conscience nirvanique
devient son état conscient normal, car Nirvana est la demeure de
l'Être libéré[163]. Il a achevé l'ascension humaine, il a atteint la limite
de l'humanité. Au-dessus de lui s'étendent des cohortes d'Êtres
puissants, mais Ceux-là sont surhumains. Le crucifiement dans la
chair est fini, l'heure de la délivrance a sonné, et le cri de triomphe : « Tout est consommé ! » résonne sur les lèvres du vainqueur.
Voyez ! Il a franchi le seuil, il a disparu dans l'éblouissement de la
lumière nirvanique : un des fils de la terre a vaincu la mort. Nous ne
savons quels mystères nous voile cette Lumière; vaguement nous
sentons que le Soi suprême est trouvé, que l'Âme aimante est une
avec son Bien-aimé. La longue recherche est terminée, la soif du
cœur est apaisée à tout jamais, l'homme est entré dans la joie de
son Seigneur.

Mais la terre a-t-elle perdu son enfant, l'humanité est-elle abandonnée de son Fils triomphant ? Non. Le voici qui sort du sein de
sa splendeur divine. Il réapparaît au seuil du Nirvana, incarnation
vivante de la Lumière suprême, vêtu d'une gloire indicible, Fils du
Dieu manifesté. Mais cette fois Son visage est tourné vers la terre;
Ses yeux rayonnent d'une compassion infinie sur les enfants des
hommes, Ses frères selon la chair. Il ne peut les laisser errer dans la
misère, dispersés comme des brebis sans berger. Revêtu de la majesté d'un renoncement sublime, rayonnant de la force que donne
une sagesse parfaite et de « la puissance d'une éternelle vie », Il
revient sur terre bénir et guider l'humanité, Maître de la Sagesse,
royal Instructeur, Homme divin.

---

163   Le *Jivanmoukta*, « vie libérée », des Indous; l'*Asekha*, « celui qui n'a plus
rien à apprendre », des Bouddhistes.

Revenu sur terre, le Maître se consacre au service de l'humanité avec des forces plus puissantes qu'au temps où il suivait le Sentier de l'Initiation. Il n'a plus d'autre souci que d'aider les hommes, et toutes les puissances sublimes dont il dispose sont employées à hâter l'évolution du monde. Il acquitte envers ceux qui approchent du Sentier la dette contractée au jour où Lui-même n'était que disciple. Il les guide, il les aide, Il les instruit comme Lui-même a été jadis guidé, aidé, instruit.

Tels sont les degrés de l'ascension humaine. Depuis le dernier des sauvages jusqu'à l'Homme divin la longue chaîne se déroule; elle monte jusqu'au but suprême où tend la race entière, jusqu'à la gloire sans bornes que tous atteindront un jour.

❧

CHAPITRE XII

LA CONSTRUCTION D'UN COSMOS

À notre état présent d'évolution, il n'est pas possible de faire plus que d'indiquer sommairement quelques points dans la formation de ce grandiose organisme cosmique où notre globe joue son petit rôle. Par « un cosmos » nous entendons un système qui, à notre point de vue, semble former un tout complet, procédant d'un LOGOS unique, et soutenu par Sa Vie. Tel est notre système solaire; et le soleil physique peut être considéré comme la manifestation la plus inférieure du LOGOS agissant au centre de son cosmos. En réalité chaque forme est une de Ses manifestations concrètes; mais le soleil est Sa manifestation la plus inférieure en tant que pouvoir central, source de vie et de force qui pénètre, dirige, règle et coordonne toutes choses dans son système.

Un commentaire occulte dit : Soùrya (le soleil) ...

dans son reflet visible, manifeste l'état premier ou inférieur du septième, (qui est) le plus haut état de l'universelle PRÉSENCE, pureté de la pureté, premier souffle manifesté de éternellement non manifesté SAT (l'Etre-té) [164]. Tous les soleils centraux physi-

---

En anglais, *De-ness*. (NDT)

ques ou objectifs sont en leur substance l'état le plus inférieur du premier Principe du Souffle [165].

Bref, chaque soleil est l'aspect inférieur du « Corps Physique » du Logos correspondant.

Toutes les forces et les énergies physiques ne sont que des transformations de la vie émise par le soleil, Seigneur et Source de toute vie dans son système. C'est à cause de cela que dans mainte religion antique le Soleil était le symbole du Dieu Suprême, — symbole qui, en vérité, était le moins sujet aux fausses interprétations de l'ignorant. M. Sinnet dit avec justesse:

> En réalité le système solaire est une enceinte de la nature renfermant tant de choses et des choses si hautes, que, seuls, les êtres les plus élevés que notre humanité puisse développer sont à même de les connaître entièrement. Théoriquement nous pouvons sentir avec certitude, en regardant les cieux la nuit, que tout le système solaire n'est qu'une goutte dans l'océan de l'univers. Mais cette goutte est à son tour un océan pour les êtres à demi développés comme nous-mêmes qu'elle renferme; et nous ne pouvons espérer rien d'autre aujourd'hui que d'acquérir une vague et obscure conception de son origine et de sa constitution. Mais, quelque obscure qu'elle puisse être, cette conception nous permettra de donner à la série planétaire subordonnée où notre propre évolution se poursuit, la place qui lui revient dans le système dont elle fait partie, — ou d'acquérir tout au moins une idée générale des dimensions relatives du système tout entier de notre chaîne planétaire, du globe sur lequel nous vivons maintenant, ainsi que des diverses périodes d'évolution qui nous intéressent en tant qu'êtres humains [166].

---

165   *Secret Doctrine*, I, p. 309. (*Trad. française*, I, pp. 284-285.)
166   *The System to which we belong*, p. 4.

Car, en vérité, nous ne pourrons concevoir intellectuellement notre propre position sans avoir une certaine idée, quelque vague qu'elle puisse être, de notre relation avec l'ensemble. Tandis que certains étudiants se contentent de travailler dans la sphère de devoir qui est la leur, et laissent de côté les horizons plus vastes pour le jour où ils seront appelés à y fonctionner eux-mêmes, d'autres ont besoin de sentir qu'ils occupent une place dans un système plus vaste, et prennent un plaisir intellectuel à s'élever bien haut pour obtenir une vue à vol d'oiseau de tout le champ de l'évolution. Ce besoin a été reconnu par les Gardiens spirituels de l'humanité et ils y ont fait droit. Au point de vue de l'occultiste leur disciple et messager, H. P. Blavatsky a donné une magnifique esquisse du cosmos dans la *Doctrine Secrète*, ouvrage dans lequel les étudiants de la Sagesse Antique découvriront un enseignement de plus en plus lumineux à mesure qu'ils exploreront eux-mêmes les régions inférieures de notre monde en évolution et qu'ils s'en rendront Maîtres.

On nous dit que l'apparition du Logos est l'annonce de la naissance de notre cosmos.

> Quand Il apparaît, tout apparaît après Lui; par sa manifestation, ce tout devient manifeste [167].

Il apporte en Lui les résultats d'un cosmos passé, — les Intelligences hautement spirituelles qui seront Ses aides et Ses agents pour la construction du présent univers. Les plus hautes d'entre Elles sont « les Sept », auxquelles on donne souvent aussi le nom de Logos, car chacune a Sa place au centre d'une région distincte du cosmos, comme le Logos est le centre de l'ensemble. Le commentaire occulte que nous avons déjà cité dit:

---

167   *Moundakopanishad*, II, II, 10.

Les Sept qui sont dans le Soleil sont les sept êtres Sacrés, spontanément émanés de la puissance inhérente à la matrice de la substance Mère... L'énergie hors de laquelle ils jaillissent à l'existence consciente dans chaque Soleil est ce que certains appellent Vishnou, qui est le Souffle de l'Absolu. Nous l'appelons la Vie unique manifestée, — elle-même un reflet de l'Absolu.

Cette « Vie unique manifestée » est le Logos, le Dieu manifesté.

C'est de cette division primordiale que notre cosmos prend son caractère septénaire, et toutes les subdivisions suivantes, dans leur ordre descendant, reproduisent cette gamme à sept clefs. Sous chacun des sept Logos secondaires se groupe une septuple hiérarchie descendante d'Intelligences qui forment le corps gouvernant de Son royaume. On range parmi Elles les Lipika, qui tiennent les annales du karma de ce royaume et de toutes les entités qu'il contient, — les Mahârâjas du Devarâjas qui dirigent l'accomplissement de la loi karmique, — et la vaste armée des Constructeurs qui modèlent et façonnent toutes les formes, selon les Idées renfermées dans le trésor du Logos, dans l'Intelligence Universelle. Ces idées sont transmises de Lui aux Sept et chacun des Sept trace le plan de Son propre royaume sous cette direction suprême et à l'aide des forces de cette Vie omni-inspiratrice, — tout en lui donnant, en même temps, Sa propre coloration individuelle.

H. P. Blavatsky appelle ces Sept Royaumes, qui constituent le système solaire, les sept centres Laya. Elle dit [168] :

Les sept centres Laya sont les sept points zéro, en employant ce terme zéro dans le sens où les chimistes l'emploient. Il indique, en ésotérisme, un point à partir duquel l'échelle de la différenciation commence à être manifeste. À partir de ces centres

---

168   *Secret Doctrine*, I, p. 162 de l'édit anglaise. (*Trad. française*, I, pp. 123-124.)

— au-delà desquels la philosophie ésotérique nous permet d'entrevoir les vagues contours métaphysiques des « Sept Fils » de Vie et de Lumière, des sept Logos de la philosophie hermétique ainsi que de tous les autres systèmes philosophiques commence la différenciation des éléments qui entrent dans la constitution de notre système solaire.

Chacun de ces sept royaumes planétaires forme un prodigieux système d'évolution, théâtre grandiose où se déroulent les stades d'une vie dont une planète physique, telle que Vénus, n'est qu'une incarnation passagère. Afin d'éviter la confusion, nous appellerons Logos planétaire l'Être qui gouverne et fait évoluer chaque royaume. La matière du système solaire produite par l'activité du Logos central lui-même fournit au Logos planétaire les matériaux bruts dont il a besoin, et qu'il élabore au moyen de Ses propres énergies vitales. Ainsi chaque Logos planétaire spécialise pour son royaume la matière d'un fonds commun[169]. L'état atomique dans chacun des sept plans de Son royaume étant identique à la matière d'un sous-plan du système entier, la continuité est établie au travers de l'ensemble. Ainsi que H. P. Blavatsky le remarque, les atomes changent « leurs équivalents de combinaison sur chaque planète », les atomes eux-mêmes étant identiques, mais formant des combinaisons différentes. Elle dit ensuite :

> Non seulement les atomes de notre planète, mais encore ceux de toutes ses sœurs, dans le système solaire, diffèrent autant les uns des autres dans leurs combinaisons qu'ils diffèrent en eux-mêmes des éléments cosmiques au delà de nos limites solaires... On nous enseigne que chaque atome a sept plans d'être ou d'existence[170],

---

169   Voyez au Ch. I, « Le Plan Physique », l'exposé de l'évolution de la matière.
170   *Secret Doctrine*, I, pp. 166 et 174. (*Tr.fr.* I, pp. 128 et 136.)

les sous-plans, comme nous les avons appelés, de chacun des grands plans.

Sur les trois plans inférieurs de Son royaume d'évolution, le Logos planétaire crée sept globes ou mondes. Pour notre facilité, et d'après la nomenclature acceptée, nous les appellerons les globes A, B, C, D, E, F, G. Ils sont les

> sept petites roues en rotation, l'une donnant naissance à l'autre,

dont il est parlé dans la stance VI du *Livre de Dzyan*.

> Il les crée à la ressemblance de roues plus anciennes, et fixe leur position sur les centres impérissables.

Impérissables, car chaque roue ne donne pas seulement naissance à la suivante, mais, comme nous le verrons, elle se réincarne au même centre.

On peut représenter ces globes comme disposés en trois paires sur un arc d'ellipse, le globe du milieu étant au sommet inférieur. En général, les globes A et G — le premier et le septième — sont sur les niveaux aroûpa du plan mental; les globes B et F — le deuxième et le sixième — sur les niveaux roûpa; les globes C et E — le troisième et le cinquième — sur le plan astral; le globe D, le quatrième, est sur le plan physique. H.-P. Blavatsky dit de ces globes « qu'ils forment une gradation sur les quatre plans inférieurs du monde de la formation »[171] c'est-à-dire sur les plans physique et astral et les doux subdivisions, roûpa et aroûpa, du plan mental.

Ceci peut être représenté par le schéma suivant[172] :

---

171   *Secret Doctrine*, I, p.176. (*Tr. fr.* I, p. 138.)
172   Voy. *Secret Doctrine*, p. 231. Il est important de noter qu'ici le monde archétype n'est pas le monde tel qu'il existait dans la Pensée du Logos planétaire, mais simplement le premier modèle construit. (Voir *Tr. fr.*, I, p. 188 et *note*).

Aroûpa.	A	G	Archétype.
Roûpa.	B	F	Créatif ou intellectuel.
Astral.	C	E	Formatif.
Physique.	D		Physique.

Tel est l'ordre type, mais il se modifie à certaines périodes de l'évolution[173]. Ces sept globes forment un anneau ou chaîne planétaire. Cette chaîne planétaire — que nous pouvons considérer comme un tout, comme une entité en quelque sorte, comme une vie ou une individualité planétaire — passe dans son évolution par sept périodes distinctes. Les sept globes *ensemble* forment son corps planétaire, corps qui se désagrège et se reforme sept fois pendant la durée de la vie planétaire. Cette chaîne planétaire a donc sept incarnations, et les résultats de chacune d'elles sont reportés à la suivante.

> Chacune de ces chaînes de mondes est l'enfant créé par une autre chaîne inférieure et morte, — sa réincarnation, pour ainsi dire[174].

Ces sept incarnations[175] constituent « l'évolution planétaire », le champ d'action d'un Logos planétaire. Comme il y a sept Logos

---

173   À certaines périodes le système tout entier descend à un plus grand degré de matérialité. Alors A et G peuvent être au niveau « roûpa », B et F sur le plan astral, C, D et E sur le plan physique, — ce qui explique la présence de plus de sept planètes physiques dans le système solaire. (NDT)

174   Secret Doctrine, I, p.176. (Tr. fr., I, p. 138-39.)

175   En termes techniques, « Manvantaras ».

planétaires, on voit que sept de ces évolutions planétaires, distinctes les unes des autres, constituent le système solaire[176]. Cette apparition des sept Logos hors de l'Unique, et (pour chacun d'eux)
des sept chaînes successives de sept globes chacune, est indiquée
comme suit dans un commentaire occulte :

> D'une lumière sept lumières; de chacune des sept, sept fois
> sept[177].

On enseigne que les incarnations d'une même chaîne, ou manvantaras, se subdivisent aussi en sept périodes. Une vague de vie
provenant du Logos planétaire parcourt la chaîne entière, et sept
de ces grandes vagues de vie successives — sept « rondes », ainsi qu'on les nomme en termes techniques —constituent un seul
manvantara. Ainsi, durant un manvantara, chaque globe a sept périodes d'activité, pendant chacune desquelles il devient, à son tour,
le champ d'évolution de la vie.

Si nous considérons maintenant un seul globe, nous trouvons
que pendant chaque période d'activité sept races-mères d'une humanité évoluent sur lui, en même temps que six autres règnes non-
humains en mutuelle dépendance les uns avec les autres. Ces sept
règnes comprennent des formes à tous les degrés de l'évolution, et
la perspective d'un développement supérieur s'étend devant eux
tous. Aussi, lorsque la période d'activité du globe considéré tire à
sa fin, les formes évoluantes passent-elles sur le globe suivant pour
continuer leur croissance. Elles s'en vont ainsi de globe en globe
jusqu'à ce que la « ronde » soit achevée. Ensuite elles poursuivent
leur carrière de ronde en ronde jusqu'à la fin des sept rondes ou du
manvantara. Puis encore elles continuent à monter, de manvantara
en manvantara, jusqu'à ce que la fin des réincarnations de la chaîne

---

176   M. Sinnett les appelle « sept entreprises d'évolution ».
177   *Secret Doctrine*, I, 147. (*Tr. fr.* I, p. 114.)

planétaire soit venue, jusqu'au moment où les résultats de cette évolution planétaire sont définitivement rassemblés par le Logos planétaire. Inutile de dire que presque rien de cette évolution ne nous est connu; seuls, les points saillants de cet ensemble prodigieux ont été indiqués par les Instructeurs.

Bien plus, nous ne connaissons rien du processus suivant lequel évoluèrent, pendant les deux premiers manvantaras, les sept globes de la chaîne planétaire dont notre monde fait partie. Quant au troisième manvantara, nous savons seulement que le globe, qui maintenant est notre lune, était alors le globe D de la chaîne. Ce fait peut nous aider à nous rendre plus clairement compte de ce que signifient ces réincarnations successives de la chaîne planétaire. Les sept globes qui formaient la chaîne lunaire achevèrent leur septuple évolution cyclique. Sept fois la vague de vie, le Souffle du Logos planétaire, fit le tour de la chaîne, éveillant chaque globe à la vie tour à tour. Tout se passe comme si le Logos, en guidant Son royaume, dirigeait son attention premièrement sur le globe A, faisant successivement naître à l'existence les innombrables formes dont l'ensemble constitue un monde. Puis lorsque l'évolution, sur le globe A, a été portée jusqu'à un certain point. Il tourne Son attention vers le globe B, et le globe A tombe lentement dans un paisible sommeil. La vague de vie est ainsi portée de globe en globe, jusqu'à ce qu'une ronde du cycle soit achevée. L'évolution sur le globe G une fois terminée, une période de repos[178] survient, pendant laquelle cesse l'activité évolutive extérieure. À la fin de cette période l'activité antérieure se manifeste de nouveau, entreprenant la deuxième ronde, et commençant comme la première fois sur le globe A. Ce processus est répété six fois; mais, à la septième ou dernière ronde, un changement survient. Le globe A, ayant parachevé sa septième période de vie, se désagrège graduellement. Il retourne à l'état de centre laya impérissable, duquel procède, à l'aurore du

---

178   Appelée techniquement « pralaya ».

manvantara suivant, un nouveau globe A — tel un corps nouveau — dans lequel les « principes » de la planète A précédente se reprennent à habiter. Mais cette phrase n'est écrite que pour donner l'idée d'une relation entre le globe A du premier manvantara et le globe A du second; la nature de cette relation reste cachée.

Nous connaissons un peu mieux le rapport qui existe entre le globe D du manvantara lunaire — notre lune — et le globe D du manvantara terrestre — notre terre. M. Sinnett a donné un bon résumé des faibles données que nous possédons sur ce sujet, dans sa conférence sur le *Système auquel nous appartenons*. Il dit :

> La nébuleuse terrestre nouvelle se développa autour d'un centre ayant avec le centre de la planète morte une relation analogue à celle qui subsiste aujourd'hui entre les centres de la lune et de la terre. Mais, à l'état nébuleux, cet agrégat de matière occupait un volume énormément plus grand que celui occupé actuellement par la matière solide de la terre. Il s'étendait en tous sens jusqu'à embrasser la planète ancienne dans son étreinte ignée. La température d'une nébuleuse nouvelle parait être considérablement plus élevée que toutes celles que nous connaissons. Aussi, par ce moyen, la planète ancienne fut de nouveau échauffée superficiellement, à tel point que toute son atmosphère, ainsi que son eau et ses matières volatilisables, ramenées entièrement à l'état gazeux, devinrent accessibles à l'influence du nouveau centre d'attraction qui avait déterminé l'existence de la nébuleuse nouvelle. Ainsi l'air et les océans de la planète ancienne furent entraînés dans la constitution du globe nouveau; et c'est là la raison pour laquelle la lune, dans son état actuel, est une masse aride, luisante, sèche et sans nuages, inhabitable désormais, et à laquelle on ne demande plus d'être l'habitat d'aucune être physique. Lorsque le présent manvantara touchera à sa fin, pendant la

septième ronde, sa désagrégation s'achèvera, et la matière qu'elle conserve encore se résoudra en poussière météorique[179].

Dans le troisième volume de *Secret Doctrine*, où sont publiés certains des enseignements oraux dont H. P. Blavatsky fit part aux plus avancés d'entre ses élèves, il est dit que :

> Au début de l'évolution de notre globe, la lune était plus proche de la terre et plus grande que maintenant. Elle s'est éloignée de nous et ses dimensions se sont beaucoup réduites. (La lune a donné tous ses principes à la terre...) ... Pendant la septième ronde une lune nouvelle apparaîtra, et notre lune se désagrègera et finira par disparaître[180].

L'évolution durant le manvantara lunaire produisit sept classes d'êtres appelés, en termes techniques, Ancêtres ou Pitris, car ce sont eux qui ont engendré les êtres du manvantara terrestre. Ils sont mentionnés, dans la *Doctrine Secrète*, sous le nom de Pitris Lunaires. Plus avancés que ceux-ci, on trouve en outre — sous les appellations variées de Pitris Solaires, hommes, Dhyânis Inférieurs — deux autres catégories d'êtres, trop avancés pour participer au manvantara terrestre dans ses périodes primitives, mais ayant besoin, pour leur croissance future, du secours de conditions physiques ultérieures. La plus élevée de ces deux catégories est composée d'êtres déjà individualisés, ressemblant extérieurement à des animaux, créatures possédant une âme embryonnaire, c'est-à-dire ayant développé le corps causal. Pour la seconde catégorie, la formation du corps causal est proche. Quant aux Pitris « lunaires », leur première classe n'est encore qu'au début de la période préparatoire à la formation du corps causal; elle montre néanmoins déjà

179   *The System to wich we belong*, p. 19.
180   *Secret Doctrine*, III, p. 562.

de la mentalité, tandis que les classes deux et trois n'ont développé que le principe kâmique. Les sept classes de Pitris lunaires sont les produits de la chaîne lunaire qui, en vue d'un développement ultérieur, doivent être transférés au manvantara terrestre, quatrième réincarnation de la chaîne planétaire. Comme Monades — avec le principe mental présent dans la première classe, et le principe kâmique développé dans la seconde et la troisième, germinal dans la quatrième, en préparation dans la cinquième, imperceptible enfin dans la sixième et la septième; — comme Monades, ces entités entrèrent dans la chaîne terrestre, pour donner une âme à l'essence élémentale et aux formes modelées par les Constructeurs[181].

Sous cette appellation de « Constructeurs » on groupe d'innombrables Intelligences hiérarchisées, dont le pouvoir et l'état conscient varient à l'infini suivant leur degré de développement. Ce sont ces êtres qui, sur chaque plan, réalisent la construction effective des formes. Les plus élevés d'entre eux dirigent et surveillent, tandis que les inférieurs façonnent les matériaux d'après les modèles donnés. Maintenant le rôle des globes successifs de la chaîne planétaire devient apparent. Le Globe A est le monde archétype, sur lequel sont construits les modèles des formes qui seront à éla-

---

181   H. P. Blavatsky, dans la *Doctrine Secrète*, ne compte pas les Pitris de première et deuxième catégorie dans la « hiérarchie des Monades provenant de la chaîne lunaire ». Elle les considère à part, comme « hommes », comme « Dhyan Chohans ». Voyez I, pp. 197, 207, 211. (*Tr. fr., I, pp. 168-9, 176, 180-81*.)

La nomenclature que j'adopte Ici est celle de la *Doctrine Secrète*. Dans la remarquable brochure de Mrs Sinnett et Scott-Elliot sur les *Pitris Lunaires*, les Dhyànis inférieurs de H. P. Blavatsky, qui s'incarnent dans la troisième et la quatrième ronde, sont considérés comme formant la première et la deuxième classe des Pitris lunaires. Leur troisième classe est donc la première de H. P. Blavatsky, leur quatrième classe devient la seconde de H. P. Blavatsky, et ainsi de suite. Il n'y a point de différence dans l'exposé des faits, mais seulement dans la nomenclature. Cette différence de nomenclature pourrait cependant induire en erreur l'étudiant non prévenu. Comme j'emploie la nomenclature de H. P. Blavatsky, mes camarades d'études de la « London Lodge » et les lecteurs des « Transactions » (comptes rendus) de cette Loge devront se souvenir que ma première classe est leur troisième, et ainsi de suite.

borer pendant la ronde. Les plus élevés d'entre les Constructeurs prennent dans la Pensée du Logos planétaire les Idées archétypes, et guident le travail des Constructeurs qui élaborent, sur les niveaux aroûpa, les formes archétypes pour la ronde. Sur le globe B ces formes sont reproduites de diverses façons en matière mentale, par des Constructeurs de rang moindre, et sont lentement évoluées suivant des données diverses jusqu'à ce qu'elles soient prêtes à recevoir une infiltration de matière plus dense. Alors les Constructeurs en matière astrale se mettent à l'œuvre et, sur le globe C, façonnent les formes astrales, où les détails de construction sont poussés plus loin. Quand les formes ont été évoluées aussi loin que les conditions du monde astral le permettent, les Constructeurs du globe D entreprennent le travail du modelage des formes sur le plan physique. Les plus basses modalités de la matière sont ainsi façonnées en types appropriés, et les formes atteignent leur condition la plus dense et la plus complète.

À partir de ce point milieu, la nature de l'évolution change dans une certaine mesure. Jusqu'ici l'attention a été surtout dirigée vers la construction des formes; mais sur l'arc ascendant, elle est dirigée essentiellement vers l'utilisation de la forme comme véhicule de la vie évoluante. Pendant la seconde moitié de l'évolution sur le globe D, puis sur les globes E et F, la conscience s'exprime, d'abord sur le plan physique, ensuite sur le plan astral et le plan mental inférieur, au moyen des équivalents des formes élaborées sur l'arc descendant. Sur l'arc descendant la Monade agit, dans la mesure de son pouvoir, *sur* les formes évoluantes, et son influence se manifeste vaguement sous forme d'impressions, d'intuitions, etc.; sur l'arc ascendant la Monade s'exprime elle-même *à travers* les formes comme leur principe recteur interne. Sur le globe G la perfection de la ronde est atteinte, la Monade habite les formes archétypes du globe A et s'en sert comme de véhicules.

Pendant ces stades divers, les Pitris lunaires agissent comme les âmes des formes, travaillant d'abord sur elles, pour ensuite les habiter. C'est aux Pitris de la première classe qu'incombe la plus lourde tâche pendant les trois premières rondes. Les Pitris de la deuxième et de la troisième classe n'ont qu'à s'introduire dans les formes élaborées par les premiers. Ceux-ci préparent les formes en les animant pour un temps, après quoi ils passent outre, abandonnant ces formes à l'usage de la deuxième et de la troisième catégorie. À la fin de la première ronde, toutes les formes archétypes du monde minéral ont été ramenées sur les plans inférieurs, et il ne restera plus qu'à les élaborer au travers des rondes successives, jusqu'à ce qu'elles atteignent leur maximum de densité au milieu de la quatrième ronde. Le « Feu » est l'« élément » de la première ronde.

Dans la deuxième ronde les Pitris de la première classe poursuivent leur évolution humaine. Ils ne font plus qu'effleurer les états inférieurs, comme le foetus les effleure encore aujourd'hui. À la fin de cette ronde ceux de la deuxième classe ont atteint l'état d'humanité rudimentaire. Le grand travail de cette ronde consiste à faire descendre les formes archétypes de la vie végétale, qui atteindront leur perfection dans la cinquième ronde. L'« Air » est l'« élément » de la deuxième ronde.

Dans la troisième ronde les Pitris de la première classe acquièrent nettement une forme humaine. Quoique leur corps soit gélatineux et gigantesque, il est néanmoins, sur le globe D, assez compact pour commencer à garder la station verticale; il est d'aspect simiesque et couvert de poils rudes. Les Pitris de la troisième catégorie atteignent le début de l'état humain. Dans cette ronde, les Pitris solaires de la seconde catégorie font leur apparition sur le globe D et prennent la tête de l'évolution humaine. Les formes archétypes des animaux descendent pour être élaborées; elles atteindront leur perfection à la fin de la sixième ronde. L'« Eau » est l'« élément » caractéristique de la troisième ronde.

La quatrième ronde, ronde médiane des sept qui constituent le manvantara terrestre, est très nettement humaine, comme les précédentes furent respectivement, en remontant, animale, végétale et minérale. Elle est caractérisée par l'apport au globe A des formes archétypes de l'humanité. Toutes les possibilités de la forme humaine sont manifestées dans les archétypes de la quatrième ronde; mais leur réalisation complète ne se produira que dans la septième. La « Terre » est l'« élément » de cette quatrième ronde, qui est la plus dense, la plus matérielle. On peut dire que les Pitris solaires de la première catégorie planent en quelque sorte autour du globe D pendant ses périodes primitives d'activité dans cette ronde, mais ils ne s'incarnent pas définitivement avant le troisième grand épanchement de vie du Logos planétaire, qui survient au milieu de la troisième race. À partir de ce moment ils s'incarnent peu à peu, de plus en plus nombreux à mesure que la race progresse; la généralité arrive au début de la quatrième race.

L'évolution de l'humanité sur le globe D, notre terre, présente d'une façon très marquée cette constante différenciation septénaire dont nous avons si souvent parlé. Sept races d'hommes s'étaient déjà montrées dans la troisième ronde. Dans la quatrième, cette division fondamentale se manifeste très clairement sur le globe C, où sept races, ayant chacune des sous-races, évoluèrent. Sur le globe D l'humanité commence par une Première Race — ordinairement appelée une Race-Mère — qui apparaît sur sept points différents; « Il y en eut sept, chacun sur son territoire propre[182]. » Ces sept types, apparus côte à côte et non pas en succession, constituent la première race mère; et chaque race-mère à son tour a sept subdivisions ou sous-races. De ta première race mère — créatures gélatineuses et amorphes — évolua la seconde race-mère, dont les formes avaient une consistance plus définie[183]; de celle-ci procéda la troi-

---

182   *Livre de Dzyan*, 13, *Secret Doctrine*, II, p. 18.
183   Il semble que les formes humaines, lors de leur apparition sur le globe D, dans la quatrième ronde, aient été d'abord astrales, ou tout au moins éthériques, et qu'elles se soient ensuite matérialisées progressivement jusque vers le milieu de la troisième race. (NDT)

sième, formée de créatures simiesques qui devinrent des hommes aux formes lourdes et gigantesques. Vers le milieu de l'évolution de cette troisième race-mère — appelée la race Lémurienne — il vint sur terre des Êtres appartenant à une autre chaîne planétaire, celle de Vénus, beaucoup plus avancée dans son évolution.

Ces membres d'une humanité hautement évoluée, Êtres glorieux auxquels leur aspect rayonnant a valu le titre de « Fils du Feu », constituent un ordre sublime parmi les Fils de Manas[184]. Ils prirent Leur habitation sur la terre, comme Instructeurs Divins de la jeune humanité. Certains d'entre Eux agirent comme véhicules de la troisième effusion de Vie[185], et projetèrent dans l'homme animal l'étincelle de vie monadique qui donna naissance au corps causal. C'est ainsi que les Pitris Lunaires des trois premières classes furent individualisés; ils forment la grande masse de notre humanité. Les deux classes de Pitris Solaires déjà individualisées — la première avant de quitter la chaîne lunaire, la seconde plus tard — forment deux ordres inférieurs parmi les Fils de Manas. La seconde s'incarne vers le milieu de la troisième race; la première plus tard, surtout dans la quatrième race, la race Atlante.

La cinquième race, la race Aryenne, celle qui est maintenant à la tête de l'évolution humaine, fut tirée par sélection de la cinquième sous-race Atlante. Les familles qui donnaient le plus d'espérances furent isolées dans l'Asie centrale, et le nouveau type racial fut évolué sous la direction immédiate d'un grand Être qu'en termes techniques on appelle un Manou. Sortant de l'Asie centrale, la première sous-race s'établit dans l'Inde, au sud des monts Himâlayas. Avec ses quatre castes d'instructeurs, de guerriers, de marchands et d'ouvriers[186], elle devint la race dominante dans la vaste péninsule

---

184   Mânasapoutra. Cette vaste hiérarchie d'intelligences soi-conscientes comprend un grand nombre d'ordres.

185   Les trois vagues de la Vie : Voir pp. 70, 74. Troisième vague de Vie : Voir pp, 298-301. (NDC)

186   Brâhmanas, Kshattryas, Vaishyas et Shoudras.

indoue, après avoir subjugué les nations de la troisième et de la quatrième race qui la peuplaient à cette époque lointaine.

À la fin de la septième race de la septième ronde, c'est-à-dire à la fin de notre manvantara terrestre, notre chaîne sera prête à transmettre à celle qui lui succèdera les fruits de sa vie. Ces fruits seront d'une part les hommes divins parfaits, Bouddhas, Manous, Chohans, Maîtres, prêts à assumer à leur tour la tâche de guider l'évolution sous la direction du Logos planétaire; de l'autre, la foule des entités moins évoluées, à tous degrés de conscience, qui auront encore besoin d'expériences physiques pour le perfectionnement de leurs possibilités divines. Après notre manvantara, qui est le quatrième, viendront le cinquième, le sixième et le septième, qui restent encore enveloppés dans le mystère de l'avenir. Puis le Logos planétaire rassemblera en Lui tous les fruits de son évolution et entrera avec Ses enfants dans une période de repos et de félicité. Nous ne pouvons rien dire de cet état sublime. Comment, à notre degré d'évolution, pourrions-nous rêver de sa gloire inimaginable? Nous ne savons vaguement que ceci : c'est que nos esprits heureux « entreront dans la joie du Seigneur » et, se reposant en Lui, verront s'étendre devant eux des horizons infinis de vie et d'amour sublime, des sommets et des abîmes de pouvoir et de joie, illimités comme l'Existence Une, inépuisables comme l'Unique qui est.

PAIX À TOUS LES ÊTRES

APPENDICE

NOTE SUR LA CHIMIE OCCULTE [187]

Pendant ces dernières années, de fréquentes discussions se sont élevées, entre hommes de science, sur la question de la genèse des éléments chimiques ainsi que sur celle de l'existence et de la constitution de l'éther. Le seul appareil de recherches infinitésimales que les savants possèdent est bien loin d'atteindre aux confins de l'éther, et nul parmi eux n'oserait, semble-t-il, envisager la possibilité d'examiner l'atome chimique. À l'égard de l'éther, les spéculations abondent et les observations manquent — faute, bien entendu, de moyens pouvant rendre l'observation possible.

Or l'homme possède des sens qui peuvent être rendus actifs par voie d'évolution, et dont le développement permet d'observer des objets qui dépassent la limite de réceptivité des cinq sens ordinaires. Ces derniers nous transmettent certaines vibrations du monde physique, mais leur capacité réceptive est encore relativement restreinte, et des vibrations en nombre immense, d'un caractère cependant physique, les traversent sans les affecter. Les sens plus subtils et plus délicats du corps astral sont encore latents chez la plupart des gens de notre race, et ne peuvent conséquemment pas servir à l'usage général. Mais ils permettent d'effectuer des observations dans les régions supérieures du plan physique, et amènent

---

dans le champ de la vision directe des objets qui, par leur petitesse ou leur subtilité, échappent à la vue ordinaire. Il semble qu'il vaille la peine de publier quelques observations faites à l'aide de ces sens, d'abord parce qu'il est possible qu'elles suggèrent des hypothèses pouvant servir à élucider certains problèmes scientifiques, ensuite parce que la science, dans sa marche rapide, ne tardera pas à aborder pour son compte quelques-unes de ces questions et qu'il sera bon, pour la Société Théosophique, que la première assertion de faits alors acceptés ait été due à ses membres.

Le monde physique est considéré comme composé de soixante à soixante-dix éléments chimiques qui forment des combinaisons en nombre infini. Tous ces corps peuvent être répartis en trois états, solide, liquide et gaz, en outre de quoi il y a l'éther, théorique, à peine considéré comme matériel. L'éther, pour l'homme de science, n'est pas une subdivision, ni même un état de la matière : il est une chose à part. Il n'est pas admis que l'or puisse être amené à l'état éthérique, comme il peut l'être aux états solide et liquide. L'Occultiste, au contraire, sait que l'éther succède au gaz comme le gaz au liquide. Il sait en outre que le terme « éther » englobe quatre états différents, aussi distincts les uns des autres que le solide, le liquide et le gaz, et que tous les éléments chimiques ont ainsi quatre états éthériques, dont le plus subtil leur est commun à tous, car il ne laisse subsister que les ultimes atomes physiques auxquels tous les éléments se ramènent en dernière analyse. L'atome chimique est généralement considéré comme l'ultime particule d'un élément quelconque on le regarde comme indivisible et impossible à isoler. Mais les recherches de Mr Crookes ont amené les chimistes les plus avancés à considérer l'atome comme un composé, comme un agrégat plus ou moins complexe de protyle.

Pour la vision astrale, l'éther devient une chose visible; il est vu, pénétrant toutes les substances et enveloppant chacune de leurs particules. Un corps « solide » est un corps compose d'un nombre immense de particules suspendues dans l'éther, et qui vibrent en tous sens avec une rapidité extrême, chacune dans sa sphère propre. L'attraction mutuelle de ces particules est plus forte que les influences extérieures, c'est pourquoi elles manifestent le phénomène de la « cohésion », c'est-à-dire qu'elles maintiennent entre elles un certain rapport déterminé dans l'espace. Un examen plus approfondi montre que l'éther à son tour n'est pas homogène, mais qu'il se compose de particules d'espèce très variée, différant entre elles par les combinaisons de corpuscules menus qui les composent. Enfin une méthode d'analyse soignée et minutieuse révèle l'existence de quatre degrés dans l'éther, ce qui nous donne, avec les solides, les liquides et les gaz, sept états de la matière dans le monde physique, au lieu de quatre.

Les quatre états éthériques dont nous venons de parler seront plus faciles à concevoir si l'on connaît la méthode qui a servi à les analyser. Cette méthode consiste à prendre ce que l'on appelle l'atome d'un gaz, et à le dissocier plusieurs fois de suite jusqu'à atteindre ce qui est évidemment l'ultime atome physique, c'est-à-dire un corps dont la dissociation donne de la matière astrale et non plus physique.

Il est évidemment impossible de donner, avec des mots, les conceptions claires qu'on obtient par la vision, directe des choses observées; et le diagramme inclus [188] — habilement dessiné d'après la description des observateurs eux-mêmes — pourra suppléer, quoique bien imparfaitement [189], à la vision défectueuse des lecteurs. Les sept états de la matière — solide, liquide, gaz, éther 4, éther 3, éther 2, éther 1 — sont séparés par des lignes horizontales. Au niveau des gaz, trois atomes chimiques sont représentés, ceux de l'hydrogène (H), de l'oxygène (O) et de l'azote (N). Les

---

188   Voir p. 76.

189   D'après une description qui nous fut donné récemment par l'un des observateurs, il semblerait que la surface externe de l'ultime atome physique soit plutôt sphérique qu'ovoïde (voir p. 76,). Cette modification est facile à imaginer. (NDT)

modifications successives subies par chaque atome chimique sont représentées dans la colonne verticale correspondante. La colonne de gauche représente la dissociation de l'atome d'hydrogène, la colonne du milieu celle de l'atome d'oxygène, la colonne de droite celle de l'atome d'azote. L'ultime atome physique est marqué par la lettre *a*, et n'est dessiné qu'une fois, car il est le même dans tous les cas. Les nombres 18, 290 et 261 représentent le nombre d'ultimes atomes physiques contenus dans chaque atome chimique.

Les pointillés indiquent les lignes suivant lesquelles l'action d'une force est observable, et les flèches montrent la direction de la force. Cette indication n'a pas été continuée au-dessous de E sauf pour l'hydrogène. Les lettres italiques sont destinées à permettre au lecteur de suivre un même agrégat à travers les différents états. Ainsi *d*, dans l'atome chimique d'oxygène à l'état gazeux, se retrouve dans E_4, E_3 et E_2. Il est essentiel de se rappeler que le diagramme n'indique nullement la grandeur relative des corps. Chaque fois qu'un corps est élevé d'un état à l'état immédiatement supérieur, il subit un grossissement énorme afin de pouvoir être étudié; ainsi, l'ultime atome du niveau E4 est représenté, au niveau gazeux par le point infinitésimal *a*.

Le premier atome chimique choisi pour cette analyse fut l'atome d'hydrogène (H). Un examen attentif montre qu'il est composé de six petites particules renfermées dans une forme ovoïde. Il est animé d'un mouvement vibratoire en même temps que d'un mouvement de rotation rapide sur son propre axe, et les particules intérieures ont des mouvements analogues. L'atome tout entier vibre et tourbillonne, et il faut l'immobiliser avant qu'une observation exacte soit possible. Les six petites particules sont disposées en deux groupes de trois, formant deux triangles symétriques mais non interchangeables, qui sont dans un rapport de position semblable à celui qui existe entre un objet et son image. (Les traits interrompus, sur la figure correspondante du diagramme, ne sont pas des lignes de force. Ils mettent simplement en évidence les deux triangles, dont la pénétration ne peut être indiquée clairement sur une surface plane.) En outre, les six particules ne sont pas toutes semblables. Chacune d'entre elles renferme trois corpuscules plus menus, qui sont d'ultimes atomes physiques; mais dans les deux particules extrêmes b, ces trois atomes sont disposés en ligne droite, tandis que dans les quatre autres ils forment triangle.

La surface enveloppe est formée de matière du quatrième état. Lorsque l'atome gazeux est amené à cet état, elle se disperse, mettant les six particules en liberté. Celles-ci se reforment immédiatement en deux triangles isolés chacun par une surface enveloppe. Les deux particules b du diagramme s'unissent à l'une des particules b' pour former un corps qui montre un caractère positif, tandis que les trois autres particules b' forment un deuxième corps, de caractère négatif. Ces deux corps constituent l'hydrogène à l'étal éthérique inférieur, désigné sur le diagramme par E_4 (éther$_4$).

Amenés au degré suivant, ces corps subissent une nouvelle dissociation et perdent leurs surfaces enveloppes. Le corps positif de E_4, en perdant son enveloppe, se transforme en deux corps dont l'un se compose des deux particules b, distinguées par l'arrangement linéaire, des ultimes atomes qu'elles contiennent et renfermées dans une surface enveloppe, l'autre se composant de la troisième particule, b' rendue libre. D'une manière analogue, le corps négatif de E_4, en perdant son enveloppe, se transforme en deux corps : d'une part deux particules b' réunies, de l'autre, la troisième particule rendue libre. Les deux particules b' ainsi libérées ne restent pas à l'état E_3, mais passent immédiatement en E_2, laissant les deux autres corps, l'un positif et l'autre négatif, comme seuls représentants de l'hydrogène à l'état E_3.

En amenant ces corps à l'état suivant, on voit disparaître leurs enveloppes, et les particules qu'elles renfermaient sont libérées. Celles où l'arrangement des atomes est linéaire sont positives, les autres, à disposition triangulaire, négatives. Ces deux types représentent l'hydrogène à l'état E_2, mais des particules analogues du même état font aussi partie d'autres combinaisons, comme on peut s'en rendre compte en se reportant à f pour l'Azote (N) à l'état E_2.

Enfin, lorsqu'on amène ces particules b et b' au degré suivant, leur enveloppe se disperse, mettant en liberté les ultimes atomes physiques, la matière de E_1. La désagrégation de ces atomes met en liberté des particules de matière astrale, en sorte que nous avons atteint ici la limite du monde physique. Le lecteur Théosophe notera avec intérêt que l'observation révèle ainsi sept états distincts de la matière physique, ni plus ni moins.

L'ultime atome, qui est le même dans tous les cas observés, est un corps excessivement complexe, et le diagramme n'indique que ses caractéristiques essentielles. Il est entièrement composé de spires, chaque spire étant composée de spirilles, et chaque spirille étant à son tour formée de spirilles plus menues encore. Un dessin à peu près exact est donné dans l'ouvrage de Babbit, *Principes of Light and Colour*, p. 102. Ses exemples de combinaisons atomiques sont entièrement erronés, mais si l'on supprime le tuyau[190] qui sert d'axe à l'atome simple, la figure de l'atome peut être considérée comme correcte, et elle donnera une idée de l'extrême complexité de cette unité fondamentale de l'univers physique.

Si maintenant nous observons l'atome et ses combinaisons au point de vue force, nous voyons qu'un flux de force entre dans l'atome par la dépression située au sommet, pour ressortir par le pôle inférieur, et que le caractère de cette force est modifié par son passage à travers l'atome. En outre, chaque spire est parcourue par un flux de force, ainsi que chaque spirille, et les lueurs aux tons changeants que l'atome émet sans cesse, tandis qu'il vibre et tourbillonne dans son mouvement rapide, sont dues aux activités diverses des spires. Lorsque le maximum d'activité se transporte d'une spire à l'autre, la nuance dominante change aussitôt.

---

190   Cette modification, croyons-nous, a été apportée dans une deuxième édition de l'ouvrage de Babbit, parue depuis la publication de cet article. (NDT)

Après avoir analysé l'atome d'hydrogène il sera intéressant d'en observer la synthèse en allant de haut en bas à partir de E_1. Comme on l'a dit plus haut, les lignes pointillées sont destinées à indiquer le jeu des forces qui amènent les combinaisons diverses. D'une manière générale, on reconnaît les corps positifs à ce fait, que les pôles inférieurs des atomes se regardent, et sont orientés vers le centre de la combinaison; dans celle position, ils se repoussent. Dans les corps négatifs les atomes se regardent par leurs dépressions supérieures, qui sont également orientées vers le centre de la combinaison; dans cette position, au lieu de se repousser, ils s'attirent mutuellement.

Toute combinaison commence par un bouillonnement de force émergeant[191] au point qui doit former le centre de cette combinaison. Dans la première combinaison positive de la série hydrogène, $+ E_2$, le centre est constitué par un atome animé d'un double mouvement de rotation sur son propre axe et sur un axe perpendiculaire situé dans le plan de la figure (un atome qui tourne sur lui-même tout en faisant la culbute, si l'on me pardonne cette expression). La force qui jaillit du pôle inférieur de cet atome central entre par les dépressions de deux autres atomes, qui s'orientent alors avec leurs pôles inférieurs tournés vers le centre de la combinaison. Le trajet des forces est indiqué en *b*, dans la figure de droite (celle de gauche représente, pour la même combinaison, la révolution des atomes considérés séparément). Cette triade atomique se met à tourbillonner rapidement, et, refoulant sur son mouvement la matière non différenciée du plan, elle s'entoure d'une enveloppe tourbillonnante composée de cette matière. Le premier pas est ainsi fait vers la construction de l'atome chimique d'hydrogène. La triade atomique négative b' forme d'une manière analogue. La force jaillit d'un centre, autour duquel trois atomes s'orientent symétriquement. Le mouvement de combinaison se continue par l'union de deux tria-

---

191   D'une quatrième dimension de l'espace cosmique. (NDT)

des linéaires *(b)* entre elles, et de deux triades triangulaires (*b'*). Ces deux combinaisons sont provoquées par un flux de force qui jaillit d'un centre, et agit sur les triades déjà formées comme elle agirait sur des atomes simples. Chaque nouvelle combinaison tourbillonne autour de son centre, et, refoulant la matière ambiante, se crée une sphère enveloppe. Nous obtenons ainsi les deux corps $+$ E_3 et $-$ E_3. Au degré suivant, chacune de ces combinaisons de E^3 s'adjoint une troisième triade atomique, du type triangulaire (*b'*), par suite de la détermination d'un nouveau centre de force. Les deux combinaisons de E_1, sont ainsi formées. Enfin la synthèse de ces deux combinaisons produit l'atome chimique avec ses triangles interpénétrants, et nous trouvons qu'il renferme en tout dix-huit ultimes atomes physiques.

Après l'hydrogène, on observa l'oxygène corps infiniment plus complexe et plus embarrassant. Les difficultés d'observation furent énormément accrues par l'activité extraordinaire de cet organisme, et l'éclat éblouissant de certains de ses éléments constituants. L'atome gazeux est un corps ovoïde à l'intérieur duquel un objet à forme serpentine enroulée en spirale tourne avec une rapidité extrême. Sur les spires, cinq points lumineux brillants apparaissent. Le serpent semble d'abord être un corps solide et cylindrique; mais en élevant l'atome à l'état E_4, le serpent se dédouble longitudinalement en deux corps à forme ondulée, et l'on constate que l'apparence de solidité était due à ce que ces deux corps tournaient rapidement, en sens contraires, autour d'un axe commun, donnant l'illusion d'une surface continue, illusion analogue à celle du cercle de feu qu'on obtient en faisant tourner rapidement une baguette enflammée. Les cinq points lumineux observés dans l'atome se retrouvent dédoublés, nu sommet des ondulations du serpent positif ($+$ E_4) et dans le creux de celles du serpent négatif ($-$ E_4). Dans les deux cas, le serpent lui-même se compose d'une série de petits corpuscules semblables à un rang de perles, onze d'entre eux étant interposés entre chacun des grands points lumineux.

Lorsqu'on fait passer ces corps à l'état E³ les serpents se section-nent, chaque point lumineux emmenant avec lui six petites perles d'un côté, et cinq de l'autre. Tous ces fragments continuent à tour-billonner et à se tortiller avec la même activité fantastique. On peut voir que les grands corps lumineux renferment chacun sept ultimes atomes, alors que les petites perles n'en renferment que deux.

À l'état suivant, E_2, les fragments se dissocient en leurs éléments composants, les grands corps, positif et négatif (*d* et *d'*) montrant une différence dans l'arrangement des atomes qu'ils contiennent. (Les petites perles sont toutes semblables entre elles.)

En poussant plus loin l'analyse, tous ces corps se désagrègent enfin, mettant en liberté les ultimes atomes physiques, identiques à ceux qu'on a obtenus au moyen de l'hydrogène. Le nombre d'ato-mes physiques [192] contenus dans l'atome gazeux d'oxygène est 290, répartis comme suit :

2 dans chacune des petites perles, au nombre de 110 ;
7 dans chacun des corps lumineux, au nombre de 10 ;
2 X 110 + 70 = 290.

En comparant ce résultat au nombre d'atomes physiques contenu dans l'hydrogène gazeux, les observateurs trouvèrent :

$$\frac{290}{18} = 16,11\ldots$$

Ainsi les nombres d'atomes physiques respectivement conte-nus dans l'atome chimique de ces deux corps sont, à peu de chose près, proportionnels aux poids atomiques acceptés.

Nous pouvons mentionner en passant que l'atome chimique d'ozone apparaît comme un sphéroïde oblong, où la spirale inté-

---

192   Par « atome physique » nous entendons toujours l'ultime atome, celui de E_1, le seul véritable *atome* du plan physique. (NDT)

rieure semble fortement comprimée verticalement, et élargie vers son centre. La spirale se compose de trois serpents (O, E$_4$), un positif et deux négatifs, réunis en un seul corps tourbillonnant. En élevant l'atome chimique à l'état suivant, la spirale se subdivise en ces trois serpents, chacun dans son enveloppe propre.

Le troisième atome choisi par les observateurs fut l'atome chimique d'Azote, dont la tranquillité relative contrastait favorablement avec l'agitation continuelle de l'oxygène, et semblait promettre une observation facile. Mais l'expérience montra que ce corps était le plus compliqué de tous dans sa disposition interne. On avait eu tort de se fier à son aspect paisible.

L'atome gazeux d'azote se distingue surtout par le grand corps en forme de ballon qu'on voit au centre, et qui renferme six petits corps disposés en deux rangées horizontales ayant entre elles un autre corps plus grand, en forme d'œuf allongé. Dans certains des atomes observés, l'arrangement de ces corps intérieurs était modifié, les deux rangées horizontales devenant verticales. Cette modification semblait concorder avec une plus grande activité de l'atome chimique tout entier; mais sur ce point les observations sont trop incomplètes pour qu'on puisse s'y fier. Le corps en forme de ballon est positif et semble attiré vers les corps ovoïdes situé au-dessous de lui, corps négatif qui renferme sept petits corpuscules. En outre de ces deux corps principaux, l'atome gazeux en renferme quatre autres, deux positifs et deux négatifs, les positifs contenant cinq petits corpuscules, et les négatifs quatre.

Lorsqu'on élève l'atome gazeux à l'état E$_4$, la rupture de l'enveloppe met en liberté les six corps intérieurs, et le ballon p et l'œuf q, en s'écartant l'un de l'autre, prennent aussitôt la forme sphérique, comme s'ils s'étaient modifiés respectivement par leur mutuelle attraction. Les corpuscules renfermés dans l'œuf q ne sont pas dans un même plan, et ceux des corps n et o forment respectivement des pyramides à base carrée et triangulaire.

Faisant passer le tout à l'état E_3, nous voyons les enveloppes se disperser comme d'ordinaire, mettant en liberté le contenu des diverses « cellules ». Le corps p de E_4 contenait six corpuscules k, dont le détail est visible en k de la figure E_3, et qui renferment chacun sept petites particules e formées de deux atomes physiques (Voy. e, fig. E_2), — en outre de la forme oblongue l, détaillée en l de la figure E_3, et renfermant trois paires de corpuscules f, g et h formés respectivement de trois, quatre et six atomes physiques (Voy. f, g, h, fig. E_1). Le corps q de la figure E_4 contenait sept corpuscules m qu'on retrouve en m de la figure E_3 et qui contiennent chacun trois particules f (Voy. fig. E_3 et E_2,) formées de trois ultimes atomes physiques. Les corpuscules e des corps n se retrouvent en i[193] de la figure E_3, et les corpuscules e' des corps o se retrouvent en j. Ils contiennent respectivement deux et trois particules qu'on retrouve en e et e' de la figure E_2, et qui sont formées de deux atomes physiques combinés, avec polarité différente ($+$ e et $-$ e').

En E_2, on voit l'arrangement des atomes physiques, avec indication sommaire des lignes de force.

Enfin, lorsqu'on élève le tout à l'état E_1 l'ultime atome physique est mis en liberté, identiquement le même que dans les deux cas précédents. Le nombre d'atomes physiques contenus dans l'atome chimique d'azote se chiffre par 261, répartis comme suit:

62	corps	$+$	ayant chacun	2	atomes,	$62 \times 2 =$	124
24	—	—	—	2	—	$24 \times 2 =$	48
21	—	—	—	3	—	$21 \times 3 =$	63
2	—	$+$	—	3	—	$2 \times 3 =$	6
2	—	$+$	—	4	—	$2 \times 4 =$	8
2	—	$+$	—	6	—	$2 \times 6 =$	12

---

193   Noter ce changement de nomenclature, dû sans doute à une inadvertance du dessinateur. Pour éviter toute confusion, remplacer e par l et e' par j dans la figure E_3. (NDT)

Ce qui nous donne, avec une certaine approximation, le poids atomique accepté (14,44...) de l'azote, car

$$\frac{261}{18} = 14,5$$

Cette vérification est intéressante, étant donnée la méthode très différente qui sert à déterminer les poids atomiques dans la chimie ordinaire. Dans le cas de l'azote, l'approximation est surtout remarquable à cause de la complexité des corps composants dont l'analyse fournit ce nombre.

Plusieurs autres observations ont été faites. Elles tendent à montrer qu'à mesure que les poids atomiques vont en croissant, le nombre des corps renfermés dans l'atome chimique croît en proportion. Ainsi l'or a été noté comme contenant 47 corps intérieurs; mais ces observations ont besoin d'être répétées et soigneusement contrôlées. L'observation d'une molécule d'eau a révélé la présence de douze corps provenant de l'hydrogène, avec le serpent caractéristique de l'oxygène, renfermés dans une enveloppe commune. Mais ici encore il faudrait des observations ultérieures pour préciser les détails. Le présent article n'est donné qu'à titre de suggestion, montrant, une ligne de recherches intéressantes, susceptibles de fournir des résultats d'un caractère scientifique. Les observations décrites ont été répétées à plusieurs reprises. Elles ne sont pas l'œuvre d'un observateur unique, et nous croyons, pouvoir les considérer comme exactes.

ANNIE BESANT.

TABLE ANALYTIQUE DES MATIÈRES

INTRODUCTION
L'UNITÉ FONDAMENTALE DE TOUTES LES RELIGIONS

CHAPITRE PREMIER
LE PLAN PHYSIQUE

CHAPITRE II
LE PLAN ASTRAL

CHAPITRE III
KÂMALOKA

CHAPITRE IV
LE PLAN MENTAL

CHAPITRE V
LE DÉVAKHAN

CHAPITRE VI
LES PLANS BOUDDHIQUE ET NIRVANIQUE

CHAPITRE VII
LA RÉINCARNATION

CHAPITRE VIII
LA RÉINCARNATION (*SUITE*)

CHAPITRE IX
KARMA

CHAPITRE X
LA LOI DU SACRIFICE

CHAPITRE XI
L'ASCENSION HUMAINE

CHAPITRE XII
LA CONSTRUCTION D'UN COSMOS

APPENDICE
NOTE SUR LA CHIMIE OCCULTE

Mme Annie Besant
(1er octobre 1847 - 20 septembre 1933)

Née à Londres, Mme Annie Besant fut une conférencière, féministe, libre-penseuse, socialiste et théosophe britannique qui prit part à la lutte ouvrière et lutta également pour l'indépendance de l'Inde. Elle fit de nombreuses lectures philosophiques qui développèrent ses questionnements métaphysiques et spirituels. Elle partit s'installer en Inde en 1893 où était basée la Société théosophique. Elle en prit la direction en 1907 et l'assuma jusqu'à sa mort en 1933.